文新互鉴，融创特色

——四川大学文学与新闻学院微信公众号运营实例解析

主　编／操　慧
副主编／林　丽　张诗萌

文学与新闻
Literature & Journalism

四川大学出版社
SICHUAN UNIVERSITY PRESS

项目策划：徐　燕
责任编辑：罗永平
责任校对：黄蕴婷
封面设计：墨创文化
责任印制：王　炜

图书在版编目（CIP）数据

文新互鉴，融创特色 ：四川大学文学与新闻学院微信公众号运营实例解析 / 操慧主编. — 成都 ：四川大学出版社，2021.6
（媒体融合案例丛书）
ISBN 978-7-5690-4753-0

Ⅰ. ①文… Ⅱ. ①操… Ⅲ. ①网络营销－实例 Ⅳ. ①F713.365.2

中国版本图书馆 CIP 数据核字（2021）第 104725 号

书名 文新互鉴，融创特色——四川大学文学与新闻学院微信公众号运营实例解析
WENXIN HUJIAN RONGCHUANG TESE——SICHUANDAXUE WENXUE YU XINWEN XUEYUAN WEIXIN GONGZHONGHAO SHILI JIEXI

主　　编	操　慧
副 主 编	林　丽　张诗萌
出　　版	四川大学出版社
地　　址	成都市一环路南一段 24 号（610065）
发　　行	四川大学出版社
书　　号	ISBN 978-7-5690-4753-0
印前制作	四川胜翔数码印务设计有限公司
印　　刷	四川盛图彩色印刷有限公司
成品尺寸	185mm×258mm
印　　张	19.25
字　　数	384 千字
版　　次	2021 年 9 月第 1 版
印　　次	2021 年 9 月第 1 次印刷
定　　价	80.00 元

◆ 读者邮购本书，请与本社发行科联系。
电话：(028)85408408/(028)85401670/
(028)86408023　邮政编码：610065
◆ 本社图书如有印装质量问题，请寄回出版社调换。
◆ 网址：http://press.scu.edu.cn

四川大学出版社
微信公众号

目　　录

绪 论

一、微信应用溯源

微信是腾讯公司（Tencent）于 2011 年 1 月 21 日发布的一款即时通信聊天软件，由张小龙所带领的腾讯广州研发中心产品团队打造。经历十年的发展变迁，微信已从最初的快速发送文字、图片、视频，支持多人语音对话的通信工具，转变为一款广泛应用于新闻发布、高校教育、学习阅读、商品交易、移动支付等多个领域的多媒体全能型传播媒介。

随着智能手机的普及和移动应用的丰富，微信用户数量飞速增长。据 2021 年 1 月 19 日微信公开课发布的数据：目前每天有 10.9 亿用户打开微信，3.3 亿用户进行视频通话；7.8 亿用户进入朋友圈，1.2 亿用户发表朋友圈，其中照片 6.7 亿张，短视频 1 亿条；3.6 亿用户阅读公众号文章；4 亿用户使用小程序。[①] 正如微信官网的标语所言："微信，是一个生活方式。"微信通过整合信息传播、数字出版、产品营销、电子商务、金融服务、线上线下互动等多种功能和应用，开创性地给用户带来了全新的交往体验。作为一款具有通信、社交和平台化功能的移动软件，微信已经成为一种重要的移动互联网入口。[②]

自 2016 年张小龙首次在微信公开课的演讲中提出"微信四大价值观"[③] 以来，微信的运行及功能演进与其理念定位互动相长——2017 年"工具体验"的理念落地为微信小程序，2018 年"工具体验"的理念具化为"尊重用户、尊重个人"和"用完即走"，2019 年总结微信起源、社交本质、产品价值等要点，2020 年关注和

---

① 《2020 微信公开课 PRO》，腾讯新闻，2021 年 1 月 19 日，https://v. qq. com/detail/m/mzc00200fyleel7. html，2021 年 3 月 1 日访问。

② 王萍：《微信移动学习平台建设与应用》，《现代教育技术》2014 年第 5 期，第 88—95 页。

③ 2016 年 1 月 11 日，张小龙在微信公开课 PRO 版上发表主题为"微信的价值观"的演讲，提出"一切以用户价值为依归""让创造发挥价值""好的产品应该是用完即走的""让商业化存在于无形之中"四点价值观。

深耕微信商业生态和内容生态，2021年“人人皆可创作”的设想以视频号的形态诞生并探索微信直播的可能性、提出微信的X实验构想等，微信的功能定位早已突破简单的传播工具。张小龙认为，“它（微信）有自己的灵魂，有自己的审美，自己的创意，自己的光亮，不仅仅是一个数字目标的奴隶”，微信更是一种融合自我传播、人际传播、组织传播、大众传播类型的全媒体传播方式，是蕴含着文化传播、社会心理、生活方式等多种复杂语义的时代命题，是现代通信技术的进一步应用，是创新技术不断迎合人类交往方式的传播革命。①

基于此构想的不断实践，微信在我国发展迅速，应用广泛。目前每天有3.6亿用户通过微信阅读公众号文章，这一传播量级对于任何一家媒体平台来说都具有革命性意义。作为微信的有机组成部分，微信公众平台于2012年8月23日上线，旨在提供消息的精准推送、品牌传播、产品营销、教育信息等个性化服务。借助微信公众平台，各类媒体都可不受时间和空间限制，发布新闻内容，实现快速推送，受众也可灵活调动接收和阅读的时间。信息传播的碎片化、个性化、交互性，以及内容形态的丰富性，使得微信公众账号在新闻传播中的优势日益凸显。

在媒介融合与转型的大背景下，不少媒体以微信公众号为依托，走出了融合发展的新路。以《人民日报》、新华社、中央电视台等为首的传统主流媒体纷纷入驻微信公众平台，通过拥有数量庞大和高黏性用户群体的微信公众平台来拓宽新媒体传播渠道。《2020全国党报融合传播指数报告》显示，我国党报媒体的微信公众平台入驻率近90%，平均每个党报微信公众号每日发文8.4篇，较2019年增长了44%。② 可见，微信为主流媒体持续报道和推送重大新闻、热点新闻提供了平台，为移动化传播和转型发展提供了入口，具有平台媒体的特点。

此外，微信因其便捷性、高时效性、内容丰富性、推送精准性等特点，同样在高校的教育与管理中发挥了积极作用。高校官方微信公众号的开设，除了具有师生线上即时沟通、提供移动学习支持、提高教学工作效率等功能，还对于及时发布校园资讯、多样化服务师生、构建学校形象等起到了独到且有效的作用。自2015年7月开始，腾讯微校携手全国高校微信公众号，每月推出“全国高校公众号排行榜”，旨在打造“互联网＋”时代的校园生态，鼓励智慧校园开拓者。③ 榜单由系统自动计算排名，算法参考运营特色、粉丝规模、文章质量、互动形式四大维度。作为移动互联网时代的新型校园媒体平台，高校官方微信公众号已成为一所大学传

---

① 李天龙、李小红：《微信传播特征探析》，《现代教育技术》2015年第3期，第95－100页。

② 《2020全国党报融合传播指数报告》，《传媒》2021年第2期，第9－12页。

③ 《首期腾讯微校全国高校公众号排行榜出炉》，腾讯新闻，2015年8月12日，https://edu.qq.com/a/20150812/049452.htm，2021年3月1日访问。

递权威信息、凝聚校园认同、加强内外互动的重要渠道，其影响力不容小觑。

当下，微信公众平台订阅号已成为自媒体时代的内容领军者，但其内容生产发布门槛较低、流量主导的商业性特征明显，内容侵权、谣言滋生、低俗或非法信息泛滥等问题成为平台健康发展的困扰。这对于完善其传播内容提出了更高的要求，提升内容生产者和传播者的专业素养、治理微信平台的内容等也成为“微信内容生态”优化的建设目标。

置身移动互联网时代的媒介环境，“内容为王”不仅意味着新闻生产的内容品质，而且有赖于新闻传播者对“技术赋能内容”的精准理解及人文价值坚守，这是我们对微信这类平台媒体“社交理性”“科技向善”的应用期待，也是包括教育机构在内的高校微信公众号运营的建设目标和特色构建的归旨所在。

二、四川大学文学与新闻学院微信公众号运营探新

知者行之始，行者知之成，突出的实践性和应用性构筑了新闻传播学鲜明的学科特色。随着媒介融合的深度推进，新闻传播学科建设亦迎来全新变局。智能传播与融媒语境下，以全媒体技能为核心的传媒人才需求滋生出学科培养新的探索空间，也同时被赋予新时代立德树人的责任与使命。推动高校新闻教育深化改革和转型，由单一型人才培养走向复合型能力构建，时不待我，恰逢其时。

四川大学新闻学专业始于 1979 年，经教育部批准于 1981 年起招收新闻学专业第一批本科生，这也是我国改革开放后第一批获准成立的三个新闻学专业点之一。1984 年 6 月四川大学新闻系正式成立，1995 年新闻系升格为新闻学院，1998 年四川大学院系调整，将原四川大学文学院中文系与原四川大学新闻学院合并，组建成四川大学文学与新闻学院。2013 年 12 月，四川大学文学与新闻学院进入全国首批十所与地方宣传部共建新闻学院（“部校共建”）序列，加挂四川大学新闻学院院牌。四川大学文学与新闻学院现已成为西部第一、全国领先的中国语言文学、新闻传播学和艺术学理论人才培养和科学研究的重镇。四川大学文学与新闻学院是四川大学文科教学和科学研究实力最为雄厚的学院之一，所辖中国语言文学、新闻传播学、艺术学理论三个一级学科在第二轮、第三轮教育部全国高校学科评估中先后排名全国第五；在第四轮教育部全国高校学科评估中，中国语言文学学科等级为 A，新闻传播学学科等级为 B+。

1979 年至今，四川大学新闻传播学已走过四十余年的发展历程，面对当下技术演进、媒介融合共促的学科发展新格局，四川大学新闻传播教育应时而变，通过革新人才培养方案、健全融媒课程建设、打造校内实训平台、依托部校共建拓展校

外实习基地等方式，从多维度为学生构筑面向融媒体时代的知识学习体系和能力培训平台。

“四川大学文学与新闻学院”微信公众号由四川大学文学与新闻学院主办，教师指导，学生运营，于 2016 年 7 月 1 日正式上线。自开设以来，“四川大学文学与新闻学院”微信公众号以“文以载道，薪火相传”为核心旨要，立足学院文学与新闻学科交融互动特色，服务师生及社会公众，以学院新闻动态、学术互动与思想交流、师生研学故事等为内容关切。自上线以来，“四川大学文学与新闻学院”微信公众号坚持学院指导、师生共办、业界引导、社会监督，推动教学相长、助推产学研互动，顺应全球新闻传播的网络化、信息化新趋势，在融媒语境中开辟学生求知求真的新空间，搭建全媒体人才培训新平台，成为专业教育改革、特色学科建设的创新探索区。

文学与新闻学院新闻中心人员合影

（一）发展历程：文新互鉴促融合

2016 年 7 月 1 日，“四川大学文学与新闻学院”微信公众号（以下简称学院公众号）发布上线文章《文以载道，薪火相传——四川大学文学与新闻学院微信公众号运营公告》，正式运营。

四川大学文学与新闻学院微信公众号上线首发文章

自上线始，学院公众号由学院指导，学院新闻中心承办，专业教师指导，并从各专业、各年级中选拔出新闻嗅觉敏锐、业务能力出众的在读学子，组成专业运营团队，在教师指导下完成新闻报道。

上线后，学院公众号逐渐受到学院、校内外用户的欢迎，用户量增长迅速，运营不到半年，在 2016 年 12 月 9 日，学院公众号用户数突破 1000 人。随后，2017 年 12 月 21 日，学院公众号用户数突破 3000 人；2018 年 10 月 9 日，学院公众号用户数突破 5000 人；2020 年 9 月 16 日，学院公众号用户数突破 1 万人。截至 2021 年 2 月 14 日，学院公众号总用户数达 11312 人。

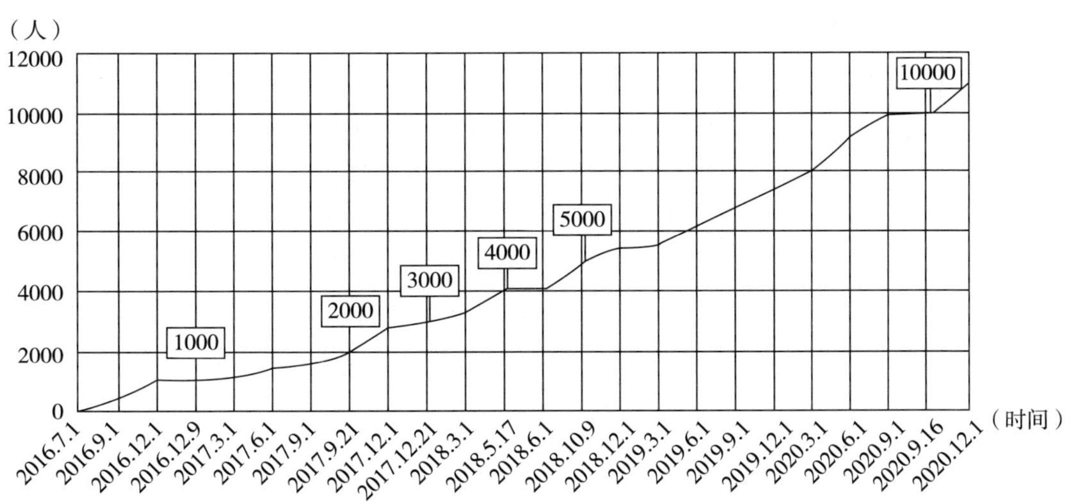

四川大学文学与新闻学院微信公众号用户增长趋势图

在用户构成上，女性用户占比 67.46%，男性占比 32.54%。年龄上，中青年用户构成了用户基础，18～25 岁用户占比 58.44%，26～35 岁用户占比 24.67%。

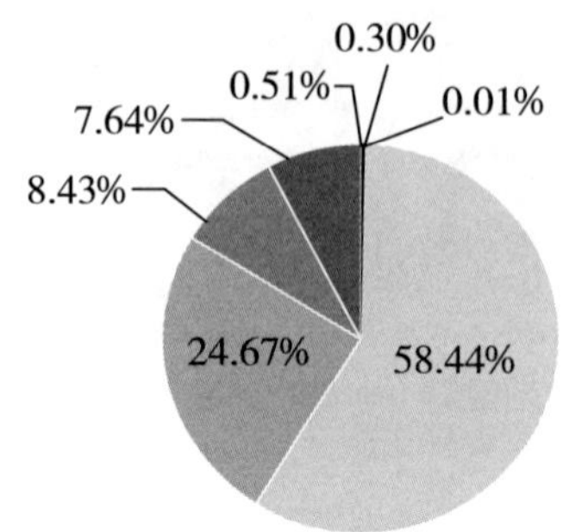

四川大学文学与新闻学院微信公众号用户年龄构成图

学院公众号立足文学与新闻学院，充分发挥在地优势，打造精品学院及学校资讯，服务校园师生和公众，在把握本地区用户的同时，吸引了许多省外用户的关注、阅览。在地域构成上，四川省本地用户成为学院公众号的用户基础，占比 46.85%，此外，学院公众号内容受到来自北京市、广东省、重庆市、江苏省、陕西省、山东省等地区的用户青睐，相关用户总量达 2728 人。

用户增长带动学院公众号内容阅读量的同步增长。2017 年 9 月 21 日，学院公众号原创内容《重大｜校党委副书记陈志坚同志到我院宣读新一届领导班子任命决定》阅读量首次突破 2000 人次。2018 年 5 月 17 日，学院公众号发布重要资讯《快到碗里来！四川大学文学与新闻学院 2018 年优秀大学生夏令营正式启动》，阅读量首次突破 4000 人次，累计达 4241 人次。2019 年 6 月 22 日，学院公众号原创活动资讯《精神的“成人礼”见证与祝福｜李怡院长在学院 2019 届学生毕业暨授位典礼上的讲话》阅读量突破 5000 人次，达 5360 人次。2020 年 6 月，学院公众号发布创新主题策划“毕业季”专题，聚焦疫情下我院学子特别的成长里程碑，传递师生心语，纪念珍贵时光，先后发布《砥砺前行 逐梦远航：我院举行 2020 届毕业典礼暨学位授予仪式》《毕业图语｜青春飞扬，温馨定格，这是属于文新 er 的花式毕业照》《在校文新 er 毕业季作品赏览｜毕业前的最后一套“试题”》等原创图文，专题阅读量突破 1.8 万。其中，《毕业图语｜青春飞扬，温馨定格，这是属于文新 er 的花式毕业照》被新华社客户端转载，阅读量达 93 万。

2020年6月25日

李怡院长寄语毕业生：千锤百炼的教育让我们更有力量

1位朋友读过

毕业生代表发言 | 感谢经历，难忘师友

2020年6月27日

在校文新er毕业季作品赏览 | 毕业前的最后一套“试题”

文新一直会在这里，目送你逐风逐梦，祝福你前程似锦。

“毕业季”专题截图

与此同时，学院公众号运营团队在教师指导下不断探索内容创新空间，优化作品形式与表现手段，努力打造优质内容，满足用户需求，担当媒体责任。

2018年开始，学院公众号在保持原有内容生产的基础上，向新闻内容厚度、深度发力。2018年11月9日，学院公众号发布第一篇校园人物专访《文新风范｜坚持走在本科教学一线（一）：我院俞理明教授、段弘副教授专访》，此后，学院公众号抓取重大节庆、学术论坛等重要时间点，对话业界前辈、风云教师、优秀校友，创作系列校园人物专访，其中对王绿萍教授、范长江先生长子范苏苏先生及次子范东升教授、新生代科幻作家程婧波女士的专访作品被新华社客户端全文转载，最高阅读量突破60万，并逐渐形成特色栏目“校友访踪”，受到用户的喜爱与认可。

2018年11月9日

文新风范 | 坚持走在本科教学一线（一）：我院俞理明教授、段弘副教授专访

文新风范，老师专访第一弹！

四川大学文学与新闻学院微信公众号发布的第一篇人物专访

2019年3月17日，学院公众号首次推出原创视频《视频｜我们来了!》，将镜头对准考研学子和家长，用影像记录他们迎考中的心路历程与真情，为考生加油鼓

气。视频一经推出，引发众多师生及家长共鸣，阅读量达 4240 人次。此后，学院公众号不断优化视频创作手段，以更优质的画面讲述特别的文新故事，在《以诗聚友 约会春天｜四川大学春天诗会暨金沙诗歌奖颁奖典礼圆满举行》《独家｜马识途与文新学子谈文学（视频）》等内容中，结合视频表达，以流动光影纪念珍贵瞬间，传递温暖与感动。

《视频｜我们来了！》截图

2019 年 3 月 18 日，学院公众号首次推出原创服务栏目“周一荐”，配合“教师开放日”等传统活动，通过活动盘点、讲座预告、教师介绍等内容提供丰富资讯，搭建信息桥梁。自上线以来，“周一荐”栏目受到师生欢迎，基本维持近 1000 人次的平均阅读量。

周一荐 | 本周教师开放日与讲座信息

四川大学文学与新闻学院 2019-03-18

开 栏 语

想知道如何与学院老师近距离对话吗？想聆听大师讲座吗？想了解学院最新动态吗？

今天，“周一荐”栏目正式上线。在这里，大家可以了解本周主要的校园资讯和学院信息！

“周一荐”，让我们约定周一见！

“周一荐”栏目开栏语

秉持“传递新鲜资讯，服务校园内外”的运营理念，学院公众号积极配合学院及学校重大活动，运营至今，已顺利完成 2016 年传播符号学高层论坛、2018 年符号学高层论坛、第一届和第二届四川大学传媒校友会“望江传媒与发展论坛”、中国新闻史学会新闻传播思想史研究委员会 2018 年会暨第五届中外新闻传播思想史高峰论坛、纪念范长江 110 周年诞辰暨首届长江新闻论坛、“新时代、新中文、新比较、新对话”高端学术论坛、重访网络社区一数字文化研究论坛、纪念恩格斯 200 周年诞辰读书会等重大学术论坛及活动的报道宣发工作，创作出大量主题鲜明、视点独特、内容生动翔实、传播范围广泛的新闻作品，且多篇报道被新华社客户端等主流媒体全文转载。其中，纪念恩格斯 200 周年诞辰读书会相关报道先后被新华社客户端、《光明日报》、川观新闻、四川观察、封面新闻、四川手机报、锦观新闻、中国社会学网等媒体转载，仅新华社客户端的阅读量就达 102.4 万。

学院新闻中心成员在报道现场合影

左：在纪念范长江 110 周年诞辰暨首届长江新闻论坛现场合影

右：在四川大学江姐纪念馆与马识途先生合影

上线至今，学院公众号已走过近五个年头，在学校、学院的指导支持以及各界朋友的关怀、支持、参与下，它正在茁壮成长。记录、服务、传递、分享，这是学院公众号的五年所行；关注、讲述、传播、共鸣，这是所有主创师生共同的初心。

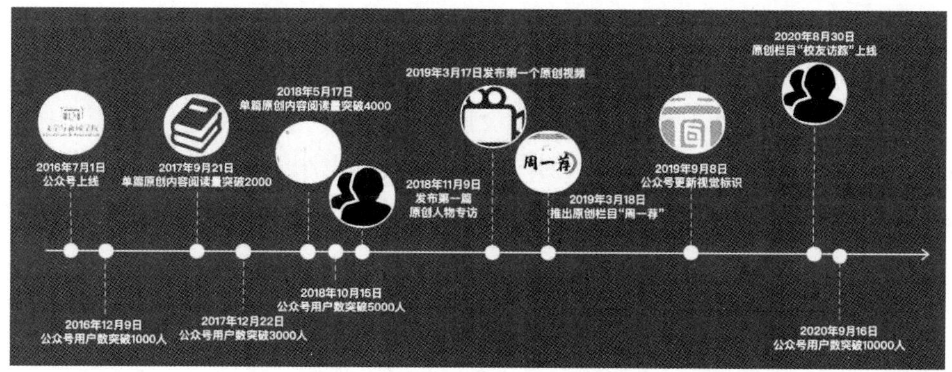

四川大学文学与新闻学院微信公众号成长历程

讲述文新故事，融通校园内外，服务师生公众，构筑社会互信。未来，四川大学文学与新闻学院微信公众号将秉持初心，继续锐意创新，踏实笃行，怀揣着新闻学子的使命与理想，扬帆远航，砥砺奋进。

（二）运营宗旨：立足学科特色，围绕“立德树人”，做强“内容+”

移动互联时代的到来、媒介深度融合的推进、媒介与社会一体同构的智能媒介化社会的来临，共同催生传媒全新生态格局，推动新闻专业教育的革新转型。在融媒和智媒崛起的背景下，新闻传播教育需兼顾“博通”与“专精”。传媒实训平台是专业实践教学、应用型人才培养的重要落点，更是新闻理论与业务实操融会贯通的验证路径。基于此，2016 年文学与新闻学院牵头创建“四川大学文学与新闻学院”微信公众号，搭建学院实训平台。

“四川大学文学与新闻学院”微信公众号依托文学与新闻学院新闻中心而建立，由新闻专业教师统筹指导，运营团队由学院各年级在读本科生及研究生经过专业面试选拔组成。

在平台运营上，公众号努力对标专业媒体，每周定期更新内容，内容生产过程涵盖选题策划、采、写、摄、编、评等多方面，贯通媒体生产各环节，实现传统专业教学和课外能力训练的拓展与深化，依托学院新闻中心形成“新闻工作坊”和“融媒体训练营”。

在内容生产上，公众号以联通学院内外为目标，选题涉及学院动态、师生故事、学术资讯、公益服务、行业实践等多领域，鼓励学生学有所用，自主创新选题，提倡学生在追求规范、严谨、务实的基础上拥抱传媒技术，在实操中训练融媒思维，融通理论与实践。

在传播推广上，公众号坚持以内为主，立足学院实际，辐射学校，服务社会，以时新资讯服务校园内外，形成学院对外传播窗口；依托线上讲座、传媒沙龙等学术资源及特色交流活动的报道构建对话平台，助推学院、学校及社会各界的思想碰撞，将特色学术成果转化为社会公共资源，构筑社会认同与社会共信。同时，公众号在内容生产中积极吸纳专业媒体的建设性意见，倾听业界声音，在对话中提升内容质量，规范生产流程，以精品原创内容构建社会识别度，形成二次传播，优化传播效果，力求社会效益最大化。

（三）甄选标准：内容为王，创新优先，思想引领

“四川大学文学与新闻学院”微信公众号自 2016 年上线以来，经过近五年的发展探索，在主题创作和全媒生产中为学生的专业成长与能力提升提供了实训机会及

平台。经验积累的宝贵之处，也许更需要过程的呈现与专业解析，自我剖析从某种意义上讲，比旁观评价更具独到的启示性与延展性。因此，为总结阶段生产创作运营经验，记录并反思教学改革及学生实训成果，以作品个案的过程自省打开高校媒体与行业、社会对话的窗口，本书从学院公众号八大核心内容版块中甄选出代表作品案例，在后文中予以内容简介、全文摘录及二维码链接；佐以主创者的采编、创作札记，还原内容生产过程，讲述真实的创作故事，以此形成阶段性成果集纳和经验档案，为高校融媒发展及融媒语境下的教学育人创新提供交流样本，以期实现多元对话，共同探寻学科新格局、行业新生态中的专业教育、人才培养的有效路径。

本书所选案例经专家推荐、学生互评、团队讨论、推送实效评价，每个专题版块共有 2～4 个案例入选，共甄选出 23 个代表性案例。在甄选标准上，综合考虑以下指标：

1. 选题特色：主题优先，强调兼顾时代主题和学科特色的报道选题，旨在反映学院科研教学实践，传递师生心声，聚焦社会公共话题，立足在地实践讲述文新故事，回应现实关切，实现可读可信，以此回应高校新媒体的根源议题和初心观照。

2. 创作规范：内容为王，坚持对标行业主流媒体，以真实、准确、及时、规范为根本要求，追求采写中的人文底色和报道温度，倡导创新意识和技术思维，以专业作品融通理论实践，体悟融媒内涵。

3. 思想深度：坚持正确的舆论导向为魂，符合时代要求、独到的报道思想映射着选题价值和新闻深度，彰显人文关怀，是实现有效舆论引导的重要支撑。甄选中侧重考察报道作品的思想厚度，即选择政治正确、主题鲜明、思想深邃的作品案例，以此解析、探索学院公众号传播力、引导力的构筑方向。

4. 表达方式：创新为要，重点评析、衡量作品中的叙事方法与表现方式，鼓励以全媒技术和视觉话语服务报道主题，通过多种表现形式优化作品阅读体验，扩充意义增值空间，体现专业思考和时代活力。

5. 传播效果与社会效应：综合考量作品传播效果，精选社会效益突出、传播范围广、社会评价高的原创作品，以优秀作品展现校园媒体与社会的互动，体现社会参与的责任与担当。

三、作为全媒体人才培养实训平台的案例教学

本书因循案例教学法的逻辑，甄选高校学子的新媒体实践案例，以期助力于建设新闻传播专业教学的特色案例库。

案例教学作为一种教学方法，最早可以追溯至苏格拉底的“问答法”。案例教学在现代教育中的应用则肇始于哈佛大学法学院，准确地说，其初期应称“判例教学法”（Case Method）。1870 年，克里斯托弗·哥伦布·兰德尔（Christopher Columbus Langdell）成为哈佛大学法学院教授，并将司法判例引入教学当中，创立了判例教学法。而后，成为法学院院长的兰德尔进一步将判例教学法推广到法学院的教学当中。到了 19 世纪末 20 世纪初，判例教学法在芝加哥大学、哥伦比亚大学、耶鲁大学等学校的法学院被广泛使用，至 1920 年左右，判例教学法已成为美国法学教育的主要形式。

这种教学方法的应用推广逐渐突破了原有的学科范围。1919 年，华莱士·多纳姆（Wallace Donham）成为哈佛大学商学院的院长，因其自身毕业于法学院这一教育背景，多纳姆意识到法学院与商学院在教学上存在一定的共通之处，也意识到案例教学在商业课程中的可行性。多纳姆说服著名营销学教授梅尔文·科普兰（Melvin Copeland），将科普兰编写的教科书改为有关商业问题的集册，该集册于 1920 年 9 月出版，成为第一本商业案例手册。1921 年，商学院内部举行投票，决定将该院主倡的教学方法从“问题教学法”（Problem Method）正式更名为“案例教学法”（Case Method）。此外，多纳姆还推动了相关研究机构的建立，并以此为多种商业课程开发和撰写教学案例。[①] 由此，案例教学法也成为商学院教学的重要方法，并逐渐发展为一种具有普适性的教学方法。

案例教学法在国内的推广应用大致与改革开放同期。1979 年，我国工商行政代表团在访问美国后将这一方法引介到国内。1986 年，当时的国家经济委员会在大连举办了首期案例教学培训班，并创办了一本专门的学术刊物《管理案例教学研究》；次年，我国第一本有关管理案例的专著《管理案例学》正式出版。[②] 时至今日，案例教学法作为一种成熟的教学手段，已经被转化应用到了各个学科的教学工作中。

就案例教学法的具体内涵而言，《教育大辞典》将其定义为：“高等学校社会科学某些科类的专业教学中的一种教学方法。即通过组织学生讨论一系列案例，提出解决问题的方案，使学生掌握有关的专业技能、知识和理论。”[③] 国内也有学者将其总结为：“案例教学法是指根据教学目的和培养目标的要求，教师在教学过程中，

---

① D. A. Garvin, “Making the Case: Professional Education for the World of Practice”, *Harvard Magazine*, 2003, 106 (1), pp. 56—65, 107.

② 王青梅、赵革：《国内外案例教学法研究综述》，《宁波大学学报（教育科学版）》2009 年第 3 期，第 8 页。

③ 转引自王青梅、赵革：《国内外案例教学法研究综述》，《宁波大学学报（教育科学版）》2009 年第 3 期，第 7 页。

以案例为基本素材，把学生带入特定的教学情境中分析问题和解决问题，培养学生运用理论和知识解决实际问题并形成技能、技巧的一种方法。”[①] 可见，案例教学法的核心要领就是以具体案例作为一种重要的教学工具。

近年来，教育部与各级教育部门也着力发掘优秀教学案例，助力建设学科教学案例库。尤其在专业学位研究生的教育培养中，教育部也越来越重视案例教学的推广应用，并将教学案例库的建设纳入了全国专业学位水平评估指标体系，将其作为衡量专业硕士教学水平的重要参考因素，案例教学法的重要程度可见一斑。新闻传播学作为一个操作性极强的学科领域，以实践案例贯通课堂内外、联动教学环节，既是学科属性使然，又是人才培养的需要。实践证明，在新闻传播学科开展案例库建设和教学，卓有成效，势在必行。例如，中国人民大学新闻学院 2005 年正式启动“十五”期间“211 工程”的子项目“新闻传播学案例库建设”，开始了对新闻传播学科中所有专业领域的案例开发研制工作。2007 年年底，中国人民大学出版社精选其中部分优秀案例，出版了“新闻传播学案例教材”[②]，让教学案例资源能够为业界学界所共享，提高了案例教学的社会效用，也由此带动了新闻传播教育中的案例教学实践创新。本书的设计和构想正是参考借鉴中国人民大学新闻学院等国内高校自建案例库及教学应用的经验，针对当下全媒体人才培养的需求及建设目标，以学生实训作品的过程还原和专业思考领悟的自述札记为构架，构筑特色育人路径，探索原创案例和自我总结的自学实录可能。从广义上讲 ，它是培育和提升媒介素养的一种别开生面的工作坊；此外，它也验证与深化了四川大学新闻传播教育融合文学与新闻的学科优势构建特色的可能、可为。因此，我们愿将这种互动互鉴的良性建设贯穿到微信公众号的运营中，以优质内容坚守思想人文的价值导引，为媒体融合的教学案例库贡献“自建共用”的一己薄力。

① 唐世纲：《案例教学论》，西南交通大学出版社，2016 年，第 2 页。

② 参见彭兰：《网络传播案例教程》，中国人民大学出版社，2010 年，“总序”第 1—2 页。

第一章　特色专栏

专业而有特色的内容生产是构筑媒体竞争力和品牌识别力的核心资源，亦是衡量媒体建设发展的重要指标。“四川大学文学与新闻学院”微信公众号自上线以来，综合考量媒体定位及院内外师生需求，围绕文学与新闻传播的学科特色，注重从其互动中开掘空间，开设系列特色专栏。推出“周一荐”栏目，及时更新学院动态，预告重要讲座活动；开辟“校友访踪”专栏，挖掘鲜活校友故事，记录文新学子的成长成才；创设“知识荟”专栏，溯源梳理学术脉络，在文献集纳和议题科普中实现有文化品位的知识生产。

案例 1

“周一荐”

一、案例简介

“周一荐”旨在搭建信息之桥，连通院内外，联动你我他。

“周一荐”栏目开设于 2019 年 3 月 18 日，是“四川大学文学与新闻学院”微信公众号中“公告栏”式的栏目，为大家梳理教师开放日、讲座、比赛、留学等官方通知，以沟通师生、收集并发布校园资讯为目的，致力于打造信息分类和内容聚合平台。无特殊情况时，每周更新一次，固定于每周一与大家见面。

该栏目主要服务的受众群体是学院的师生。平时，教务处、学工部、学校官网、学院官网等平台常发布与同学们学习深造息息相关的资讯。对于同学们而言，各类平台的信息较为零散，较难全面地追踪与把握，定期查看各个平台也较为劳神费力。“周一荐”以期通过内容聚合，帮助大家节约在信息搜集过程所需要的时间和精力。

创设之初，“周一荐”名称的确立主要虑及其与“周一见”谐音，同时，“荐”取推荐之意。在每周的第一天，师生即可查收当周重要信息，包括教师开放日、讲座公告和重要通知等，方便师生安排接下来一周的工作和学习生活，极大提高了效率。内容的时效性、重要性、接近性和投放内容的时机、场景等，是“周一荐”栏目强大生命力的源泉。

“周一荐”栏目也会结合时下场景，与师生积极互动。在学期开始时为同学们加油打气，在考试之前提醒同学们准备好考试工具、认真复习，在节假日、重要节气等时间点为同学们送上问候和祝福。这些积极的互动，收获了教师和同学们的一致好评。细心的问候，不仅能提升“周一荐”栏目与受众的情感能量，在不断地互动中增强用户黏性，扩大“周一荐”产品的受众辐射面，更是本栏目对于“对象感”的强调。只有与用户用心沟通，真切地换位思考，体察受众心中所想，才能真正推动“周一荐”栏目不断进步。

在内容设计方面，“周一荐”栏目主要有教师开放日、讲座信息、通知信息三个部分，也会加入有关比赛、留学等官方通知，摘录点滴碎片，呈上精彩的校园资讯。

“教师开放日”源自国外一些高校的 Office Hour，指教师在特定的时间和地点为学生答疑解惑，提供学习、生活、思想等各方面的辅导和帮助。四川大学自2015—2016 学年秋季学期起正式设立“教师开放日”，教师每周（第 3～17 教学周）至少进行 1 次不少于 2 小时的与本科生面对面的沟通交流，并提前一周在学院网站公布“教师开放日”的具体安排，包括教师简介、联系邮箱、具体时间段、具体地点等信息。虽然这一活动推行已久，但很多同学，尤其是刚入学的新生对“教师开放日”以及每周出席的老师依然缺乏了解。同时，虽然完整的安排表可见于学院官网，但因老师当周时间安排可能有变，所以“周一荐”栏目可为大家公布最新的通知，以保证这一活动的正常推行，鼓励同学们积极与老师沟通交流。

讲座信息将会为师生提供学院下一周即将在院内开办的各类讲座的准确信息。在课堂上更多的是模式化的学习，虽然系统，但可能不够细化，无法满足大家对某一兴趣点的深入思考。讲座信息的通知，为师生架起与国内外学者、业界专家等沟通的桥梁。

通知信息将从学校、学院的各机关部处公告栏搜集、摘录与学生有关的各类通知，包括但不限于教务信息、选课信息、竞赛信息和考试信息等。信息的掌握有助于同学们发掘自身的无限可能，多多尝试，多多获益。

经过长期的打磨，“周一荐”栏目已相对成熟，对内有自己的运作模式，对外有明显的识别标志。在2020年秋季学期，“周一荐”栏目上新了两张封面图，一张彰显了“周一荐”公告栏的属性（下图左），另一张展现出“周一荐”这一专栏朝阳东升的青春活力（下图右）。两张封面图在单双周相互替换，既增添了识别度，给受众留下品牌记忆，又增加了“周一荐”栏目的节奏感。

“周一荐”栏目封面

二、案例原文

周一荐｜学期过半，再接再厉！

·本周资讯

教师开放日出席老师：

马　睿

校园资讯：

1. 周一、周二讲座通知。
2. 2020年学在川大之“您的课堂，我的成长”征文启事。
3. 关于2020年下半年大学英语六级笔试补报工作的通知。
4. 关于转发2020年教育部“平安留学”出国留学行前培训会的通知。

1

教师开放日

时间：11月4日（周三）14：30—16：30

地点：江安校区文科楼一区315

教师简介

马睿，重庆万州人。1990年进入四川大学中文系学习，1994年获得文学学士学位（四川大学），1997年获得文学硕士学位（四川大学），同年留校任教，2001

年获得文学博士学位（四川大学），2004 年在武汉大学中国语言文学博士后流动站出站并回校工作，2004—2005 年在哈佛大学做访问学者。现为四川大学文学与新闻学院教授、博士生导师，主要研究方向为文艺学、艺术学理论。先后在《外国文学研究》《文艺理论研究》《中山大学学报》等 CSSCI 来源期刊上发表论文 36 篇（其中多篇被人大复印资料全文转载）；出版《从经学到美学：中国近代文论知识话语的嬗变》《文学理论的兴起：晚清民初的一份知识档案》等专著 4 部，主编、参编教材 5 部，担任历史文化画册《宝光寺·罗汉堂》执行编辑；主持、参与完成省部级以上科研项目 5 项，现主持国家社科基金重点项目“提高我国文化软实力的中国道路研究”；在四川省第 15、16 次社科评奖中获优秀成果奖；2007 年入选四川大学杰出青年学术人才，2011 年入选四川省学术和技术带头人后备人选。

2
讲座

（1）研究生培养的问题与方法系列活动（二）

讲座时间：11 月 2 日（周一）19：30—21：00

讲座地点：腾讯会议（另行通知）

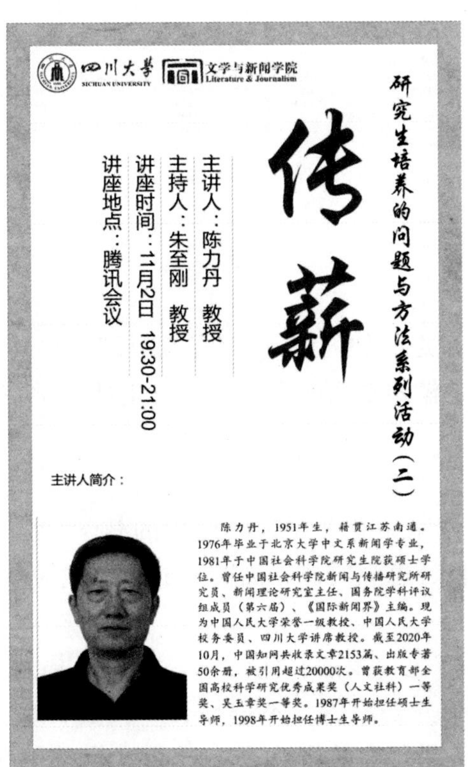

（2）民间小戏文本及评价问题

讲座时间：11 月 3 日（周二）10：00—12：00

讲座地点：江安校区文科楼一区 526

3
通知

（1）2020 年学在川大之“您的课堂，我的成长”征文启事

教务处联合学工部、校团委面向全校本科学生征集学在川大之“您的课堂，我的成长”。

①征文内容及要求：

• 内容：真实地记录某位老师在某门课程的教学情景，真实反映老师给你带来的学业发展、人生成长、思想启迪、品德养成。体裁为散文或其他文体，篇幅在 2000 字以内。

• 要求：表现真实情况、表达真实情感，有细节描述和深厚内涵；文字力求生动、形象、简洁；作品务必原创，不得抄袭，文责自负；以电子版（文件名以“学院＋姓名＋教师姓名课程名称”命名）投稿，投稿信标题注明“学在川大投稿”；稿件用宋体、小四号字，1∶1 行距排版，正文标题下注明院系、专业、年级、姓名、电子邮箱、联系电话。

②投稿方式及截止日期：

- 投稿邮箱：jyk@scu. edu. cn
- 截止日期：2020 年 12 月 15 日

来源：四川大学教务处

详情请扫描下方二维码查看

（2）关于 2020 年下半年大学英语六级笔试补报工作的通知

①报名资格：

已参加 2020 年 9 月延考，且当次大学英语四级（CET4）笔试成绩大于或等于 425 分的在校全日制本科生、研究生。报名资格由教育部考试中心审核，相关问题请电话咨询教育部考试中心。

②报名方式及时间：

- 本次补报采用全国集中网上报名方式，符合报考资格的考生应自行登录报名系统（http://cet－bm. neea. edu. cn）完成 CET6 笔试补报及缴费。
- 补报时间为 11 月 9 日 9 时—11 日 17 时，过时不再予以补报。

来源：四川大学教务处

详情请扫描下方二维码查看

（3）关于转发 2020 年教育部“平安留学”出国留学行前培训会的通知

由教育部国际合作与交流司主办、教育部留学服务中心承办、四川大学协办的 2020 年教育部“平安留学”出国留学行前培训会即将举行，欢迎拟访学交流或出国留学的同学参加。

①时间：11 月 6 日（周五）13：00—16：00

②地点：望江校区研究生院二区 101 学术报告厅

来源：四川大学教务处

详情请扫描下方二维码查看

三、采编札记

每周三，“周一荐”栏目成员便开始着手准备新一周的栏目内容，此项工作通常需要 2～3 名同学共同完成。

一位同学负责与下周出席“教师开放日”的老师联络，确认活动时间、地点，以及老师的个人简介，同时会请老师提供一张个人照片以备编辑使用。一般来说，老师提供的照片风格不一，有的老师喜欢将略带严肃的证件照作为个人形象展示，而有的老师则会选取个人生活照片来展示一种亲近感，也有些老师会因为不知选哪张照片最好，直接抄送一份压缩包，给我们充足的选择空间，并随信附上一句小小的建议，请我们在编辑过程中对其照片稍加润色。在课堂上，老师是带有距离感的严师形象，而在带着“小调皮”表情的回信中，我们瞬间感受到老师的“可爱泡泡”正在咕嘟咕嘟溢满屏幕。

此外，邮件发出后，老师通常不知晓发件人除姓名以外的其他身份信息，因此，有些时候我们也能与老师产生奇妙的互动。比如，老师在回信中会通过对发件人姓名的直观解读而选取称呼，对于姓名中未带有明确性别指向的我来说，有时候会收到老师诸如“某某兄”的叫法，令人哭笑不得。但同时让我觉得这样带有新鲜感和未知性的互动使机械化的联络工作变得接地气，能够体悟到自己的工作不再是流水线式的邮件联系，而变得有了一点乐趣与期待。在与老师一来二去反复确认信息的过程中，这种不见面的问候将格式化的内容封存，予以文字一种别样的温度。

另外一位同学则负责最近一周相关信息的搜集工作，力求将各处的通知信息、讲座信息以及其他一些与师生生活息息相关的信息进行集纳。这个任务需要较强的信息检索能力，而在信息爆炸的互联网时代，能够从海量信息中检索出有意义的信息，也是当下媒介素养的重要体现。在“周一荐”栏目的工作，让我们有了很多不断提升自我的机会。

最终，我们会将获得的各部分信息汇总起来，并交由一名同学进行排版。在排版设计的过程中，除了要考虑美观和简洁，还不能因为过于追求形式上的美感而忽略了读者阅读过程中的体验感。信息即将出炉的关键环节，往往最考验编辑的细心程度。在初次排版后，我们往往会通读两三遍文本内容，对文本中的二维码链接也会一并检查，但往往反复勘误并不能达到理想的效果，反而会受视觉疲劳的阻碍，忽略掉平日一眼能见的错误。每当推文发出后，如果小组群内出现新消息，我便紧张到不知所措，直觉告诉我一定又是编辑过程中出现了小问题。在这种时候，我总是一边拍着桌子，一边懊恼和惭愧到脚趾抓地，只希望能够完成一次不必返工修改的排版。可见，最后一关的编辑排版在内容生产中尤为重要。

对于新闻标题来说，也需要一点小机灵。通常情况下，我们的新闻标题会采用中规中矩的格式，即“第××周教师开放日与校园资讯”。这种统一的标题形式不容易出错，且能够以系列的方式进行展现。但是，一成不变的标题也容易丧失特性，让读者产生阅读疲劳。因此，在不变中求变是我们运用在标题中的一点小技巧。比如，在学期过半的“周一荐”中，我们跳出“第十周教师开放日与校园资讯”的框架，改为“学期过半，再接再厉!”从实际传播效果来看，换了“新衣”的标题确实得到了更多的关注，“学期过半”这一词语运用与我们的目标受众之间产生了共鸣，抛开内容不谈，仅就标题而进行的朋友圈转发就有五六例。可见，排版是一项集细心与才华于一体的功夫活，是需要不断地磨炼与创新才能够更上一层楼的长跑比赛。

同时，我们对版式整体的色彩设计也有一定的考量。如 2020—2021 年秋季学期的“周一荐”，为了追求简明扼要、大方美观的目标，我们选取金黄色为主色调。金黄色既与四川大学有名的银杏大道相关联，可以唤起同学们对校园的记忆和认同感、归属感；同时，又可在每个周一的早上，以蓬勃的、灿烂的、丰收的姿态，向同学们呼告新的一周仍需继续进步。我们尽全力，用细心和真心向同学们提供新鲜出炉的消息，这是我们对“周一荐”栏目定位的理解和实践目标。

虽然每个部分的分工有所不同，工作的方式和节奏也需要根据具体情况确定，但是我们在每个部分的内容编辑过程中，对于细心和严谨的要求是始终不变的。“周一荐”栏目是四川大学文学与新闻学院与老师们、同学们沟通的桥梁，一个集纳信息的栏目，如果提供的信息出现差错，会让以之为信源的师生在安排学习工作时陷入混乱。如果错误频频出现，贬损的将是“周一荐”栏目的公信力和专业度。因此，我们每位同学都会认真校对，避免失误。

在操慧教授的耐心指导下，我们认真负责，尽全力做好每一期的“周一荐”，让真正的专业精神生根发芽。操慧教授的“文辞严谨”“反复核实”“逐字校对”等严格要求，让我们的编辑实务能力得到了极大提升。虽然我们栏目所覆盖的范围不及专业媒体，但是我们在处理任何一则稿件的细心和耐心程度上能够与专业媒体比肩。这样的水准都是我们不断在操慧教授严格的要求下逐渐做到的。我们在这里成长，在这里进步。

每周一清晨，当看到“周一荐”新鲜出炉，被各位同学在朋友圈转发点赞的时候，是我一周最幸福的时刻。这不仅意味着我和我的小伙伴们又生产出了一篇完整的推文，而且也意味着我们收获了同学们的认可，说明他们愿意以我们的栏目为权威信源，愿意与我们对话。这对我和我的小伙伴们来说，是莫大的鼓励。

我们与“周一荐”一同成长！

（杜相益）

四、案例二维码

《周一荐｜学期过半，再接再厉！》

案例 2

“校友访踪”

一、案例简介

2020 年 8 月 30 日，四川大学文学与新闻学院新闻中心开设了“校友访踪”这一栏目，旨在挖掘校友们的鲜活故事，记录下文新学子成长成才的点滴瞬间。曾经的文新学子像是一棵棵小树，在学院的呵护培育下茁壮成长，如今的他们已经长成了“参天大树”，分布在各行各业，持续发光发热。“校友访踪”专栏用笔触回溯他们的过往，带来一丝丝回忆的温暖，也给学弟学妹们塑造榜样。

“校友访踪”专栏的开篇人物专访发布于 2020 年 8 月 30 日，讲述了文学与新闻学院 2001 级编辑出版学专业本科、2005 级传播学专业硕士校友程婧波的故事。2020 年 6 月，程婧波出版了幻想小说集《倒悬的天空》，书中收录了她二十余年写作科幻文学的代表作品。借此契机，我们找到了程婧波校友，在五个多小时的微信电话中走进了她的科幻世界。最后的成文为《校友访踪｜文新走出的科幻才女程婧波：潜心思想实验 连接寰宇万象》，共分为四个部分，分别是：“少年遐想：苹果发现了什么”，回忆了最初开始接触科幻作品，第一次尝试写作科幻文学的历程；“邂逅川大：七年求学，读懂自律和自由”，回想了川大求学经历带来的收获，科幻写作愈发成熟；“新的延伸：编辑 旅人 老师”，讲述了毕业后的程婧波在泰国旅居的生活以及多种身份角色的转变与适应；“记录宇宙：科幻是一场带着人性温暖的思想实验”，介绍了程婧波对科幻的态度与认识。2020 年 9 月 3 日，四川大学官方微信转发了新闻中心对程婧波的专访，标题编辑为《天马行空，自律自由！这位从川大走出的科幻才女真优秀!》。文章阅读量为 3.5 万，点赞数为 276，“在看”数为 161。此外，评论区还有很多读者和校友发表观点，参与互动。

此后，“校友访踪”专栏还在 2020 年记者节（11 月 8 日）前后推出了《校友访踪｜一线铁路记者李蓉：十二年，怀揣真情在路上》和《校友访踪｜党媒新秀庞琪：理想如海洋，有心者下潜》两篇人物专访，展现文新校友们在记者岗位上的作为。除此之外，新闻中心还先后采访了“辰悦科幻文创校友奖学金”和“阳光奖学金”的创设者王辰悦校友和赵阳校友，开掘两位校友身上的人物故事，报道他们创设奖学金的初心，也以此勉励在校的文新学子。

二、案例原文

（一）程婧波校友专访

校友访踪｜文新走出的科幻才女程婧波：
潜心思想实验 连接寰宇万象

程婧波

中国新生代科幻作家，四川大学文学与新闻学院2001级编辑出版学本科与2005级传播学硕士校友。曾供职于出版社，现从事出版、翻译、影视工作。出版作品数百万字，代表作有《像苹果一样的思考》《宿主》《倒悬的天空》《赶在陷落之前》《去他的时间尽头》等。曾获首届中国青春文学大奖赛短篇组特别大奖（2009）、全球华语科幻星云奖短篇金奖（2010）、全球华语科幻星云奖中篇金奖（2013）、全球华语科幻星云奖最佳电影创意银奖（2016）、首届华语国际编剧节新锐编剧（2019）、第二届科幻冷湖奖一等奖（2019）等奖项。

程婧波简介

2020 年 6 月，幻想小说集《倒悬的天空》出版，与读者见面。

图书的封面上印着一只蓝色的瞳孔，眼眸中映射着璀璨的星河，一如这本精选集背后那个鬼马精灵的科幻作家——四川大学文学与新闻学院 2001 级校友程婧波。

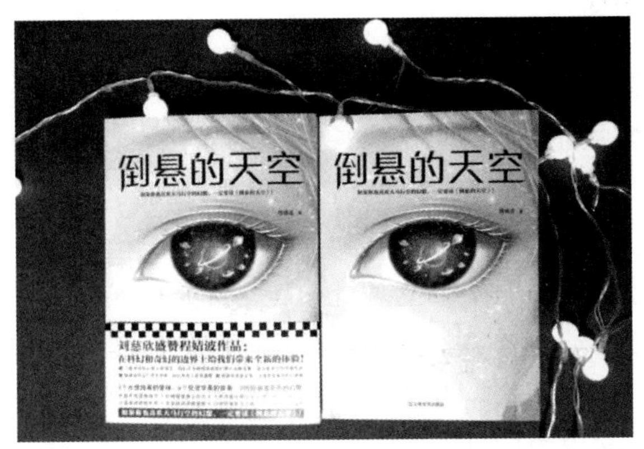

小说集《倒悬的天空》

3 个光怪陆离的星球、6 个空灵华美的故事、200 段浪漫至死的幻想，这是《倒悬的天空》，也是这位被刘慈欣盛赞的科幻才女执笔描摹出的奇妙图景。二十余年的光阴里，从少年出道到获奖无数，从天真学子到职业作家，从姐姐家的书房到川大的课堂再到出版社，程婧波认真做着一件事——记录自己脑海中蹿出的每一幕场景，再将它们亲手编织成一个个天马行空却真实温暖的世界，静待这些文字与奇思共构的世界“连接”起幻想与现实、人类与自然、个体与宇宙……程婧波说，自己喜欢和享受的，正是这种“连接感”。

“写这本书的我，读这本书的你，137 亿年前，属于同一粒星尘。”《倒悬的天空》的扉页上，她如是写道。

《倒悬的天空》扉页写下的话

少年遐想：苹果发现了什么

不同于许多人的“循规蹈矩”，程婧波的童年有着不一样的色彩。

程婧波出生于四川，巴山蜀水，闲适小镇，耳濡目染下的她也在骨子里刻下了那份肆意随性。

幼时，父母希望她未来能成为一名钢琴家，但比起琴房，她更喜欢把时间留给各式各样的杂志书本。姐姐家的书房，便是她的乐园。闲暇的时候，她便钻进书房里，翻阅起姐姐订阅的《少年文艺》杂志，32 开的小书页，一个个小故事，化成彩色的钥匙，渐渐打开文学的曼妙世界。

一次偶然的机会，她从书架上取下了一本不一样的故事书《魔鬼三角与UFO》，这是一部国外幻想小说，一翻开——飞碟、太阳帆船、外星人、神秘海域……种种科幻元素扑面而来，在程婧波眼前编织出一片陌生却奇异的图景，着迷之中，一场特别的旅途也由此展开。

书籍《魔鬼三角与 UFO》

探寻像藤蔓般延伸，蜿蜒到了更多书页中，到了香港中文台的引进美剧中，到了父亲租借的各种各样的录像带里……程婧波说，那时的自己并不知道什么叫作科幻，只是由衷觉得，那些穿梭在文字与光影中的场景，就是真实的世界。甚至在看完《黑客帝国》后，她整整“懵”了一周，回味着每一帧影像，绞尽脑汁地问自己“这样的世界究竟在哪里？”

带着一颗好奇心，亦行亦思，路途中，程婧波邂逅了《科幻世界》。这本于1979 年在成都创刊的科幻杂志，前身是《科学文艺》和《奇谈》，在 1991 年易名为《科幻世界》，不仅在中国掀起了最早的科幻浪潮，更孕育了王晋康、刘慈欣等一批科幻大家，成为中国科幻文学最早的舞台。

从初中时的相遇开始，自诩骨灰级科幻迷的程婧波便没允许自己落下任何一期

《科幻世界》。1999年，互联网逐渐在国内普及开来，《科幻世界》设立了专属科幻爱好者的聊天室，程婧波连忙借来姐姐的笔记本电脑，连接网络，一头“泡”进聊天室，与一众科幻迷一起，在灵思碰撞中激荡更多的创意和联想。

正是这时，一个念头在她脑海中渐渐萌发、生根，她拿起笔，想为自己心爱的杂志写个故事。这个故事，便是后来的《像苹果一样地思考》。题记中，她写下了一个古怪的问题——“苹果落地，牛顿发现了万有引力，可苹果发现了什么?”

多年过去，关于这篇处女作的灵感究竟来源何处，甚至对程婧波本人来说都是个谜，一切像是水到渠成，自然而然地化为文字，展于纸上，又像是一面镜子，映照着16岁的自己，所思所感，所向所往。《科幻世界》与读者们似乎读懂了她的心。投稿后的一天，独坐在房间里的程婧波在杂志上读到了自己笔下的故事，夜很静，程婧波知道，这是一个新的开始。

从读者到作者，一条未知却让她憧憬的道路，由此铺开。

邂逅川大：七年求学，读懂自律和自由

也许是命中注定，或是机缘巧合，高中计算机老师无意间展示的一张照片，吸引着程婧波一路走进了川大。

照片上，一群学生坐在体育馆前的草坪上，晒着暖暖的阳光，手里捧着香喷喷的卤猪蹄。计算机老师告诉她，这是川大学子在“海纳百川，有容乃大”的四川大学一个再普通不过的生活片段。照片里的一幕幕印在了程婧波的脑子里，川大满足了她对“大学”的全部想象。

彼时正在备战高考的程婧波，在第一志愿栏中，笃定地填下了“四川大学”。2001年9月，那个从前在姐姐家书房里“书非借而不能读也”的小书虫，成了四川大学文学与新闻学院编辑出版学专业的一名新生。

一场新奇的求学旅途开始了。很快，充实多样的课程让她如鱼得水，现代文学、古代文学、编辑出版、新闻理论……曾经埋在脑中的疑问、渴求，一点点被解答、满足，更多的求知欲也不断萌发。

偌大的校园里，程婧波发现原来大学生活的魅力不仅仅在于可以晒着太阳啃猪蹄。她在川大待得最久的地方，就是文科楼对面的东区图书馆。安静的书室中，她一坐就是一整天，典籍、小说、杂志来者不拒，只待这些文字、奇思化为火炬，照亮一个个不一样的世界。

图书馆外，程婧波也没闲着。她跑去外国语学院跟朝鲜族的姑娘学韩语，观察日语系的男生怎么卖盒饭，一有时间，就溜达到川大西区，坐进理工科院系的教室里，靠在像是“巨人”用品的桌椅上（她坚持认为川大西区的桌椅比东区要大一

号），听老师讲水利、化学、服装设计和新型材料……2003 年“非典”肆虐期间，她借着实习机会走进川大出版社，静心编书，等到编完走出大楼，才惊觉阳光洒肩头，“非典”去无踪，感觉“像是走出了防空洞”。

川大以海一般的胸怀包容着她。她在这里如同一滴汇进大海的水珠，体会到了充分的自由。川大亦在不动声色地影响和塑造着她。其中对她影响最大的，便是程婧波的导师，四川大学文学与新闻学院的李苓教授。

从本科编辑出版学专业到研究生传播学专业，七年师生，相教相伴，程婧波觉得，自己从没见过那么优雅的女性。她至今记得一次师生出游中，大家不小心和交警发生了误会，李老师不急不慢地耐心解释，和蔼的笑容，温柔的话语，像是钢印被刻在程婧波的脑海中。她突然发现，怀着温柔和善意对待所有人事，是如此美好。

由着那股对科幻文学的向往，早在 2001 年大一时程婧波就联合成都七所大学喜欢科幻的“同道中人”共建了一个“文学圈”，大家自由畅想，肆意创作，成果被集纳进了自创的杂志。作为杂志主编之一，程婧波请求李苓老师担任杂志的编委，没有丝毫犹豫，李老师一口应下。这一应，便是多年，直到现在，李老师还认真地保留着那本杂志。几近泛黄的内页，记录着时光荏苒，一如来自恩师的暖意，伴随着年岁渐逝，慢慢化为星点，融入程婧波日后的路途与风景。

硕士毕业论文开题前同学们在李苓老师家合影

左四为李苓老师，左五为李苓老师的母亲，左六为程婧波

自由求索，温和生长，点滴晕染下，一个个的故事在她的脑中与笔下萌芽。时值 21 世纪初，传统报业发达，新闻传播院系师生意气风发，对新闻伦理和报道方式的探讨，往往激烈而令人振奋。当时调查报道盛行，带着课上的思学和专业探讨，加

上自己对记者行业的认知，程婧波在川大东区二号楼宿舍里提笔写下了《第七种可能》。

“菜鸟”记者凭着热血和好奇心，与老辣干练的记者前辈携手调查北极出土的一具史前生物遗骸，寻找恐龙灭亡的真相……令人意想不到的结局，既是她埋下的第七种可能，更渗透着新闻学子对“真相”的最初笃思。

2008 年，“5·12”汶川大地震后不久，程婧波在川大文科楼完成了自己作为传播学硕士的论文答辩。这篇三万字的毕业论文，是程婧波有史以来写过的最长的一篇“作品”。毕业论文的完成，令她突然有了从短篇小说向中篇小说迈进的勇气。彼时，她的脑海中出现了一幅画面——巨人的白骨浮在半空中，用力拽住一座城池向前拖行，前方是无尽黑暗。

她记下这幕，写成了《赶在陷落之前》。古老的洛阳城、防风氏的白骨、乱世漂浮的鬼魂、前世今生的轮回……天马行空的想象与国风古韵交织，构造空灵而深沉的世界，坠入无数读者心间，氤氲出一段离奇却似曾相识的旧梦。2009 年，《赶在陷落之前》在《人民文学》上发表。

2009 年，中国作协副主席、书记处书记李敬泽钦点《赶在陷落之前》发表在《人民文学》上，称这篇作品“充满了炫目的才情”。文化部原部长王蒙也在为图书《赶在陷落之前》作序时写道：这是“自新中国成立以来中国作家创作的适合今天少儿读者阅读的文学佳作”之一。

自《赶在陷落之前》问世后，程婧波陆续创作出了《吹笛者莫列狐》《开膛手在风之皮尔城》《四月的安徒生》《宿主》《去他的时间尽头》等中篇小说。

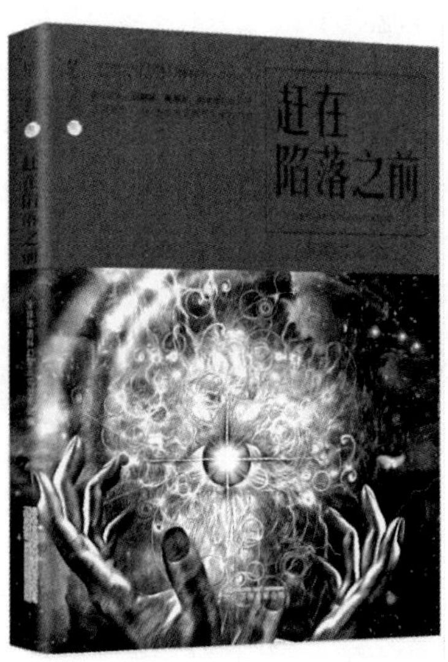

全球华语科幻星云奖组委会编著书籍《赶在陷落之前》

在川大求知求学的七年，究竟带给了自己什么？厚实的知识积累？对真相的向往？人生更多的可能？程婧波说不出准确的答案，她只是觉得，自己属于这里，川大提供给自己的是一片海洋。这份深刻在骨子里的自由与自律，是母校最珍贵的礼物。

她知道，带着这份寄托和馈赠，她会走得很远。

新的延伸：编辑 旅人 老师

从川大顺利毕业后，程婧波如愿成为一名编辑。那段时间，她编辑图书，创作故事，翻译名著，做着自己喜欢而向往的一切。遇到让自己心仪的作品，认真翻译之余，她还会登录微博、微信，用心写下最真实的感受和推荐语。

不过，看似“循规蹈矩”的她，并没有停下自己的脚步。借着儿子读书的机会，她带着全家迁居，到了千余里外的泰国清迈。

全新的环境、陌生的人事，程婧波并没有觉得不适；相反，倾听着凌晨的鸟鸣声，感受着夜晚的柔和，她愈发理解阿瑟·克拉克最终定居斯里兰卡的选择。“你我皆是宇宙过客，哪里都是他乡，哪里都是故乡。”阿瑟·克拉克的这句话，似乎是她旅居清迈的生活的一个注脚。这个微笑的佛国，为这位来自四川的旅人和作家，指引了方向，觅得心安。

海风相伴，肆意快活之间，新的灵感慢慢滋生。在日本邻居的启发下，《讨厌猫咪的小松先生》逐渐成形，友人们开玩笑说，这篇故事并不像小说，更像是日记，甚至还有朋友把故事情节当真，一个跨洋电话打过来，只为询问：“你送给小松先生的越光米真的有那么好吃吗？”

字里行间的闲适和温情，在程婧波看来，源于泰国生活的点滴，更源于自己在这里找到的新的“连接感”。她始终坚信，连接点在哪里，家就在哪里，向外的连接中，新邂逅的每一人、事、物，都会击溃孤独感，带来幸福。

连接和挑战，在她的生活中，不断发生着。

2019年，程婧波公布了“光和书房写作计划”，开始挑战全新的角色——写作教师。凭着自己对写作的认知，她将目光锁定在10～14岁的孩子们身上，希望通过不同于常规写作教育的启发和对话，释放孩童的写作天性，找到“未来的作家”。

“光和书房写作计划”海报

为了真正认识每一位学生，写作课的课堂人数被严格限定。20 人，这是程婧波认为自己能够和每一个孩子建立好有质量的“连接”的极限。她还细心地为孩子们建立了个人档案，记录他们的成长足迹。言传身教中，师生共同成长着。

程婧波至今记得班上有个不爱写作的孩子，第一次作业交上来，字里行间都是“不情不愿”，她差一点就要劝退这个没有一点写作兴趣和天赋的孩子。然而，孩子之后的表现却让她大吃一惊——这个孩子从没有落下一节她的写作课，在自由写作的世界里尝到了自由与自律的甜头之后，更是渐入佳境，后期的作品越写越精彩。她在与孩子妈妈的交流中得知，这的确是一个曾经不爱写作的孩子。可是他通过自己的努力，向写作慢慢打开了心扉，后来轻轻松松能够提笔写出两三千字的优秀作品，着实令人刮目相看。

在写作课开始时，程婧波曾对孩子们说：“希望经过我的陪伴，一年之后的你们回望此时此刻的自己，能由衷地说一句：‘我收获了很多。’”

那个最不可能实现这一点的孩子，他做到了。

为孩子的收获和进步欣喜之余，程婧波感到十分惭愧。她默默告诉自己，人生的功课处处皆在。写作计划连接起她和孩子们，连接起更多的奇思妙想。她在这种有“连接”的课堂上甘之如饴，心存感激。她愈发喜欢孩子们笔下这些稚嫩但充满生机的故事，并努力发现每个孩子的闪光点，予以他们最真诚的鼓励。

她想起了作家刘宇昆曾写下的比喻——“中国盒子”，孩子们的写作过程就像那个翻译屋，太多的人只关注最终从窗口递出的结果，而没有关注屋内发生了什么，就像只顾盛放的花朵，而对养育枝叶的沃土视而不见。

她想做的，就是成为一名有连接感的老师，做一场小而美的教学，陪着孩子们，关注发生在每一个个体心灵中的每一次情感与体验、发生在每一个个体头脑中的每一次探索和思考，找到真正的“开花原因”。

写作从来不是单纯的表达，而是成长路途中的觉知。

她一直这么想。

记录宇宙：科幻是一场带着人性温暖的思想实验

2020 年 6 月，程婧波的精选小说集《倒悬的天空》正式出版。

作为各个阶段代表作品的集锦，这本 246 页的专著也见证着她将近三十年的写作历程。华语星云奖、冷湖奖、华语国际编剧节新锐编剧称号……与科幻相伴的一路上，她记录着多重宇宙，橱柜里逐渐摆满了各式奖杯，成为被公认的中国新生代科幻作家。

但她从来没有停下探索，也未放弃寻找新的思想连接。

2017 年，她开始将自己的小说改编为剧本，为此接受了长达两年的编剧训练。从作者到编剧的转化并非想象中那样顺利。第一份剧本以 2050 年为背景，在一遍遍的改稿过程中，她逐渐意识到许多以前自己不曾考虑的问题——中国的科幻美学是什么，如何才能落地？为了找到答案，她直接从清迈飞回成都，在电影院里一坐一整天，关注着观众们的一举一动、一笑一怒。最后，她找到了答案——真实感。只有把握住故事、逻辑的真实性，才能成功将观众带入创作者构想的世界，激发他们的感知。

电影《流浪地球》的成功，印证了她的想法。这部从逻辑到美学都极尽“真实”的影片，一经上映，票房轰动，让世界看到了中国的科幻制作。

带着对读者感受的关注和在剧本中学到的“地气”，程婧波一笔挥就《去他的时间尽头》，这是一个近乎“白描”的故事，褪去华丽的文字和技巧，只剩下完整的情节构思和人物特色。程婧波觉得，这种努力塑造的真实感，将激发自己与读者更真挚的共鸣。

从阅读者到执笔人，一路前行，程婧波对科幻的认知也愈发清晰。她坦言，自己并不在乎被部分读者热议的“奇幻”与“科幻”之争、“软硬科幻”之别，因为这不重要。正如她从科幻作家陈楸帆十多年前写下的小说《霾》中读到的，隐藏在科幻文学乃至所有文学作品中的真正内核，永远是对人性最真实的观照。

在她心中，科幻就像是一场思想实验，作为实验者的科幻作家们往往会假设最极端的条件，竭尽所能地让其“真实化”，把问题抛给读者和自己，去探讨、拷问这种条件下人的选择与境地。程婧波觉得，这是科幻作家们青睐末日题材的原因，也是科幻真正的温暖所在。

而在自己的作品中，主角们或向外迁徙，或尝试探险，或追寻真相，挖掘、拷问着一个个对个体、生命至关重要的问题。而她自己，也跟着主角们一起，展开一场场的探索之旅……就像剥开洋葱一样，真相也是千层多面的，至于最终落足在哪里，程婧波想把选择权交给读者。

这种向着人本身的追问和追逐，不会停止。

对程婧波而言，新的旅程还在继续。她开始努力健身，为日后的创作储备体力，她有意识地训练自己的写作，在1%的天赋之外寻找更多附加值……

行路至此，再次出发。未来，自己的笔下又会出现什么样的故事？

她期待着。

（特别感谢程婧波校友对本文的审阅修订）

【师　说】

在我眼里，程婧波是一个勤于思、慎于言、敏于行的人；是自觉的读者、温暖的作者、有才华的编者。这三种角色，她都表现得很到位、很优秀。读她的作品，更能看出她思考与话语之间严谨的逻辑性。她从小酷爱阅读，能够按自己的兴趣爱好去寻书选书，所以她的认知深度和思考广度能够始终是自然又自由地被组构和使用的。从她的作品中，在我看来，她从事的是纯文学创作劳动，走的是纯文学的道路。她的作品始终都在反映人性，而且反映的人性是非常阳光和温暖的，里面充满了创造性、逻辑性和人类生命永恒的乐趣，能够为读者插上更自信、更阳光的翅膀。她在学校时很低调，在出版社当编辑业绩斐然仍然低调，作品获大奖还是低调。今年7月，她从泰国清迈快递来新著《倒悬的天空》，让我第一时间分享她的成绩与快乐。婧波始终是话不多，但言说了，就是有分量、有趣味的信息。

——李苓（四川大学文学与新闻学院教授，传播系与编辑出版专业创建人，传播学硕士点传播学史论研究方向和编辑出版学研究方向硕士生导师）

【友　说】

程婧波是一个回乡者，她笔下的故事有一种夹杂着生疏的对于故土和回忆的亲切感，又隐约透露出童年梦幻逐渐忘却之后的勇气和忧伤。科幻创作当然是她寄托幻想又时时归去的众妙之门，可现实也同样如此。在作品中，作者的目光时常往复振荡，她的情绪与虚构的意象时而密切联结，时而又拉开距离以致产生疏离。而在偶尔驻足之后，程婧波又总是不断地返回路上，从这里走到那里，鲜花随着脚步时时绽放。

—— 姜振宇（四川大学文学与新闻学院博士后，中国科普作协科幻专业委员会会员、全球华语科幻星云奖推选委员会副秘书长）

（二）赵阳校友专访

校友访踪｜“阳光奖学金”创设人赵阳：愿如阳光暖新芽

赵阳说，设立奖学金让自己获得一份心灵的踏实和安宁。从初入川大求学时受到众多师长的帮助，到大三大四时依靠自身努力实现经济独立，再到工作后尽己所能、设立奖学金帮助学弟学妹，赵阳走过了人生的青葱岁月，从毛头小子步入平和从容的不惑之年。而他和他创设的“阳光奖学金”，11 年来，更像是一抹明亮温和的阳光，照进四川大学文学与新闻学院一届又一届学弟学妹们前行的路。

校友简介

赵阳，青年作家，四川大学中文系本科 1999 级校友。后就读于香港浸会大学，获文学硕士、哲学硕士学位。现为香港华菁会会员、香港青年时事评论协会会员，《大公报》等多家报刊专栏作家。他于 2009 年起设立“阳光奖学金”，11 年来资助学生近 100 人，累计资助金额超过港币 15 万元。

如沐春阳：雪中送炭的温暖

1999 年秋天，赵阳入读四川大学中文系。在第一次年级大会召开前，偶遇时任中文系副系主任的王红老师。“那天在望江文科楼三楼开会，我正坐在外面的椅子上等待，这时王红老师上来了，她直接认出了我，并且嘱咐我要注意身体，不要着凉。那天王红老师在年级大会上的讲话很精彩。让我没想到的是，第二天一大早，辅导员来到我的宿舍楼下，转交了王红老师给我的一个大纸袋，内有毛衣、衬衫和外套，还有一个信封，里面装着 500 元钱。”二十多年后，赵阳回忆起这段往事，仍然难抑激动：“王红老师的善举完全是出于她善良的本性和一名师者的高尚情操。”

关于赵阳刚入学时的情况，王红老师回忆说：“之前从辅导员提供的贫困申请材料中就了解到赵阳的家境很困难，但限于当时学校的学生资助制度不如今天完善，所以当时辅导员和负责学生工作的老师都在帮他找资助。而开年级大会那天已经是秋天了，我看到他穿得很单薄，担心他衣服不够，所以第二天就把我爱人的衣服拿给他了。”虽然在采访中王红老师已经记不起自己给赵阳生活费的事了，但她认为这是自己身为教师应该做的。

赵阳（右一）与王红老师（右二）的合影

作为赵阳“古代文学”课程的老师，王红老师不仅在生活上非常关心爱护赵阳，而且在学业上对他严格要求。那时，系里的其他老师以及学校教务处、宣传部的老师们也都非常关心赵阳的生活和成长。当时教务处的老师们了解到赵阳有勤工俭学的需要时，就主动找到赵阳参与教务处的一些专项工作；在学校宣传部，赵阳更是从普通的学生记者一路成长为学生通讯社社长。赵阳在这些勤工俭学的过程中，既获得了一些生活收入，更锻炼和提升了自己的能力。

而让赵阳印象最深的，还是毕业离蓉前王红老师对他的叮嘱。赵阳谈及不知如何回报王红老师对他的帮助，王红老师告诉他：“你不应该想着怎么报答我，而是你以后有能力了可以帮助更多的人。”这句话给了赵阳很多力量，“即使后来进入社会后我经历了很多挫折、失意和不顺，这句话也一直支撑着我去克服困难，提醒我踏踏实实地走好每一步以有能力帮助更多的人”。

赵阳将自己在川大求学的时光称作人生中“最愉快、最有价值的时光”，并表示，“中文系不仅传授给我知识，给了我学养上的熏陶和谋生的能力，还影响了我的人生。因为我认识的系里的每位老师不但专业优秀，也具备传道授业解惑之外的善良。”师长们的言传身教，在赵阳的内心深处播撒着阳光的种子。

欣欣向阳：独立自强地成长

赵阳在采访中一再强调，自己不是学习成绩优秀的学生，但很注重学以致用。学生时代的赵阳对写作的热爱从未间断，他在川大读书期间公开发表的文字多达10万字，除了文学作品，更有不少新闻作品发表在《光明日报》等中央级媒体上，为学校赢得了荣誉。对此，王红老师也有很高的评价。“赵阳小学时就在报刊上发表过文章，最初的写作动力是希望给家里减轻负担。后来他的投稿越来越多，大学的时候经常给各类报纸杂志投稿，各类文章都能写，可以用稿费解决生活上的一部分困难。”

B4 青年　　大公報　2019年10月11日　星期五

一個城市的「詩和遠方」

——讀劉以鬯《龍鬚糖與熱蔗》

青年讀書薈

不論時間如何流逝，不論世事有幾多變遷，人世間，總有些美好的事物，比如真摯的情感、向善的力量、正義的化身，始終閃耀着人性的光芒，永不褪色，給人以慰藉和溫暖，帶我們走向詩和遠方。香港作家劉以鬯先生的短篇小說《龍鬚糖與熱蔗》，正是一部教人向真、向善、向美的作品，儘管它創作於二十世紀七十年代，距今已將近半個世紀。

歡迎投稿　qingniandushuhui@gmail.com

現實主義中流淌的城市溫情

關注和珍惜城市的文化名片

由赵阳担任主笔的“青年读书荟”栏目

据赵阳回忆，自己大学期间兼职和实习的经历非常丰富。他做过家教，担任过川大校报学生通讯社的社长，在中央电视台为一个青少儿教育栏目写过脚本，做过主持，也为很多报刊写过稿，有时需要不断来往于成都和北京，便也因此经常和辅导员请假时“打游击战”。这些实习和工作带来的酬劳让他实现了经济独立。于是，他主动将自己受资助的机会让给其他更需要帮助的同学。

赵阳自立自强的性格让王红老师记忆深刻，“赵阳是很自立且有规划的，他知道自己该做什么，做事都是井井有条的”。工作之后，赵阳也相当高产，不管在哪个城市，他都一直保持着写作的习惯，迄今已发表500余万字的作品 ，在香港和台湾地区的报刊上都开有专栏，散文集《香江记趣》今年上半年即将出版。

赵阳（右二）与作家林清玄（右四）的合影

谈及创设奖学金的初衷之一，他表示，奖学金是对那些独立自强的贫困生的一种鼓励：“贫困并不可怕，但比起仅仅因为贫困而获得资助，我们更应该鼓励的是勤奋好学且通过自己的能力实现自给自足的学生。”

2021 年元旦，赵阳在散文《在路上》中写道：“新的一年，人生在路上，写作亦在路上。我认为，写作之难，不难于技法，而难在为人。为人之难者，又难在敢爱、敢憎、敢歌、敢泣、能刚、能柔、能疏、能狂。甘于寂寞，才能淬炼个性。有了个性，才能有品格、有情趣、有境界，也才能让文字产生直击心魂、勇敢前行的力量。”

阳暖新芽：薪火相传的阳光

在生活和工作中，赵阳很关注青年后辈的成长。他在交谈中时常问及记者的学业规划，并表示非常愿意和学弟学妹们交流。而在曾经获得“阳光奖学金”的学生中，赵阳记忆最深的是 2011 级中文基地班的程龙同学。

程龙参加了 2013 年的“阳光奖学金”评选。他的文章让赵阳眼前一亮，颁奖仪式过后，他与程龙进行了简短交流。此后，程龙便与赵阳通信联络，这个习惯保持至今。他们在信中交流思考和思想，十分愉快，逐渐成为无话不谈的挚友。2015 年，程龙保送至北京师范大学深造，赵阳中肯地建议他利用暑假去实习，“认知社会，提高实践能力”，并力荐他去中央级媒体做实习记者。6 年后的今天 ，程龙已成为人民日报社年轻记者中的佼佼者，不时出现在国新办组织的新闻发布会现场。

每每看到早间新闻节目中程龙带着满满的阳光和自信代表《人民日报》提问，赵阳都感到十分欣慰。而程龙对赵阳的印象也始终如一，“他是一个非常敬业和努力的人，并且非常愿意把前辈给他的温暖传递给后辈，这是很可贵的”。

人民日报 有品质的新闻 打开

聆听新年贺词，上海浦东新区人民检察院主办检察官施净岚，想起浦东开发开放30周年庆祝大会现场的情景。“2021年是‘十四五’开局之年，司法人要为浦东打造市场化、法治化、国际化的一流营商环境助力。”施净岚说。

“全国人民众志成城，齐心抗疫，中央一直关心和支持香港抗击疫情。”香港华菁会理事赵阳在带领公司义工队忙完社区活动后，专门收听了习近平主席的新年贺词，“粤港澳大湾区提供了更广阔的发展空间，香港青年要在融入国家发展大局中把握机遇。”

“路通了，灯亮了，家富了，日子一天比一天好了。”和村民们一起收看了新年贺词，河南信阳市浉河区东双河镇土寨村第一书记乐晨鹏说：“习近平总书记的嘱托，是激励我们不断前行的动力，作为一名基层驻村干部，我将继续奋斗，以优异成绩庆祝中国共产党成立100周年。”

（本报记者刘维涛、李昌禹、刘阳、余建斌、刘鑫焱、张洋、李龙伊、程龙、乔栋、巨云鹏、潘俊强、徐驭尧、游仪）

《人民日报》2021年新年报道赵阳代表香港青年发言

早在2006年工作初步稳定后，赵阳就联系了四川大学中文系，“一对一”地帮扶贫困生。“一对一”帮扶结束后，赵阳觉得这种资助方式的覆盖范围太小，恰巧当时王红老师在公选课上感到同学们的文学积累不够。于是，一个两全其美的想法诞生了：设立阳光读书奖学金。当时赵阳的收入并不高，每年一万元的奖学金相当于他一个多月的工资，压力不算小，王红老师也建议他要量力而行。但赵阳仍然坚持下来，如他所言，这种坚持带来的愉悦感和踏实感比金钱更宝贵。

在采访中，赵阳多次提到自己对于安静的生活状态的追求。“我其实平常没有什么太多的爱好，就是打网球、写东西、看书。生命的美好来自内心的安宁，而帮助别人会让我找到这种安宁，让我安静下来，踏实起来。”王红老师表示：“赵阳大学时有些腼腆，心理上有些敏感，比较介意别人的看法。但走入社会后，他已经成长为一个平静、从容、成熟的人。在这个过程中，他肯定遇到过很多困难的处境，但他自己应对得很好。”

网球是赵阳（左一）最喜欢的体育项目，他与搭档经常活跃在香港业余网球比赛的双打赛场上

提到对学弟学妹们的期望，赵阳的想法与王红老师不谋而合。“我很期待学生的反馈，但我也并没有过多的期望，毕竟王红老师等帮助过我的老师也只是希望我能健康地成长、独立地生活。我希望学弟学妹们通过这个奖学金可以感知到有人在关心和帮助他们，如果多年之后他们当中的一两个人也能为学校做点什么，这就是我最大的安慰。”

三、采编札记

（一）

与程婧波学姐的这次对话，于悦月和我而言，不仅是幸运，更是一段神奇而浪漫的旅程。

最初得知采访消息时，我们特别激动，但心里都没有多少底，虽然陆陆续续地搜集和浏览了许多资料，把知乎、微博等几个阅读平台翻了个遍，也被书粉们真情实意的留言触动着，但毕竟不是科幻迷，“程婧波”这个名字于我们而言，更像是写满了天赋、光芒却仍然神秘的符号。

采访前的一周，我们一起拜读完了程婧波学姐最新出版的著作《倒悬的天空》。合上书页的那一刻，我盯着桌角那几张皱巴巴的擦过眼泪的纸团，再也按捺不住内心的好奇，到底是思维多么灵动，想象力多么跳跃，内心又何其细腻的作者，才能编织出这样一个个浪漫、空灵却又“真实”的故事，翻涌出读者深埋内心的那丝动容和柔软。

除了看书和收集资料，悦月和我做得最多的事情便是反复核对和修改采访提纲。那时我们都有一个感觉，这个问题也想提，那个问题也想问，在此之外，就是一遍又一遍地担心，这些问题合不合适？这些细节对专访来说是否重要？这里符不符合规范？会不会显得不专业？我们也都知道，不是为了做到完美，也不是有多高的要求，只是本能地紧张，本能地不想出差错，更是本能地想去珍惜。

在收集材料的过程中，我们偶然读到了学姐发表的第一篇作品《苹果发现了什么》，我也暗自遐想，这次采访中，我们能不能知道，并告诉读者们，“苹果发现了什么”。

在紧张和忐忑中，采访如期而来。疫情缘故，采访暂时只能通过线上的语音电话进行。虽然我们的提问显得有些许紧张，但学姐很快就拉开了话匣子。她和我们聊作品，聊自己的童年，聊在川大经历的点点滴滴。听着学姐温柔的讲述，我们仿佛感觉电话那头不再是一位超高人气的明星作家，而是一位痴迷于“黑客帝国”的少女，一位穿梭在教室之间只为蹭课听的学姐，也是坐在寝室电脑前奋笔疾书的科幻迷，还是守着一群小朋友，笑弯了眉眼，手把手地教他们如何讲好一个故事的老师……

最让我们感动的，是学姐提到的“写作”和“真实”。虽然有着“科幻才女”的美誉，但行路至此，学姐依靠的从来不只是天赋和光环，她亦会想方设法地为自己创造训练的机会，甚至为了写作专门训练体能。这份对待写作的“真诚”，也被她延续到了“光合课堂”中，她说自己希望打开那个写作黑箱，捕捉每个孩子的奇思妙想，种进课堂中，再将自己的经历和感受化成一束阳光，帮助他们孕育出最美的果实。而不同于我们对科幻作家的设想，程婧波学姐每每提到“真实”，语气都会非常严肃，在她看来，科幻虽然是一场思想实验，但其生发和落足点终是归于现实。照亮千千万万科幻作品的那道光，总带着观照人性和现实的柔和暖意。

最开始的专访写作过程并不太顺利，“还原”两个字仍然像一座大山，压在了敲打键盘的手上，也压在了脑中的思绪里。重新梳理几万字的专访笔记，我们渐渐发现，“还原”的背后同样驻足着程婧波学姐心中奉为圭臬的那两个字——“真实”。真实，用我们的笔触告诉大家，那天与我们对话的青年作家程婧波老师，是怎样一个人。再将目光投向屏幕上看似烦琐的记录，一个又一个记忆片段，勾勒出来的，却正是真实的程婧波学姐。这样的她，并非传统意义上循规蹈矩的学生，而是会在一个洒满阳光的午后逃课钻进图书馆；并非大家所猜想的天生想做作家，反而热心于新闻编辑工作，也会为了实习四处奔波，会被老师口中的记者情怀打动，会把深埋内心的新闻理想种进清透的文字中，编织成“第七种可能”……

而我们也开始尝试自己的编织，记录最真实的故事，留下最不起眼的细节，让它们成为珠线，串联出那个沐浴着阳光、戴着耳机、用温柔的声音与我们畅谈的程婧波学姐。一张学生们在阳光里啃着猪蹄的照片、毕业前夕那幅浮现在她脑海中的图景、遇到天资“平平”的学生时气鼓鼓地一边开车一边遐想的下午……这些被保留下来的细节，亦是我们试图描摹的真实和温暖。同样，我们也想尽最大努力描绘出学姐口中的“连接感”。学姐说，从学生到编辑再到作家、教师，这正是她自己一路来从未放弃追寻和把握的东西，我们想，“连接感”或许连接的不仅是从一位少女到青年作家的成长旅程，同样是那些空灵浪漫的文字背后真正的动力，用文字连接人与人，人与物，寰宇，万象。

在操慧教授的指点后，初稿终于成型。很感谢程婧波学姐对初稿的指正，她逐字逐句地阅读和修正，温暖的肯定和鼓励，给了我们继续完善和润色稿件的信念和动力。

最后的成品便是这篇专访，虽然稚嫩，也有缺憾，但在我们心中弥足珍贵。因为在那个蝉声阵阵、阳光铺满窗台的中午，我们曾倾听学姐的故事，去探寻“苹果发现了什么”，尝试去触碰隐藏在神秘之后的那个有趣灵魂。

于程婧波学姐而言，“苹果发现了什么”并不那么重要，那只是一个抛给读者的问题，也是开启自己科幻创作的一把钥匙。于我们而言，是否发现“苹果发现了什么”也不再重要，重要的是这次奇妙的旅程——对话有趣的灵魂，记录真实而浪漫的人生，这或许便是“人物专访”的独特魅力，是老师予以我们的宝贵成长，更是闪烁在半空中，指引和鞭策我们继续努力、探索的一颗明星。

（张诗萌）

时隔半年回忆起去年夏天和诗萌一起采访程婧波姐姐的经历，我仍旧觉得很刺激、很梦幻。在此之前，不是“科幻迷”的我对科幻的唯一接触仅仅停留于曾经在望江文科楼听过的一场学术讲座。当诗萌找到我，说我们有机会采访一位优秀的青年科幻作家，也是我院毕业的学姐时，我第一次听到了程婧波姐姐的名字。为了能够展现程婧波姐姐更加丰富、立体的人物形象，我们在前期进行了大量的资料翻阅，希望能够从中找到一些有趣的细节，方便在后期的采访交流中进行深入挖掘。由于疫情，我们正式采访程婧波姐姐是在线上通过微信电话进行的。我还记得刚接通电话时，程婧波姐姐便给我俩说不用严格按照采访提纲进行提问，随意一些，可能聊得更“嗨”。

在 5 个多小时的交流中，我们收获了特别多的材料，包括程婧波姐姐童年如何开始接触并爱上了科幻，如何开始尝试写作科幻作品，在川大求学期间遇到的人和事对她的科幻写作人生产生了哪些影响，以及对科幻本质内涵的思索等方面。其中，我感触最深的就是程婧波姐姐回忆她求学川大时和导师李苓教授之间的故事。

虽然姐姐已经毕业十多年，但她仍记得和李苓老师之间发生的点点滴滴，字里行间无不流露出对老师的敬意和喜爱。是啊，如果说大学像一个茫茫无际的大海，那导师就是指引我们航行方向的灯塔。在我们迷茫、不自信时，他们会用自己的人生经验耐心地指导我们，鼓励我们。

后来，我们也有幸采访到李苓老师。通过李苓老师的描述，我们对程婧波姐姐的学生时代有了进一步了解，也更加明晰了姐姐如何在川大求学七年读懂自律和自由。在和李苓老师沟通的半个多小时里，我也真真切切地感受到姐姐之前所描述的李苓老师的优雅、和蔼。讲起自己曾经的学生，李苓老师时不时会从电话那头传来温婉笑声，给夏日的傍晚也增添了一丝美好。

每一个人物专访的受访者都像是一本书，需要我们去细细翻阅和品读。在走近程婧波姐姐的旅途中，我感受到了科幻作品的魅力，感受到了科幻作家的可爱与灵动，感受到了师生之间的温情。与此同时，我也深刻意识到做人物专访，前期的资料收集是一项十分重要的工作，当“站在前人经验的肩膀上”时，我们才能更加明确创新和前行的方向。

（陈悦月）

（二）

这次对赵阳学长的专访，是我和冷思言同学进入新闻中心以来第一次独立负责的人物专访报道。最初，我们在接到选题时颇有些无从下手，好在有操慧教授和张诗萌学姐的耐心指导，从策划、采访、写作到编辑发布，一步步完成了专访报道。

在正式采访前，我们搜集了有关阳光奖学金和之前关于赵阳的报道等信息，拟定了总的采访提纲，对三位采访对象——赵阳学长、王红教授和张莹书记，分别设计了采访问题。因为当时搜集到的资料有限，问题设计多围绕着奖学金、王红教授和赵阳的联系这两点，更立体的人物形象有待在采访中即时挖掘。

首先是对赵阳学长进行采访，我们通过线上通话与远在香港地区的他取得了联系。开始沟通时，我们表现得比较正式，做自我介绍、说明采访缘由等，但这让采访对象感到比较拘谨。于是，我们立即转换了采访方式，先以开放式的谈话拉近距离，然后再针对谈到的关键问题进行核对、挖掘。在整个采访过程中，我们逐渐在脑海中树立起赵阳学长的立体形象——独立、勤奋、家境困难、传递温暖、乐观坚强、富有才华、热爱写作、重视实践。我们对赵阳与阳光奖学金、赵阳与王红教授的联系进行了较深入的挖掘，获得的事实要点主要包括赵阳在校期间的经历，毕业后与王红教授的联系，设立阳光奖学金的初衷，与程龙学长的联系，等等。相比之下，对赵阳毕业后的经历问及较少，未能很好地体现人物从大学融入社会过程中的转变。采访结束后，赵阳学长提供了新的采访线索，就是曾经的阳光奖学金获得者，如今在《人民日报》工作的程龙学长。这启示了报道的脉络之一，从王红教授对赵阳学长的关怀与帮助，到赵阳学长对程龙学长的关怀和帮助，这之间形成了一种温暖的传承，奖学金的设立更是如此。

在采访程龙学长前，我们对他的了解仅来自赵阳学长的描述和他在《人民日报》上发表的几篇文章，采访主题仍是赵阳学长和阳光奖学金。我们在线上与程龙学长取得联系，借鉴之前的经验，采用先开放后闭合的采访方式。不同于赵阳学长在采访中的很多自由发挥，或是因为主题限制，在程龙学长的采访中更多的是问答式的对话。我们关注了两人初次见面的情景、毕业后的联系、共同的写作志趣和程龙学长对赵阳学长的评价等。

采访王红教授的时候，我们本来设想可以进行线下采访，但因故也只能进行线上采访。线上采访给我的感觉是因为不能见面，所以和被访者铺垫的时间比较少，采访者和被访者交谈的节奏把握起来难度更大一些。但其实采访王红教授的效率是比较高的，只是因为其中的一些事情是很久之前发生的了，所以王红教授对一些细节性的问题不能很快回忆起来。例如，关于王红教授和赵阳学长第一次见面的情境，两位被访者的回答就有所不同，这就需要我们进行反复的求证，一定程度上增大了难度。毕竟对于人物专访来说，其中一些关键事件的细节是非常重要的。我们在采访中也重视用生动的语言去描述这些细节，但因为我们的文字功底尚浅，部分内容的感染力还不够。报道初稿完成后，我们进行了数次修改，改动最大的一次是赵阳学长亲自做参谋，修改了很多表述，也增添了几处好的细节。总的来说，全程的线上采访锻炼了我们提炼问题、精简采访流程的能力，但同时我们也因为没有线下采访而感到一种没有深入交谈，难以立体了解被访者的遗憾。

最终，操慧教授对我们的报道做出的评价是："这个人物最大的亮点在于自强不息、薪火相传和乐观利他；这篇报道对于人物形象的刻画还比较平淡，赵阳学长自强不息，乐观利他，以及对奉献精神的薪火相传的人物特点还不够鲜明，这就需要慢慢积累写作经验。"而我们也意识到，这篇报道的内容主要是平铺直叙，更多在罗列事实，没有提炼好人物的特点。所以，我们在今后的采写中会更注重平衡事实部分和情感表达部分的关系，通过不断地借鉴学习人物专访优秀作品来提升自己的采写能力。

这次采写是我们两名本科生在学院新闻中心独立完成的第一次任务，最终的传播结果让我们感到比较满意。不管是 2000 人次以上的阅读量，还是央广网的转载，都让我们觉得有所收获。通过此次采访，我们也了解到四川大学学生资助的情况，并且对各位学长学姐们给予我们的关爱和支持深有感触。这次采访任务不仅锻炼了我们的采写能力，而且让我们在了解赵阳学长和王红教授善举的过程中锤炼了人生品格，对于我们来讲是一次印象深刻的采写经历。

（姚尚远）

四、案例二维码

《校友访踪｜文新走出的科幻才女程婧波：潜心思想实验　连接寰宇万象》

《校友访踪｜“阳光奖学金”创设人赵阳：愿如阳光暖新芽》

案例 3

“知识荟”

一、案例简介

“知识荟”是四川大学文学与新闻学院新闻中心于 2019 年 3 月 29 日在微信公众平台正式推出的栏目，旨在通过对中文、新闻传播与艺术学科领域专业知识主题式的荟萃，对学院师生的学科实践成果进行展示，同时提供交流切磋的平台。

由于文章从选题到最终完成需要的工期较长，目前“知识荟”栏目采用不定期更新的模式。截至 2020 年年底，“知识荟”栏目共推出《第一张彩色照片是如何诞生的?》《走进美学和王世德教授的美学世界》《趣话中国书籍装帧进化》《丰子恺作品中的“童心”》《“龙学”与杨明照先生》五篇文章。截至 2021 年 1 月 12 日，“知识荟”栏目总阅读量 2662 人次，平均单篇阅读量 532.4 人次，最高单篇阅读量 1154 人次，总“在看”量 45 个，总评论 3 条。其中，《趣话中国书籍装帧进化》一文获得了阅读量 423 人次，10 个“在看”，1 条评论，数据表现处于“知识荟”栏目所有文章的中间段，同时，该文章内容丰富，质量较高，作为案例具有一定的参考价值。

二、案例原文

知识荟｜趣话中国书籍装帧进化

上周星期二（4 月 23 日）正逢一年一度的世界读书日，在跟随我们探寻了川大内外的宝藏书店后，本期的知识荟，让我们一探书籍装帧设计的奥妙，看看它们是如何演变为我们今天所看到的精美模样的。

中国古代书籍的装帧形式除了我们最熟悉的线装，还有简策、卷轴装、经折装、包背装等。随着文化、制作工艺、社会生活的不断演进，书籍的装帧形式也不断进步，变得越来越有利于阅读、传播和保存。在电子书同纸质书共同竞争的今天，更是涌现了许多独具创意的书籍装帧设计。

（一）舒卷展读

1. 简牍（Bamboo Slips）

包括竹木简和版牍，指将单个竹木简编连成册的装帧方式。

- 流行时期：商周至魏晋
- 原料：竹、木
- 制作流程：

片解（把竹木修成长短一致的断片，然后片解为宽窄一致的札条）
烘干（又称杀青、汗青，防止受潮变形和虫蛀）
抛光（抛光打磨便于书写）
涂胶（为文字的书写质量提供保证）
将单个竹木简编连成册（编连—等齐—装饰）

2. 帛书（Silk Manuscripts）

指写绘于丝织品上的文字及图像。

- 流行时期：春秋战国至魏晋
- 原料：丝织品
- 装帧特点：

（1）规格：根据丝织品的幅宽而定，既可以是整幅的帛，又可以裁成半幅书写。根据出土的实物来看，帛书的幅宽在 50 厘米以上，长约汉尺 2 尺（约 45 厘米）以上。

（2）折边与缝纫：为了防止裁开的帛脱丝，帛书的边缘会稍稍折起一点，并用线缝纫。

- 帛书的装具：帛书既可以有卷轴装束，又可以折叠后放在装具中。常见的装具有竹笥（即竹篾编织而成的小盒子）和漆木盒。

3. 卷轴装（Scroll）

又叫卷子装，最初用来保存帛书，后来普遍用于保存纸质书籍。

- 流行时期：南北朝至五代时期
- 主要组成：

轴杆——卷轴的骨架，没有它，卷轴装无从谈起。一般由一根细圆的竹竿或者木杆制成，卷子末端的纸张裁成梯形黏缠在轴杆上。书籍收纳时，纸张随轴卷起即可。

轴头——镶装在轴杆两端的部件，通常为木制。如果是在显贵之家，则会在轴头的材质或装饰上花费技巧，以显富贵。如金、玉、犀角、象牙、玛瑙、珊瑚等材质都可以制作轴头，髹漆、镂刻、雕琢、镶嵌等工艺也可以应用其上。

褾首——又称“包首”，指卷轴书籍文字右端之前另加的一段纸或丝质品，收卷后裹在书卷外面以保护书籍。

褾杆——也叫前杆，指卷在褾首前端边缘的竹木制细长杆，其作用是使书卷的起首平整服帖，便于捆扎。

褾带——穿系在褾杆中间部位，用以捆缚书卷的丝织品带子。

• 卷轴装书籍的收纳

卷轴收卷之后，有些书卷还会用纺织品裹封，以便保护书卷免于灰尘、水污及虫鼠的直接损害。敦煌莫高窟藏经洞发现的许多经卷、文书均用纺织品的书帙封装，有的还包了两层。书帙上一般还有书名题签，这样便于读到书籍的题名、篇数和卷数。

（二）册页书籍

册页书籍是我国古代书籍装帧发展的最后阶段，也是中国古代书籍中最有代表性的装帧艺术。册页书籍的主要特征是由许多单张书页为单元集合装订成册，也是与舒卷展读的简帛及卷轴书籍截然不同的书籍形态，是我国书籍装帧史上的一次革命。

1. 经折装（Concertina Binding）

将长卷反复折叠，成为折子，又称“折子装”“折装”，由卷轴装演化发展而成，较之卷轴装书籍更便于阅读。此种装帧形式出现于唐，宋代以来，因佛家经典多用此式，故称经折装。

2. 缝缋装（Sewn Binding）

把几张书叶按顺序摞在一起对折，成为一帖，然后将若干帖书叶再集中在一起，用针线在书叶折叠处反复连缀，将许多书叶装订在一起的装帧方法就是缝缋装。

其版面排列顺序与中国传统版面顺序不同，而和近代印刷技术中的排版基本相同，是近代精装书籍装订技术的滥觞。敦煌遗书中某些唐以后的文献使用这种装订形式。

3. 包背装（Back-Wrapped Binding）

将印页对折，版心向外，用纸捻在书脑部分装订成册，并以书皮包裹书背，故名。元明时书籍装帧多用此式。

4. 线装（Thread Binding）

线装和包背装的折叶方式一样，书背外露，钉眼穿线，装订成册，故名。是明中叶以后中国古书最常见的装帧形式。

5. 金镶玉装（“Jade Set in Gold” Binding）

也称作“穿袍套”“惜古衬”。以白色衬纸衬入对折后的书叶中间，超出书叶天、地及书背部分折回与书叶平，以使厚薄均匀，用纸捻将衬纸与书叶订在一起。因为旧书纸叶多为黄色，似金，而衬纸是白色的新纸，一般多用棉连，洁白柔软如玉，所以称作“金镶玉”。这种技术方法多用于书品短小、书脑窄、夹字书籍的修复。

- 册页装书籍的装具

册页装书籍纸张柔软，书册轻薄，便于持读，但是容易破损，故而在书籍收纳时，装具是有效的保护工具。常见的册页装书籍装具有函套和书匣。

函套即封套、书套，是一种传统的书籍护装物。它是用厚板纸作里层，外面用布或锦等织物装裱而成的盒式外套。书册装入其内，以牙签或竹签作为封装的系物。函套有四合套和六合套两种。

书匣的大小尺寸视全套书的尺寸和册数而定。有的书匣内部还设计有两层或多层可以抽拉的隔板，以便于取出某一册书。书匣的一端有可供取书的活动门。

（三）互联网时代的纸质阅读

“阅读的快乐比意义更重要。”

背景1：拥抱数字化

随着互联网信息技术的快速发展，受数字化浪潮的影响，人们的阅读方式和阅读习惯发生了翻天覆地的变化。读者已经不再满足于传统静态的文字阅读和图片阅读，日益倾向轻松愉悦、新潮高效、方便快捷的阅读体验，也开始追求更加多样化、个性化的阅读方式。传统纸质阅读受到冲击。

背景2：后现代阅读——读者为王

浅阅读——如果说传统阅读强调的是阅读的“深度”，那么现代阅读强调的则是在“深度”基础上对“广度”的延伸。

趣味阅读——快节奏生活下，人们面临巨大的生活压力，闲暇之余，轻松愉快的文章成为人们的阅读首选。

交互性阅读——后现代阅读社会，传播者和接收者并没有那么清晰的角色界限，甚至可以在特定情况下互相转换。

• 脑洞大开的装帧设计

“一本书的气息是有形的，好的书能引诱你去听——纸张翻阅的声音，去看——梦一样的衣裳，去闻——纸张里草浆植物的味道。”

——朱赢椿

声音、气息、触感……在当下，纸质阅读带来的沉浸式体验仍然难以被数字阅读替代。

近些年来，我们发现，在与电子书的竞争下，纸质书在交互性、趣味性等方面甚至比电子书拥有更多可能。设计独到，堪称艺术品的书籍越来越多。接下来，一起来看看有哪些装帧设计让人眼前一亮吧！

1.《不裁》 朱赢椿（设计）

本书的装帧被设计成了一本需要边裁边看的书，让阅读有延迟、有期待、有节奏、有小憩，最后得到一本朴而雅的毛边书。所有藏书票和插图均由古十九手绘，这些被作者自嘲为“原生态”的画作，和《不裁》的文字、装帧一样，洋溢着日常生活中的文人气息。

2.《介入》 吴勇（设计）

建筑师与设计家之间对话，通过书籍的两个穿孔洞眼，非常巧妙地使用跨桥方式链接双孔进行区隔，引入话题。从书脊中穿线的装订方式，利用爬坡形成书口斜面，使得孔眼内侧形成了十分奇妙的建筑构成。文本设计采用流动的编排，形成交谈的格局。穿插与切割吻合“介入”主题，创意新颖，设计体现建筑的概念。

3.《意思意思》 刘伟（设计）

一本富有创意的小小的书籍作品，绘画随意轻松，看似简单的图形页背后精心书写的文字，表现出设计师的思考。图书整体充满活力与奇趣，两面阅读的经折装有一定难度，盒子设计十分精妙，是一本可以把玩的书。

4.《说戏》 曲闵民、蒋茜（设计）

整本书的设计十分简洁，纸质柔软且质感各异，手工装订的方式非常别致，每一帖之间松而不散。部分白色页面采用珠光白的油墨来印刷文字，书中页面的大小也不尽相同，大胆而新颖。各种表现手段都与昆曲优雅流畅的特点相得益彰。

5.《冷冰川》 周晨（设计）

一部体现整体设计、印刷、装帧、工艺十分精致而高水平的书籍作品，东方的装帧形式与西式的绘画风格巧妙地组合在一起。整体设计气度非凡，空间余白的巧妙应用，黑白对比与第三色融合使用，表现力极为丰富。封面布面和外函硬木，阴柔对应，相得益彰，巨大开本的经折工艺完成度很高。

6.《江苏老行当百业写真》 周晨（设计）

设计处处显示真情，用老店铺包点心的粗陋纸张并打毛边，表现逐渐消失的民间老行当百业，有朦胧之美。采取古老而民间的装订方式，页码设置奇特。内文的文字与大图片使用不同材质来表现，丰富了视觉语言。黑白图片印在粗陋纸张上，产生古老斑驳的意象，仿佛显示了新百业皆源自老行当的追忆。

看到这里，你对书籍装帧的创意是否有了新的体验和感悟呢？欢迎在评论区与我们分享！

三、采编札记

在微信公众平台的日常运营中，为了达到更好的传播效果，我们一般会在特殊的时间节点推出相应的特色选题。《趣话中国书籍装帧进化》这一选题诞生的背景是4月23日的世界读书日。书籍装帧发展史的选题，一方面契合了世界读书日的时间节点，可以预见具有较好的传播性，另一方面也与学院编辑出版学科相契合。

考虑到本栏目的科普属性，我们做出了将趣味性与专业性相结合的尝试，以吸引更多的受众关注。同时，我们努力做到语言平实流畅，排版图文并茂，色彩明丽和谐，对涉及的学科知识保持严谨态度。

在文案写作上，由于对书籍装帧进化史的系统性整理资料较少，为了完成选题，我们从互联网、图书馆等多种渠道尽可能全面地搜集了相关信息并加以编排，以达到内容翔实、深入浅出的效果。

在排版上，“知识荟”栏目从设立之初便一直采用着一以贯之的方法，以形成区别于其他栏目又不至于过于割裂的视觉风格，即在保留微信公众号统一的头图尾图设计的基础上，选用饱和度较低的单一主色调，加以丰富的流程图、插图进行排版。这篇文章的排版采用了灰度较高的淡黄色，在轻快抓人眼球的同时不失科普文章应有的严肃，同时为各类书籍装帧说明配以大量的图片，降低读者的阅读和理解难度。另外，为了适应本篇推文内容，我们采用了资料卡片式的排版，使文章的脉络结构能够清晰地呈现在各位读者面前。

（龙薪羽）

四、案例二维码

《知识荟｜趣话中国书籍装帧进化》

第二章　应季策划

融媒语境下，课堂的专业实训延展出多维度内涵和需求。其中，主题实践以严格的策划、规范的操作流程、丰富的实践内容为特点，是一种聚焦重大议题和公共议题的实践形态，代表着一个更有价值的问题领域，由此构建的实训空间可以打开融合新闻的社会之维。①

四川大学文学与新闻学院新闻中心致力于在有限领域中拓宽议题空间，围绕时事热点、特殊节庆、公共社会问题等展开主题策划，同时结合短视频新闻、新闻海报等传播手段生产特色内容，形成“应季策划”专题版块，先后在考研季、毕业季、世界读书日、妇女节、记者节、岁末年终等有特殊意义的时间节点，发布了《视频｜我们来了!》《在校文新 er 毕业季作品赏览｜毕业前的最后一套“试题”》《节日祝福｜川大文新女子图鉴》《记者节｜初心策励，文新学子新闻纪行》《回眸 2020｜我们这一年（新闻海报专辑)》等特色原创内容，创新内容生产模式，在特定选题的操作与实训中帮助学生体悟与转化业务技能及思维，促进专业表达和社会认知的有机融合。

案例 1

考研季

一、案例简介

2019 年 3 月 14 日，在文学与新闻学院开展研究生复试工作前夕，新闻中心策

① 刘涛:《融合新闻人才培养的“四维融合”模式与实践探索——以暨南大学为例》,《教育传媒研究》2019 年第 3 期，第 9—15 页。

划了一次关于考研复试的花絮报道，希望通过短视频的方式记录复试现场，在紧张的复试氛围中寻找温暖的事迹，如父母陪考、考生之间的相互鼓励等，建立学院与考生的联系，展现学院的人文关怀。

关于考研复试的花絮报道《视频｜我们来了!》，其创作流程大致分为：前期思考、撰写策划、拟定采访大纲；中期采访实施，在无数次拒绝中不断坚持，挖掘考研复试场外的温暖瞬间；后期剪辑视频、寻找配乐和文案写作。在整个报道过程中，我们印象最深刻的就是架着机器在研究生院门口，鼓励一个又一个父（母）亲面对着镜头对正在考研的儿女说些祝福语的时候。最开始时，陪考父母们都特别紧张，甚至有点害羞，不知道该说些什么。后来，在我们的坚持和不断鼓励下，爸爸妈妈们都对正在考试的孩子们表达了内心深处最炽热的爱意。视频结尾，父母与孩子、两三好友之间的合影，搭配温情的音乐，为本次考研复试报道画上了句号。报道策划或许是有终点的，但学子们的故事才刚刚开始上演。

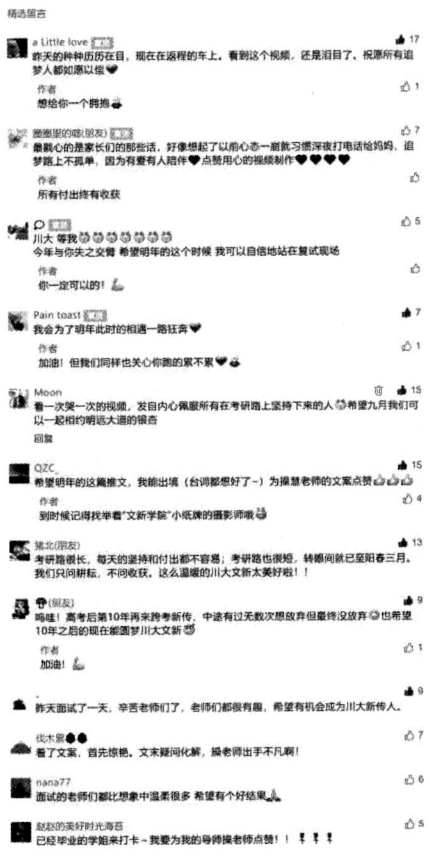

《视频｜我们来了!》推文评论区部分截图

2019 年 3 月 17 日，《视频｜我们来了！》报道一经推出，便刷新了四川大学文学与新闻学院微信公众号的阅读记录、“在看”记录和互动记录，其中观看人数甚至达到了当时微信公众号用户数的半数以上，留言区也收到了许多来自家长和同学的评论，达到了温情、有趣和可读性强的传播效果。

二、案例原文

视频｜我们来了！

“成功的花，
人们只惊羡它现时的明艳，
然而当初她的芽儿，
浸透了奋斗的泪泉，
洒满了牺牲的血雨。”

——选自冰心《成功的花》

为了梦想，
你执着而坚定，耕耘进取，
从远方向着心中的目标朝我走来

为了梦想，
你在脚踏实地中逐见灿烂的星空，
沐浴着成长的洗礼，收获了人生的祝福

2019 年四川大学文学与新闻学院的研究生复试如期而至，
锦江河畔，望江楼边，
春花烂漫，绿意盎然

我们，在青春的校园等候你；
我们，在朝气蓬勃的学院敞开双臂欢迎你——

视频长 4 分 39 秒，建议在 Wi-Fi 环境下观看
（悄悄说，片末有彩蛋）

感谢所有参与拍摄的家长和学生!

附：视频文字内容

Q1：他/他们来自哪里?

同学1：我来自四川成都。

同学2：我是重庆人，来自广东外语外贸大学。

同学3：来自新疆，本科是四川大学。

同学4：我来自厦门大学。

同学5：来自吉林，吉林师范大学。

同学6：来自内蒙古。

同学7：我是四川人，来自长安大学。

同学8：我来自重庆，本科毕业于辽宁大学广告学专业。

同学9：我来自重庆，湖南商学院。

Q2：请形容一下你心目中的川大文新学院?

同学1：优秀。

同学2：好！棒！

同学3：古朴，厚重。

同学4：很好！非常好！

同学5：我觉得通过刚才的面试，发现老师们思维都很缜密，你回答的每一个问题他们都能找到一个新的切入点去继续提问。

同学6：厚重吧。

Q3：面试结束后，最想做的第一件事情？

同学 1：回去休息。

同学 2：去杜甫草堂游玩。

同学 3：我也去杜甫草堂吧。

同学 4：去吃饭。

同学 5：享受一下成都的美食。

同学 6：等成绩吧。

Q4：考研路漫漫，你如何坚持到了现在？

同学 1：对川大的信念吧。

同学 2：向往吧，就是对新闻与传播的向往，对这种文学方面的向往。

同学 3：喜欢文学吧。

同学 4：想让周裕锴老师教我三年。

同学 5：信仰吧。

同学 6：就是想继续读书的这个想法。

Q5：学生们在复试，爸爸妈妈们呢？

家长 1：应该说很紧张和激动吧。

家长 2：我现在心情非常激动，因为我的孩子在里面复试，我希望我的孩子能加油。

家长 3：应该说是高兴和紧张。

家长 4：心情很激动，也还是有点紧张。

家长 5：心情很激动，也很紧张，保佑我姑娘顺利考上研究生。

家长 6：我现在感到非常焦急。

Q6：对孩子有什么心里话？

家长 1：作为家长，应该说对小孩还是抱有很大希望的，但是一颗红心，两手准备，能够考上当然是很幸福的，不能考上，人生的路还很长，他们的追梦路应该说更辛苦，我相信只要努力就能实现自己的愿望。

家长 2：只要努力，不管成功（或失败）都没有关系，只要你努力了就可以了。

家长 3：假如她今天能进入的话，我们以后也会在这条道路上支持她，让她加油，能够发挥更好的水平。

家长 4：我知道我女儿辛苦了，祝她顺利考上，我们开开心心，大吃一顿！

家长 5：我想，孩子走到这一步挺不容易的，我们是有切身感受的。孩子呢，我想说的就是：能够走到这一步，不管你能不能考得上，都是非常优秀的，我祝愿所有的考生都能考出好成绩！

家长 6：女儿加油！

三、采编札记

2020 年 3 月 17 日，距离《视频｜我们来了！》发布在学院官方微信平台整整过去了一年，主创团队“奥利奥姐妹”的工作群里，大家却相约着将这条推送再次转发到了朋友圈。或许视频里出现过的大多数同学已经实现了当初的心愿，而我却无论什么时候点开视频，看着镜头里同学们坚定又可爱的脸庞，看着考场外紧张又和蔼的陪考父母，眼眶仍会湿润。

还记得 2019 年考研复试前，“奥利奥姐妹”工作群刚刚成立，我们第一次参与的报道就是考研季策划。我、田方圆学姐和王北辰一大早就拿着几台设备和一个三脚架，早早地等候在了研究生院大门口。看着来来往往的同学，我内心也变得紧张起来，后来发现有很多考生家长也坐在研究生院门口等待着自己的小孩考完试出来，我们便想着可以和叔叔阿姨们聊一聊，这样或许可以扩展我们原有的采访计划。其实一开始，我们的预想是拍摄一些现场照片，结合采访文案做一则图文报道。后来，我们在现场不知怎么的，突然起了一波“头脑风暴”，觉得可以制作一个短视频，邀请陪考家长们面对镜头为自家正在考试的孩子加个油、打个气，等同学们考完试出来后再给他们一家人留下一张合影，以此记录这难忘的经历。说干就干，我们开始分头去说服和鼓励叔叔阿姨们，从最开始的害羞，面对着镜头不知道说些什么，到后来可以流畅地表达祝福或者温柔地笑笑，这不仅是叔叔阿姨们的进步，对我们而言也是一次很好的锻炼和尝试，毕竟以前在专业课上老师们就常说：“学新闻就得脸皮厚，要在一次又一次的被拒绝中打开自己、突破自己。”我印象最深刻的是当时遇到了一位父亲，他的孩子已经是“四战”考研了，可以看出来叔叔当时脸上的神情很紧张，但他对儿子的祝福却字字窝心，表达了他最坚定的支持。

后来，采访进行得更加有序，等同学们复试完从研究生院出来时，我们又去采访了他们，顺利完成了这一视频作品。视频最后呈现出许多受访者的笑脸，搭配“I Remember”的舒缓音乐，一段奇妙又珍贵的记录便暂时告一段落了。

作为视频主创的田方圆学姐当时读研二，她正在准备毕业论文的开题答辩。她说："当时的'我'和视频里的'我们'正处在求学的两个阶段，'我'正在想如何为研究生生活画上一个还不错的句号，'我们'在想如何顺利地写下研究生求学生涯的第一笔。"白驹过隙，现在的田方圆学姐已经是个进入工作岗位半年有余的职场新人了，回想当时，她觉得虽然时间总是不停歇地向前奔跑，但是曾经驻足的那些点点滴滴，是永远深刻的记忆。

现在写下这段文字的时刻，距离 2021 年 3 月 17 日也只有两月有余了。两年的时间，记录了我在新闻中心成长的岁月，在这里我收获了创意满满、踏实肯干的队友，完成了一个又一个丰富的采写作品，呈现了许许多多受访者的独特世界。两年前那个大雨交加的晚上，"奥利奥姐妹"们在研究生院的教室里导素材、听录音、整文案、剪视频、找音乐的日子，将会成为我最宝贵的回忆。

希望我们都能像在这个镜头后创作时那样，对自己的生活有向往、有期待，有不负青春、不负时光的勇气。

（陈悦月）

四、案例二维码

《视频｜我们来了!》

案例 2

毕业季

一、案例简介

毕业季专题报道《在校文新 er 毕业季作品赏览｜毕业前的最后一套“试题”》，是在“新闻采写研究”课程中，由“六月毕业季”的小组采写作业转化成的“在校文新 er 毕业季作品赏览”系列报道之一。本系列报道共分四组，主题依次为“回望那些最有毕业感的瞬间”“毕业前的最后一套‘试题’”“疫情虽阻隔，同窗之谊更绵长”和“来毕业生博物馆收藏你的独家记忆”。

本篇报道选择从问卷角度切入毕业季，一方面将“云毕业”一届的毕业生放在报道的主体位置上，由他们回答，让他们发问；另一方面将另一主题“时间”带入整个报道的问题设计与叙述逻辑中。本篇报道以“文字推送＋视频短片”的多媒体形式呈现，共采访了十多位 2020 年毕业的本科生与研究生。在收集他们问卷答案的同时，采访者还与访谈对象进行线上沟通，邀请他们用手机、单反等设备，自选场景拍摄了“问答”短视频。这次报道将前期的选题策划、中期的采访与素材收集和后期的内容呈现完整地融入一篇作品中，可与这一系列的其他作品作为整体进行同题比较分析，是新媒体报道的又一次完整实践。

二、案例原文

在校文新 er 毕业季作品赏览｜毕业前的最后一套“试题”

清风拂过明远湖畔
吹散一地的纯白栀子
许给文新的相随相伴
即将画上圆满句点

翻到一半的书静立在书架上
人头攒动的课堂
认真完成的作业
写到掌心蓄满汗水的试题
却已留在昨天

别离在即，我们为大家准备了最后一套文新“试题”，在昨日、今朝和未来的时空维度中，重温岁月，再拾往昔感动。文新 er 的答案是什么呢?

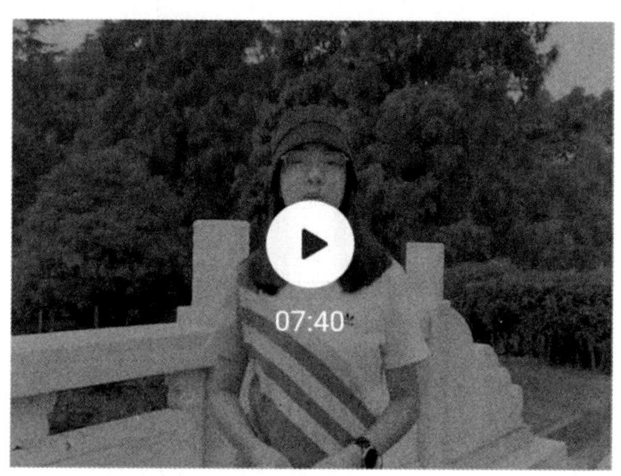

【过去卷】

记忆经历时光的洗涤沉淀在心田，岁月终被酿成那壶美酒，盛满了我们的曾经。

1. 时至今日，________老师在________课上说的________，仍让我难忘。

走进教室时，懵懂而好奇，想知道一本本厚厚的典籍和专著中，到底藏着怎样的故事和风景。沙沙的笔记声，手机相册里存满的 ppt 照片，每每翻开，总是会心一笑。只是那时还不知道，正是那个沐浴着阳光的下午，老师不经意的一句话，成了我们日后记忆中最暖的一瞬。

汉语言文学专业本科毕业生 陈思凝：

> 时至今日，王红老师在“古代文学”课上讲的杜甫的北征、颜杲卿和张巡，都让我难忘。我觉得，王红老师上课好像有一种魔力，她讲话、遇事不疾不徐的。她讲诗歌的时候，倾注了很深的感情，让人不由自主地进入了她所描绘的诗歌世界。每一次下课的时候，我就觉得，哎呀！不是才开始上课吗，怎么就下课了呢！

2. 回顾在文新生活的时光，因为________，我________。

原来以为成长不是容易的事。直到后来，慢慢发现，拿起单反拍出符合要求的特写的时候、深度报道的作业被老师点赞的时候、勇敢地向社团递上申请表的时候……成长便如同围合前的晚樱，悄然绽放。

网络与新媒体专业本科毕业生 姚昕彤：

我印象最深的事情，也是让我有最大改变的事情是上邱树雄老师的编程课。那门课起初对我的自信心打击很大，因为大家都能很快完成老师布置的任务，只有我一个人想不出来怎么写代码。

因为自信心受挫，我后来用了两个假期疯狂地学习写代码，早上醒来就开始在哔哩哔哩（bilibili）网站上找视频自学，所幸最后一个学期迎头赶上，写代码也终于不再是一件让我恐惧的事情了。从此以后，我觉得我的毅力是如此强大，应该可以克服更多的困难——连编程课都能被我做到让自己满意的状态，还有什么是不可以的呢?

【现在卷】

疫情或许会阻隔我们的相聚，却消磨不掉我们心头的挂念。转瞬光阴中也许残留着一些遗憾，却能化为心愿，许下日后的约定。

3. 因为疫情，我们本来计划好毕业时一起________，却未能实现。

曾经无数次幻想我们毕业时的模样，旅行、合影、牵手……憧憬过的画面却在疫情中归于静默。对面的床铺空空荡荡，那个经常悄悄给我们零食吃的姑娘，再相见，不知是何年何月。虽有遗憾，但念着彼此的笑容，心中永远盛满柔软。

新闻学专业本科毕业生 敖子棋：

我最大的遗憾是还没能和一些朋友碰面，就早早离校了。比如我学习上的好伙伴雷思远，还有我们大一曾经一起去支教的好朋友们：北北、大智、围巾……我们聊起曾经一起在大山里面做饭、生活和教学生的日子，真的觉得又辛苦又快乐。我们曾经无数次地幻想毕业散伙饭应该在哪吃、毕业照在哪拍，但是因为疫情的来临，很多人就没办法见到了，也没办法面对面告别，所以只能献上一句祝福：祝大家毕业快乐！

4. 虽然有些许遗憾，但是现在我还是觉得________。

大一的时候没有想到，后来的自己即使面对许许多多的遗憾，也能对这个可爱的世界温柔以待。成长总是悄悄地，悄悄地，把当初懵懂的少年，变成了更好的我们。

汉语言文学专业本科毕业生 张译丹：

因为疫情，我和舍友本来计划一起去新疆毕业旅行，但很明显受阻了。虽然这有些遗憾，但我仍然觉得这是一段独特的回忆。相信我们可以把这份遗憾留到几年后的今天一起去实现！

5. 如果再给我 24 小时重新度过文新 er 的一天，我会________。

曾经梦想过千百种绚丽纷繁的大学生活，我们却在日常生活中收获了太多喜乐。按下闹钟，抄起课本，锁了寝室门才发现兜里的钥匙不知其踪。挤进食堂，打包馅饼，走到长桥才发现身后有“汪星人”一路相随。偶然晴朗，路过明远湖，忍不住用摄像头把蓝天白云藏进手机。只是，文科楼怎么那么远啊！我们就这样一路走，一直走，一起走……走着走着，我们成长了，我们毕业了。

网络与新媒体专业本科毕业生 胡安黎：

我可能会早早地起床，然后抓紧时间再听一遍曾经教过我的老师的课，再完成一次小组作业，做一次课堂展示。

这个度过的方式可能比较简单、比较平常，但也是我在文新这四年来的日常，我觉得再走一遭日常便是我觉得最好的回忆了！

【未来卷】

未来是风是雨，或晴或暖，我们无从知晓。只是会一直带着心中的光束，记着师友的嘱托，开掘无限可能。

6. 多年后，我或许会以________身份重返文新学院这个温暖的家。

年少时的梦想，被一次次留在作文本上。后来，文新走入了我们的生命，她包容着我们的任性，慰藉着我们的惆怅，也把那些作文本里的梦想，变成了我们额头的汗水与心底的坚韧。多年后，再回头，才发现文新是我们永远的家。

古代文学专业硕士毕业生 毛均祥：

我可能会以博士研究生的身份回到学校吧！今年在选择是否要继续读博的过程中，我放弃了。因为我觉得自己可能没有相应的学术能力，也没有足够的做学术的耐心去完成这样的一次学习，所以我暂时选择了去工作。但是，我之后可能会慢慢发现，学习是我更喜欢的事情，也会更加注重对自己的耐心和学术能力的培养，所以我可能会再回来攻读博士学位。

7. 我想问未来的自己一个问题________。

毕业前的最后一题，不是古代文学的论述，不是新闻评论的写作，也不是商业环境设计的橱窗模型设计，而是关于未来的自己。我们和自己较劲，也和自己和解；我们会有很多疑问，等待成长、梦想和时间来解答。

汉语言文学专业本科毕业生 李卓燃：

> 我想问问未来的自己：你有没有成为一个优秀的文新人呢？有没有成为一个优秀的川大人呢？我希望答案是肯定的。我会通过自己的努力与持续不断的进步，为这个问题写下让我满意的回答！

作答完毕，谢谢你的参与。
愿这些答案能停留在你的记忆深处，
见证与文新共度的日夜。
无论时光几何，愿远行的你，
仍能记住
念起“文以载道，薪火相传”的感动。
不管风雨几许，愿前行的你，
终能找到属于你的星河灿烂、灯火万千。

不必害怕，
文新是你永远的家，
这里有你永远的芳华。
不必担心，
文新一直会在这里，
目送你逐风逐梦，祝福你前程似锦。

三、采编札记

这次毕业季报道是由“新闻采写研究”课程作业转化而成的，最终呈现为文学与新闻学院微信公众号“毕业季”系列策划报道作品之一，由小组合作完成。

课程指导老师操慧教授在布置这个题目的时候，只将对象定为“今年疫情时期的毕业季”，并未对我们每一组的主题选择、切入角度、内容形式等做细节性的规定要求。我们小组在讨论这一同题式、开放性的策划报道任务时，得出了一个初步共识：在避免系列报道选题同质化的前提下，应该先构思出一个具体的、创新性的切入视角，同时还要充分考虑因“隔离”只能线上采访的情况，尽可能选择可行的操作方式。

我们小组的四名成员在选题构思时分别提出了多个切入角度，又依次把自己设想的、可能遇到的问题摆出来反复讨论，最终选定以“毕业前最后一套试题”为切入角度，把我们对毕业季和2020年特殊时期的“云毕业”的解读展示出来。确定选题角度后，我们又进行了一轮“头脑风暴”，从之前“落选”选题中挑选出适合新选题的内容加入我们的“问卷设计”里，比如“过去—现在—未来”的时间线，还有“让同学们对自己发问”等环节。

设计出问卷提纲后，又有一个新的问题摆在了我们面前：要不要在文字推送中加入视频，用主题短片的形式把大家的回答收集呈现出来呢？我们谈到了要和每一个访谈对象沟通拍摄短视频的难处，以及不同视频画质不一致等问题，但最终都认为，主题短片的形式在表现力、呈现丰富性上别具优势，而且个人拍摄的画质不统一从另一角度看正是“云毕业季”因隔离而无法线下统一采写制作的体现，反而更加生动。于是，我们决定发动身边的“人脉”关系，联系学院当时的应届本科、硕士、博士毕业生，策划制作了一个“视频＋文字”的“毕业季问卷”。

我们四人分配好各自的任务，一起讨论出问卷的提纲后，组内的王北辰、张诗萌两位同学合作完成了每一部分的问题设计。整理出问卷后，前期有两位同学去联系采访对象、发放问卷并沟通由他们自己拍摄短视频的事宜。我与杨柳兰同学负责构思视频剪辑的开幕和结尾的画面设计。我们小组在前期阶段一直担心找不到足够的素材，或是采访对象不愿意花时间和精力拍摄视频。对此，两位负责寻找采访对象的同学投入了大量的时间和精力，从朋友找到朋友的朋友，反复敲定时间，愿意参与的采访对象也越来越多，甚至到我们的视频成片剪辑已经完成后，还有采访对象想发来新的素材。

这次采写作业完成后，我们四人感受到有效的沟通是破解“不现实”“做不到”的利器。虽然疫情造成的地理阻隔给我们完成这次报道增加了种种难题，但是最终这些难题都在我们锲而不舍的沟通中得到了解决。现实中，万事亦是如此，即便遇到瓶颈，也总能在沟通与付出中找到突破口。

在将整理后的素材做成视频与推文的过程中，我们发现同学们提起校园经历时，都会提到上过的课、课上的老师，以及身边的朋友等。被问到“如果再过一天校园生活，会选择如何度过”时，他们大多都会选择最普通的校园生活，比如上课、去食堂吃饭、寝室夜聊等。这些简单的答案虽然平实，但是从那时被网友称作“最惨一届毕业生”的同学们嘴里说出时，却显得真实而可贵。在设计问卷中的问题时，我感觉也是在预先向自己提问。虽然我当时并不是他们中的一员，但是在剪辑视频的过程中伴随着背景音乐审视每一帧的画面时，我也常有共鸣。

这篇报道是我们小组通力合作的作品，其中有我们的思考和创意，也有我们的尝试与努力，更重要的是我们对采访对象、对作品有了深刻的情感共鸣。我觉得，这一切总结起来就是“用心”——把想法落实成可操作的提纲，再付诸实践，最终转化成完整的作品。在这一过程中，参与和用心是我们感触最深的地方，也是我们未来用心生活、认真做事时需要不断践行的理念。

（李彪）

四、案例二维码

《在校文新 er 毕业季作品赏览｜毕业前的最后一套“试题”》

案例 3

世界读书日

一、案例简介

每年的 4 月 23 日是世界读书日，其全称为“世界图书与版权日”。设立世界读书日的最初创意来自国际出版商协会，后来由西班牙将方案转交给了联合国教科文组织。世界读书日的设立目的是推动更多的人去阅读和写作，希望所有人都能尊重和感谢为人类文明做出过巨大贡献的文学、文化、科学、思想大师们，并树立保护知识产权的意识。

作为文学与新闻学院的学生，我们在日常的学习中就需要读很多书，包括各种学术著作和文学作品。于是，我们在世界读书日期间探访了四川大学望江校区和江安校区周边一些距离较近、交通便利的书店，根据自己的探店体验以及与书店经营者的交流，总结出各个书店的图书种类和书店特色，还附上了书店的营业时间和去往书店的交通方式，帮助同学们根据自己的需求选择合适的书店，从而度过愉快的时光。

二、案例原文

世界读书日，带你探寻川大内外的宝藏书店

“世界读书日”全称为“世界图书与版权日”，由联合国教科文组织于 1995 年创立，旨在向全世界推广阅读、出版和对知识产权的保护，同时鼓励更多的人去阅读和写作。

近日，小编走访了四川大学望江校区和江安校区校内及周边多家距离较近、交通便利的“宝藏”书店，让我们一起与阅读同行。

【望江篇】

壹 小雅书店

一句话探店：“能把我们这儿（的书）看懂的，一般还是比较优秀的。”

图书种类：人文社科、学术类

书店特色：小雅书店的名气，不少川大师生已有所耳闻。比起书店，这里更像是一个书库。虽然店内以新书为主，但如果仔细逛逛，一些绝版书或许就突然出现在眼前。

营业时间：8：00—22：00

地址：四川大学望江校区铮楼 4 栋 2 单元

贰 学友书店

一句话探店：“这家书店，承载了川大学子 20 多年的记忆。”

图书种类：考试资料、教材、人文社科读物、学术专著

书店特色：书店位置较隐蔽位于二楼，但图书种类是望江校区内较综合齐全的。无论是小说、漫画，还是理工科教辅资料，都能在这里找到。在店内的 5 折区和特价区，还能淘到意想不到的新书。

营业时间：9：00—20：00

地址：四川大学望江校区东区综合楼 2 楼

叁　读本屋

一句话探店：“以前我们是以书为主题的咖啡馆，现在是以咖啡为主题的书店。”

图书种类：文学、历史、哲学

书店特色：在这里，书仍然是主角，暖黄调的灯光以及浓郁的咖啡香气营造出一种轻松、优雅的氛围，让人忘记时间的存在，想要深深扎进书堆里。此外，老板和部分顾客会在此不定期举办线下小型读书会，仿佛喧嚣城市中的一小片绿洲。

营业时间：9：30—21：30

地址：成都市斌升街 18 号附 3 号

出行方式：

地铁：地铁 3 号线，磨子桥站—春熙路站（换乘 2 号线）—人民公园站（A 口），步行 630 米到达目的地。

公交：62 路，章灵寺站—宽窄巷子站，步行 270 米到达目的地。

肆　求知书社

一句话探店：“看书就是求知嘛。”

图书种类：文学、历史、哲学

书店特色：这是一家位于闹市的人文小书店，至今已有20余年历史。店外车水马龙、人声鼎沸，店内则汗牛充栋。老板说，比起完成买书这一购买行为，她更希望读者在此能找到真正需要且值得阅读的好书。

营业时间：10：30—20：00

地址：成都市青羊区商业街50号附2号

出行方式：

地铁：地铁1号线，倪家桥站—骡马市站（A口），步行1.1千米到达目的地。

公交：62路，章灵寺站—长顺中街站，步行420米到达目的地。

【江安篇】

壹 钟书阁

一句话探店：“把书店做成书店。”

图书种类：藏书丰富，以社科、文学类为主

书店特色：装修融入蜀地文化元素，风格极具特色，有“成都最美书店之称”。

营业时间：10：00—22：00

地址：天府大道北段1199号成都银泰中心in 99

出行方式：824路公交，川大南路口站—府城大道科华南路口站，步行约1.1千米到达目的地。

贰　文轩 Books

一句话探店：“理智殊途同归，情感一见如故。”

图书种类：种类齐全，其中原版图书 15000 册，如鲍勃·迪伦英文原版的诗集等。

书店特色：面积大、阅读区宽，拥有黑白钢琴键造型的阶梯演讲区和 5 大特色区域，即星空阅读区、四大文明主题陈列装置区、安徒生童话小剧场、蘑菇区绘本馆和妈咪伴读区。常开展各种活动。

营业时间：10：00—22：00

地址：武侯区府城大道中段 88 号九方购物中心

出行方式：

地铁：地铁 3 号线，磨子桥站—省体育馆站（换乘 1 号线）—高新站（C 口），步行 630 米到达目的地。

公交：824 路，川大南路口站—天晖路站，步行 350 米到达目的地。

叁　言几又·今日阅读

一句话探店：“简单温馨，就是读书的感觉啊！”

图书种类：藏书不多，有外文书和儿童区

书店特色：书店门口摆放 TOP 50 的书，如《流浪地球》，方便读者选择。书店内氛围很好，橘黄的灯光和优美的古典乐营造了很好的读书体验。

营业时间：10：00—22：00

地址：天府大道北段 1700 号新世纪环球中心 F3 层

出行方式：801 路公交，四川大学东站—环球中心站，步行 420 米到达目的地。

肆　轩客会·格调书店

一句话探店："在轩客会里走走停停，就是这么巴适。"

图书种类：藏书很多，种类丰富

书店特色：阅读区很多，到处都有椅子可以坐下读书。书店会举办很多活动，也有合影留念。有一个"纸言片语"的活动架，读者可以贴上便利贴留言。

营业时间：10：00—22：00

地址：武侯区锦城大道奥克斯广场 B1 层

出行方式：801 路公交，四川大学东站—锦悦西路站，步行 760 米到达目的地。

据2018年中国书刊发行业协会、百道新出版研究院发布的《中国城市书店数量排行榜》，成都的书店数量仅次于北京，居全国第二。

但在采访过程中，小编发现由于电商竞争、铺面租金上调、读者阅读习惯改变等原因，校内外的旧书店、独立小书店普遍面临经营困难的境况。

据望江校区内一家旧书店老板回忆，近五年来，校内多家书店，如觅隽、博智等纷纷因经营不佳而转为网店售卖或倒闭，他和妻子也在考虑明年是否退出校园。此外，像小雅、学友这样以新书为主的书店虽能坚持实体经营，但整体收入情况也大不如前。

小编在此推荐的书店数量和类型有限，更多宝藏书店还隐匿在街头巷尾等待发现。

欢迎大家在评论区留言，和我们交流你与书店的故事。

三、采编札记

我们组平时负责每周二的内容生产，在策划选题时基本贴合新闻价值的六要素，即真实性、时效性、重要性、接近性、显著性和趣味性。但由于是校园媒体，且主要面向文新学院的师生，具有显著性和重要性的内容通常可遇而不可求。于是，我们想多提供一些从身边出发，有时效性和服务性的内容。

2019年世界读书日前一周，我们例常讨论选题时，发现一周后有这样一个特别的日子，大家一拍即合决定要以“世界读书日”为主题展开策划。当时，我们首先想到的方向是荐书，比如邀请学院老师推荐一些书目，但这种类型的内容已经做过很多次了，加上读书是一件有个人喜好的事，世界读书日的出发点也是鼓励大家主动阅读，所以我们希望更“走出去”一点。又联想到平时的校园生活深受书店影响，望江校区文理图书馆后面的小雅书店是很多人的“宝藏”之处，我们把更多这样的宝藏书店分享给大家，对有心阅读的读者来说不是很好吗？因此，我们最终确定这期的主题是分享学校周围的书店，将书店的特色、路线、营业时间等信息都收集到位。

确定了选题之后，就是采访、编辑。我们组共四人（粟麟、黄捷、张昕妍、蒲可意），两两一组，分别寻找江安校区和望江校区附近的书店。首先，我们通过网络和身边同学的介绍，尽可能找到学校周边所有的书店，然后一家一家实地走访，采访店员或老板，并拍照，收集图片素材。这一走访过程花了两到三天，我和黄捷同学负责望江校区附近的书店。我们先从文理图书馆后面常见的几家书店采访起，从店家处还了解到了校园书店市场的其他信息。之后，我们俩又去了离学校不远的几家书店，其中一家因为经营问题正在低价抛售库存图书，这让我们切身感受到实体书店当下生存之难，想把这部分内容加入推文中。

资料和信息收集齐全后，就是推文的编辑工作。我们希望尽量内容简洁、清晰，让读者可以快速明白不同书店的特色，以及一些关键、实用的信息，便设计了“一句话探店”，引用书店老板或店员的话语凸显书店的特色，同时增添阅读的趣味性。

文末，我们加上了在走访过程中了解到的关于川大校园及周边实体书店的一些现状。虽然不多，但很有意义，在世界读书日值得了解，也希望大家能够坚持阅读。

这篇推文发表后，阅读量有 800 多人次，获得了近 30 个“在看”。虽然不算多，但在我们做学院公众号的那段时间，这个传播效果还算不错。我们在后台也看到一些读者的留言，表示他们对我们的内容是认可的，能从我们的内容中获得真正需要、有用的信息，这其实已经达到了我们最初的创作目的。

（粟麟）

四、案例二维码

《世界读书日，带你探寻川大内外的宝藏书店》

第三章　先进专访

四川大学文学与新闻学院坚持全面落实立德树人根本任务，确立了“以深远开放的蜀学传统为底蕴，以中华文化的传承发展为理想，培养基础坚实、勇于担当、道德优良的一流人才和社会栋梁，深耕西部，面向全球，引领当代中国语言文学与新闻传播事业的开拓进步”的人才培养目标，努力将学生培养成为能够担当民族复兴大任的全面发展的人才。

对此，学院公众号深入发现身边的榜样模范教师和暖心的师生互动，用心采写，结合学科育人特色，坚持正确的舆论导向，突出人文精神导向，传递真善美价值观，以人为本，形成了涵盖教学经验分享、教学研讨与改革动态纪实、师生特色故事、经典教学案例等内容的“立德树人”主题版块，定格学院教学发展与学科建设中的奋进瞬间，以及时动态、鲜活案例和真情故事反映学院对立德树人的践行，呈现学院师风师德的建设及成效。

案例 1

王绿萍教授

一、案例简介

王绿萍教授为四川大学文学与新闻学院退休教授，在近代地方新闻史研究方面成果丰硕，著有《甲辰〈重庆日报〉百年祭》《四川近代新闻史》《四川报刊五十年集成（1897—1949）》等书，是新闻史研究领域的知名学者。除专业研究领域外，王绿萍教授任教期间在教学工作上也是倾注心力，她主持制作的一套新闻史教学幻灯片当时被学校列为“七五”计划的重点科研项目。王绿萍教授为了幻灯片的制作，辗转重庆、武汉、南京、上海等地的档案馆和图书馆，亲自参与制成540余张成片。应其他高校教师请求，该套幻灯片被分享至十余所高校，供新闻史教学使用。王绿萍教授用40年的经历诠释了教书治学中的“真情”与“行动”之意义。2019年9月7日，中国新闻史学会地方新闻史研究委员会2019年学术年会在天津师范大学召开，王绿萍教授在会上被授予“终身成就奖”。以此为新闻背景，四川大学文学与新闻学院新闻中心对王绿萍教授进行了人物专访。

本次报道是以王绿萍教授讲述自己求学、知青下乡、从业界到学界的人生经历来进行采访与写作的。王绿萍教授特意抽出一整个下午，用五个多小时和我们面对面交流。采访结束后，面对丰富而又浩繁的录音素材，本报道选择了王绿萍教授在叙述当中多次提及的“行走”与“伏案写作”两个场景作为切入角度，来呈现王绿萍教授在“真情”与“行动”中的重要闪光点，以此完成整篇报道的主题呈现与人物聚焦。此篇报道发表后，取得了较好的传播效果，并被新华社客户端转载，阅读量累计25.2万。

二、案例原文

致敬｜甘行万里路 堪下苦功夫：王绿萍的教书治学四十年

2019年9月7日，中国新闻史学会地方新闻史研究委员会2019年学术年会在天津师范大学召开，我院王绿萍教授携论文《新闻史研究一得录：从“必然王国”到“自由王国”》赴津参会，并向天津地方新闻史研究所和天津师大新闻传播学院捐赠专著《甲辰〈重庆日报〉百年祭》。

在此次会议上，王绿萍教授被授予“终身成就奖”。

颁奖词

用脚丈量史迹的新闻事业守望者：王绿萍

一个背包便是她的全部家当，住过5元的地下室，每餐只有馒头包子，挤着最便宜的公交，用脚走过新闻史的每一点痕迹。就这样她拄着拐杖，交给中国新闻史6600余种报刊的档案，168万字，1.7公斤重的《四川报刊五十年集成》。40年风雨兼程，她只做了两件事，教书与科研，多少汗水与泪水，多少磨难与忧愁，所有的成绩都伴随着身体的疼痛，她只说了两个字：值得。在有限的生命长度，她无限地拓展了生命的宽度，这是她大写的人生。

颁奖现场

从业界到学界：时隔 20 年的归队

1978 年，四川大学筹建新闻专业，王绿萍在“知识分子归队”的号召下申请调入川大任教。1980 年，王绿萍正式进入四川大学，这一年，距离她从复旦大学新闻系毕业整整过去了二十载。

1960 年，从《文汇报》实习返校的王绿萍面临着一个选择：毕业后去哪里？她自己给出的答案是“到祖国最需要我的地方去锻炼学习”。填写分配志愿时，王绿萍填了西藏、青海和四川三个地方。最后，她被分配到了四川成都，同行五人，另外四人均被分入川大，其中也有王绿萍的爱人郑松元。来到四川后，王绿萍先被分到四川省高教局，而后又被分到文化局。在被领导询问单位意向时，她也只有一个回答：“服从组织安排。”最后，王绿萍进入四川人民出版社第一编室工作，一个月后调入省新华书店负责内部报纸《图书发行》的编辑工作。据她回忆：“那时候也没什么行李，带上一个铺盖卷就去了。”

但这份看似专业对口的工作其实并未长久，因当时集中人力物力建设农业的需求，《图书发行》实际上只在王绿萍手头上出过一期便停刊了。虽然报纸停刊，但她没闲着，适值省里要派一批下放干部到农村，她便主动报了名。“单位还开了欢送会，我们戴着大红花，高兴得不得了，那种荣誉感非常强烈。”

带着这份荣誉感，王绿萍和文教系统小分队的十余人一起出发了，目的地是涪陵李渡。说起这段下放经历，王绿萍还有着颇为清晰的印象。据她回忆，在公社食堂撤销后，作为下放干部的她每个月能分到 19 斤谷子、半斤白糖和 1 钱油。其中这 19 斤谷子是大家的主粮，为了填饱肚子，连碾剩的谷壳她们都没舍得扔，“就放在锅里炒炒，然后压成粉加在米糊里一起喝”。天气炎热，长发不好打理，于是王绿萍剪掉了自己的两条大辫子，改留短发。当时，她不仅小腿水肿，手上也长了脓疱疮，但最终还是咬牙坚持了下来。

回到单位后，王绿萍被分配到图书科当科员，主要负责文艺书籍的发行，这份工作一做就是十多年。直到迎来 1978 年四川大学筹建新闻专业的契机，王绿萍主动申请调任。

选择新闻史作为主授课程后，她就下决心要在这个领域做好，“我是把这当成了一件事情在做，要尽自己的努力去做”。下定决心后，王绿萍就开始准备教学资料。没有统一的新闻教材，王绿萍只能穿梭在四川省图书馆和省新华书店的样刊室之间，广泛地接触各种书籍和报刊材料。从申请获准到正式入职，王绿萍又等待了两年。

刚入川大时，王绿萍的心里其实也有些紧张，她自己虽然是科班出身，但脱离了新闻专业整整二十年。“我到川大搞教学是很大的一个跨度，也是一个很大的挑战。”

从成都到上海：540 张幻灯片的摄制

正式站上讲台前，王绿萍在家里掐着时间预讲了两遍。

得益于事先的充足准备，王绿萍在讲台上也逐渐讲出了信心。“脑子都有底了，可以按照计划讲了，等一学期讲下来，就更成熟了。”

1982 年，王绿萍赴复旦大学进修，这次重返母校，她的目标很明确：针对自己开设的新闻史课程进行学习。其间，她利用复旦大学和上海地区的新闻史资料，撰写了近十万字的讲稿。原计划进修半年，但因母亲患癌，王绿萍提前返蓉，其讲稿进度也止笔于抗日战争时期。回校后，她开始一边进行教学一边写作讲稿，同时还要照顾生病的母亲。

在教学过程中，王绿萍发现新闻史的课程其实“不大好讲”。一来，新闻史课程本身相对枯燥；二来，很多同学以前没有接触过新闻史，很多报纸名字也无处可查，“单是报纸的名字就很容易就把脑子搞糊涂了”。王绿萍在讲到古代报纸时，还要在黑板上画图，标注长宽尺寸，再讲排版印刷过程，但效果并不理想。“你觉得自己讲明白了，但学生其实是稀里糊涂的，因为他们没有那个概念。”

如何让学生对没见过的报纸形成直观的概念？如何提升授课效果？这是王绿萍反复琢磨的问题。

“最后就搞了一套新闻史的幻灯片。”

现在在王绿萍书房的窗台外，放着一个陈旧的木箱子，上面还堆放着三个纸箱。“这个是樟木箱子，里面不生虫子。”打开木箱，王绿萍拿出了一个用塑料纸紧紧包裹着的东西，拆开后是一摞幻灯片夹子，每个夹子上整齐地排列着 20 张幻灯片。

王绿萍教授存放的幻灯片

当时下定决心制作后，王绿萍就向学校申报了这一课题。学校将其设为“七五”计划的重点科研项目，并给她发放了 1000 元经费。在正式着手拍摄前，王绿萍先手写了 700 多张卡片，“要拍哪些图片、什么名字、什么版面”，她都一一写在卡片上，提前为幻灯片摄制订了详细的计划。

王绿萍采取由近及远的策略，先将目光投向四川大学图书馆，开始拍摄馆藏的报史资料。四川大学图书馆不仅向王绿萍提供资料支持，而且直接委派馆属人员周世英协助王绿萍的拍摄工作。

完成校内拍摄后，二人又立即奔赴外地。两部老相机、一个翻拍架、一张反光纸，是他们的全部设备。靠着这些，王绿萍和周世英先后辗转重庆、武汉、南京、上海等地，拍摄了大量珍贵的报刊图像。在沪期间，二人经费所剩无几，王绿萍和周世英晚上便挤在南京西路的地下室，“午饭就买个包子或者馒头，然后在公园待着，他们下午一上班，我们就赶过去拍”。

历经重重艰难，王绿萍最终带回了 2000 余张原片，但万里长征至此仅行了一半，制作幻灯片又成了摆在她面前的一道难题。订胶片、借机器、制片夹……没有丝毫制作经验的王绿萍只能慢慢摸索。据她回忆，那时一天中绝大部分时间，自己都待在机房里，时值盛夏，机房 24 小时还开着抽湿机，“就好像被装在蒸笼里面，衣服干了湿，湿了干”。

凭着不断的尝试和摸索，王绿萍最终制成了 540 张幻灯片。应其他学校老师的请求，王绿萍也将成片寄至十余所高校，供讲授新闻史使用。时任四川大学副校长的隗瀛涛教授在看到这套教学幻灯片时，给予了极高评价。

王绿萍在搜集新闻史料的同时，也特别注意到了报刊资料中的大量广告。鉴于当时人们对广告还存在一定的偏见，认为其是“资本主义的东西”，所以王绿萍觉得有必要致力改变这种偏颇的认知。在她看来，“新闻系的学生以后到报社工作，会大量地接触广告，需要对广告有一个正确的理解，如果存在一些反感的错误认识，那就会影响工作”。1986 年，王绿萍正式开设广告课，主要讲授广告理论、广告历史、广告法律和广告创意这四方面内容，并鼓励学生自己创作、自己评析。

在王绿萍的教学生涯中，她认为自己与学生既是师生关系，又是朋友关系，朋友之间没有隔阂。“只有跟学生建立了这样一种亲密的关系，才能搞好教学工作，教学是需要老师与学生双方共同完成的。”

回顾自己的教学生涯，王绿萍这样评价自己：“我觉得我这个人还蛮适合搞教学的。”

从行路到落笔：6600 余种报刊的集结

起初被问及做四川新闻史有何困难时，王绿萍只说了五个字：“困难太多了。”

再次被问到外出考察的困难时，王绿萍又掰着手指头一口气说了五个词：“抢劫、车祸、疾病、饥饿、闭门羹!”

但尽管困难重重，王绿萍还是凭着一个“情”字坚持了几十年。“这就是一种投入，一种对新闻史的情怀，对它的那种不可割舍的爱。”

在王绿萍看来，四川新闻史有着独特的研究价值，本土近现代报刊有着突出的特点——出现晚、起点高、发展快。王绿萍研究四川新闻史，并非单纯聚焦新闻，她还欲从四川的整体历史背景入手，去感知当时报刊发展的时代环境，所以无论是近代史、古代史，还是科学史、交通史、教育史，她都会去学。为了弄清楚每份报纸的来龙去脉，王绿萍还给每份报纸建立起了档案，“这份报纸是怎么创办起来的，到最后是怎么终刊的，以及它中间发展演变的过程，我要全部掌握”。面对满柜的档案资料，王绿萍表示自己在一天就要保存一天，但同时也不禁担心起它们日后的去处。

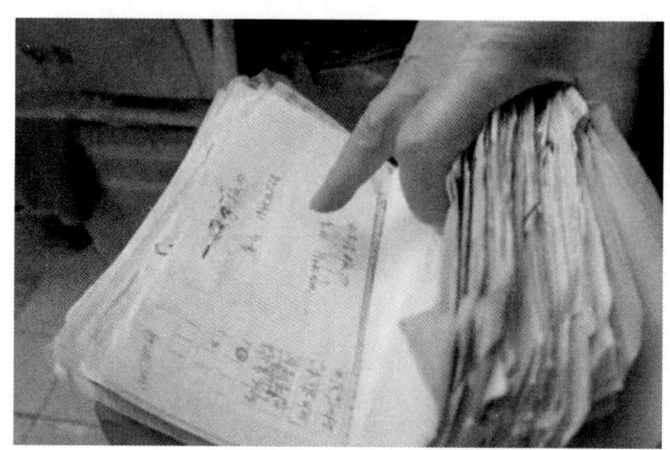

王绿萍教授手写的档案资料

凭着对一手资料的执着，王绿萍用双脚丈量了 8000 多千米川路，前后搜集了 6600 余种报刊资料。直至后来因股骨头坏死而难以行走，王绿萍还乐观地想：幸好自己已经积累了大量的史料，幸好还能继续做研究。

谈及地方新闻史研究的心得，王绿萍说："这个还真的没有什么捷径可走，就是要花死功夫、坐冷板凳。"在她看来，历史研究就是要大量地占有资料，而且最好是第一手的资料，而这就要靠"自己劳动、自己发掘、自己寻找"。

王绿萍对一手资料的热爱，还体现在她写作《甲辰〈重庆日报〉百年祭》的过程中。她在看书时发现，不少既有研究中关于甲辰《重庆日报》及其创办者的说法都存在谬误，而这其中很大部分原因就是国内少见实物留存，所以她下定决心要以一手的史料来还原真正的史实。在跑遍北京、上海各地的档案馆和图书馆后，王绿萍还是一无所获，而后骨患加剧，她又拄着拐杖继续奔走，终于得知东京大学有一套较为完整的资料。最后，她被老伴推着完成相关手续，辗转联系上日本的加藤正彦，终于获得了全套现存《重庆日报》复印件。收到资料时，王绿萍竟忍不住落泪。

于王绿萍而言，自己对新闻史归根到底就是一个"情"字。"我把历史、把报人当朋友，我有时会和他们一起笑，一起掉眼泪。"在她看来，有"情"之后就会有一种力量，有了这种力量就会持久坚持。她已经坚持了 40 年，而且打算继续坚持下去。

此次被授予"终身成就奖"，王绿萍坦言自己只是以平常心对待。在参会之前，王绿萍并不知道自己会获奖，一直到颁奖前才知晓。"我喜欢，我热爱，就坚持下来了，也没想到得奖，更没想到得'终身成就奖'。"在去天津开会前，王绿萍刚从康定考察回来，接下来她准备继续完成西康新闻史的著作，再到西昌和雅安去找寻资料。

王绿萍教授在康定查看资料

回首往昔，王绿萍直言自己这 40 年来只干了两件事：教学和科研。“一路走来，回头看这些过程，还是感觉一切都是值得的。”

展望前路，她说现在还要继续做下去。“这次获奖，对我而言既是荣誉也是激励，更是担当，我将继续走我的路，努力完成未竟之事。”

三、采编札记

在此次采访前，我其实并未见过王绿萍教授本人。听我的导师操慧教授提起，王绿萍教授是一位非常好的老师，在她当年留校任教之初，王绿萍教授曾给予她极大的指导和鼓励，使她受益终身。

带着这样的敬意和期待，我开始兴致勃勃地准备这次采访。起初，我和李彪同学先各自查阅了王绿萍教授的一些论文和著作。王绿萍教授毕业于复旦大学新闻系，长于四川地方新闻史，正好与我近来的研究关注相契合。在翻看她的那本厚达千余页的《四川报刊五十年集成（1897—1949）》时，我不禁想，没能有机会听王绿萍教授的课或许对我而言是一个不小的遗憾。

在了解了相关基本信息后，我们初步拟定了采访提纲，主要包括学习、任教和研究这三方面内容，共计 30 余个问题。2019 年 9 月 14 日下午，我们按照约定来到了王绿萍教授位于成都二环路南一段的住所，犹记得那天是中秋假期的第二天。据事先王绿萍教授在电话中给的地址，她家住在一楼，我们进入小区后，远远就看到一位身着黑色上衣、留着微卷短发的老者在门口院落里浇花。试探性地询问后，她热情地跟我们打招呼，问我们是不是学院来采访的同学，又请我们稍等片刻，待她给门口的石榴树浇完水。据她说，这棵石榴树是她亲手栽种的。我环顾四周，除了许多花草盆栽外，门口还有一个鱼缸，旁边摆放着一些形状各异的石头。王绿萍教授告诉我们，她给每条鱼都起了一个名字，而那些石头也是她早年在各地旅游时捡拾回来的，她还特意拿起其中一块，指着它问我们那上面的图案像不像一只熊猫。甫一见面，王绿萍教授就给我们留下了一种不言而喻的亲切感，也让我们不禁感叹，这是一位多么热爱生活的老人呀！

在王绿萍教授的书房里，一个硕大的书柜靠墙而立，窗边的架子上也摆放着许多书籍和资料，屋子中间的书桌上放着一台笔记本电脑，她平时便是在这里研究、工作。她一边招呼我们在一侧的椅子上坐，一边又转身去拿水，然后才在书桌前坐下来接受我们的采访。

当我们结束采访走到屋外时，才恍觉天色已晚，原本预计两个小时完成的采访足足持续了五个小时。回想这短暂而又漫长的五个小时，我觉得，与其说是我们在采访她，还不如说是她在给我们讲故事。从当年进入复旦大学求学，到毕业来到成都，到下放工作，再到任职川大……在这五个小时里，我们也好似经历了一番时空的倒转，跟随王绿萍教授重走了一遍她几十年来的人生历程，入情入境，同心同感。在讲到当年制作幻灯片的事情时，她还领着我们来到院子里，打开她存放资料的樟木箱子，小心翼翼地拿出那套新闻史教学幻灯片，边翻看边向我们解释片子里的内容。同时，她还拿出了她搜集整理的四川报刊资料，上面密密麻麻地写着有关某一地区某一报刊的相关信息。在讲到自己所研究的《重庆日报》时，她还热心地向我们展示了自己保存的全套影印本，给我们分享她当时好不容易获得这份资料时的激动心情。

整个采访时间远超预期，我们所获取的内容相当丰富，但又当如何在巨量的信息中开掘出最有价值的闪光点？这成了我们在后期写作过程中遇到的首要难题。基于采访时所做的要点记录，辅以李彪同学和张诗萌同学协助从访谈录音中整理出来的内容文本，我将王绿萍老师既往人生中的工作转变、教学耕耘、学术研究等经历作为主要的内容架构，以“从业界到学界”“从成都到上海”和“从行路到落笔”串联起三个部分的内容，一方面希望文章能够尽可能多地展现王绿萍教授身上的典型事迹，另一方面也想让文章能够有明晰的脉络，宏微结合，使整个专访有层次、有焦点。

“研究一个东西，首先你要喜欢它，要爱它，对它有感情，你才能够持久，才能够深入。”时至今日，王绿萍教授这段话仍然时时在我脑中回响。就个人而言，同样作为以新闻史论为研究志趣的人，王绿萍教授的治学态度着实令我景仰，也让我更加明白，治史者一定是要坐得住冷板凳、下得了苦功夫，才能够有所得、有所成。

回想此次采访经历，不仅对我在人物专访方面的新闻实践训练和经验习得颇有助益，更对我个人的研究学习影响甚巨。得益于学院所提供的这种新闻实训平台，我们能够有此机会去了解老一辈学者们的治学经历和思想世界，何其幸哉！

（林丽）

四、案例二维码

《致敬｜甘行万里路 堪下苦功夫：王绿萍的教书治学四十年》

案例 2

王红教授

一、案例简介

2019 年 12 月，王红教授荣获四川大学第六届“卓越教学奖”一等奖，并在四川大学新时代本科教育改革与发展大讨论总结会暨 2019 年度教育工作会上发言。以此为由头，四川大学文学与新闻学院新闻中心对王红教授进行了专访。

王红教授是四川大学文学与新闻学院教授，专业为古代文学，研究方向是魏晋六朝隋唐。她在从事高校中国古代文学教学与研究的三十三年中，主要讲授“中国文学”“中国诗歌艺术”“中华文化”等课程。王红教授曾获宝钢优秀教师奖、华为优秀教师奖、“纳通国际儒学奖”优秀导师奖、四川大学教学名师奖等奖项，并主持国家精品课程一门。她主讲的《中国诗歌艺术》为国家首批精品视频公开课及精品资源共享课，同名慕课于 2017 年获评首批国家精品在线开放课程。

这篇报道以王红教授获奖为由头，主体内容包括王红教授专访、同事评价和学生评价三部分。在专访部分，我们主要围绕王红教授的教学经历，依次从王红教授从教、授课到为师来组织文本，灵活运用倒叙、插叙等手法，从细节入手，描摹王红教授的教书育人之路。“立德树人”一词，被王红教授身体力行地熔铸进了整个从教生涯中。在同事评价部分，我们以与王红教授一同工作的老师为切入点，言说她在同事眼中的角色。其中，戴路老师从教前是王红教授的学生，对他而言，王红教授亦师亦友，所以他在这种角色的转变中讲述自己的感受。在学生评价部分，不仅有文学与新闻学院学生的声音，而且有其他学院学生的肺腑之言；不仅有在校学生的感触，而且有已经毕业的学生的深深挂念。

二、案例原文

四川大学第六届“卓越教学奖”一等奖获得者王红教授专访：从教三十三年，教书是我最喜欢做的事情

2019 年 12 月 27 日下午，四川大学新时代本科教育改革与发展大讨论总结会暨 2019 年度教育工作会于望江校区西五教演播厅举行。会上，四川大学党委书记王建国和四川大学校长李言荣为第六届“卓越教学奖”获得者颁奖，我院古代文学教研室王红教授荣获一等奖并作发言。

王红教授发言

“如沐春风，如浴冬阳”，这是学生对她的评价。平常、平淡、平实，这是王红教授对自己的评价。

国家精品在线课程、百门最美慕课、四川大学教学名师奖、宝钢优秀教师奖……从教三十三年，面对诸多荣誉，王老师说，自己只是做了自己最喜欢做的事情。“我不是金庸先生笔下的武林大侠，我就是个小洞主，三十三年就练了一套剑法，我练得很快乐，我觉得这就是我的最佳选择。”

从教：除了教书，我没有过别的想法

在王老师看来，走上讲台是一个顺理成章的过程。

自 1979 年进入大学以来，王老师选择就读师范专业。从此，“教师”就成了她心目中最自然的职业选择。寒窗苦读，求学数载，毕业之后，顺利获得读研深造机会的她依然没有改变最初的想法，“我想着读完研究生，再去做老师”。

这种“坚持”被她视作一种很简单的情怀。曾经，一位教育界的老前辈询问过她的职业选择，老先生当场的一句感慨，让王老师记了一辈子——“国家现在最需要教师，你们应该到国家最需要的岗位上去。”“这就是我的从业初心。”她说，“那个时候国家百废待兴，我 20 多岁，能够做教育，我觉得非常光荣，除了这件事，我好像没有再产生过别的想法。”

说到做到，26 岁从教，从陕西师范大学到四川大学，从“中国古代文学”到“中国诗歌艺术”，从比自己小不了几岁的“60 后”学生到新时代的“00 后”孩子，这方讲台，王老师一站就是三十三年。机缘巧合之下，王老师也曾获得过其他岗位的挂职机会，但她最渴望的事情还是拿起教材、重回讲台，她不止一次打趣自己，就是做不好别的事情。“三十多年过去了，我做的就是我喜欢的事情，这就是我最大的幸运。”

1989 年王红（二排右一）初到川大

授课：一声“老师”，我三十三年都处在“紧张”状态

快乐从教后，王老师面对的生活却并不轻松。用她自己的话说，三十三年里“紧张”已经成了自己的常态。

害怕迟到就曾经是王老师的一大“噩梦”。从业初期，她曾为了一堂早课早早设好闹钟，然而担心闹钟临时出岔子，她还是会半夜惊醒，一把抓起闹钟，看到闹钟设定正常后才能继续入睡。后来，王老师习惯了早起，然而一旦有早课，她还是会硬生生地把起床时间改到凌晨五点多，“不为了什么，我就是不太能接受让同学们坐在教室里等我”。这个习惯陪伴了王老师三十三年，即便不是早课，只要在开课前途经教师休息室，就能看到王老师静坐温书的身影。

这股“紧张”劲儿也被王老师带入授课之中，哪怕是面对早已烂熟于心的“中国诗歌艺术”，王老师也常常会为了备课而忘记时间。得知这门课入选慕课建设内容，她更是觉得“如临大敌”——“课程名称虽然一样，但线上和线下是完全不同的授课空间，同学们的诉求也不同，所以必须有不同的讲授方式，给同学们一些新的体验。”

王红教授（右）中国公开课现场

对自我和课程的苛求换来了新鲜而精彩的课堂和一波又一波慕名而来的学子，甚至有时，旁听的同学能把教室挤到水泄不通，能“抢”到王老师的课堂座位，被不少学生视作幸运的事情。大家的求学热情也“逼迫”着王老师继续伏案，挖掘更多新鲜的知识。“大家对我的评价越高，我越紧张，也越能突破自己，我觉得很幸福。”

王红教授在杜甫草堂为 2015 级本科生讲课

为师：课堂内外，心里必须得有学生

“王红老师是我能想到的大学老师最好的模样。”在一篇有关王老师的报道后面，一位同学写下这样的评论。数载为师，除了专业学识的言传身教，王老师还默默扮演着许多孩子身边的益友。对同学们，她几乎是有求必应——写给校内外求助学生总共将近30万的书信文字、回复每一位同学的邮件、倾听学生烦恼，甚至只是旁听过一次课程的同学打来求助电话，也能让她花上大半天时间，辗转寻找有什么机会能“拉孩子一把”。

渐渐地，同学们开始习惯“有问题可以找王老师”，王老师也习惯于穿梭在校园内外，续写和一个又一个孩子的故事。她觉得，这是自己应该做的，“我很感激同学们的信任，身为一个老师，心里头必须得有学生”。

王红教授与硕士研究生合影

与同学们的相识相知串联出王老师对生活的不同体验和理解，她至今记得一位表达方式稍欠妥当的同学，完成了精彩的课堂展示后，她在给予这位同学鼓励的同时，也告诉自己，要接纳“00后”青年们的独特个性。她还记得那位四次选修自己同一门课程的女孩，孩子脸红着解释自己想多听几遍课的样子，让她不得不重新备课，只为找到可以教给孩子的新知识……

王老师说，正是同学们赋予了自己一种创造力，这也是教师的职业价值所在。“与孩子们相处，我能不断找到新鲜感和刺激感，能追赶上年轻人的步伐，永远保持活力。”

【同事说】

王老师令我们敬佩，也令我们感动。前段时间和王老师做慕课，我认为这是一

件有难度的事情。既然有难度，我们为什么要做呢？我记得王老师当时说了一句给我很大启发的话：“我一直在成长。”很多时候，我觉得作为一名中年教师，自己接受一个新事物是比较困难的。而学生又是一个鲜活的、青春的、成长着的群体，我们除了知识和经验，和学生交往的时候如何才能找到有效的链接？这是不容易的，而我们很多时候在这个方面的付出也远远不够。王老师能够和学生建立朋友般的关系、呈现精彩的课堂，就是因为她将师德、言行、学问、水准和做人联系在一起，不断学习、不断努力，而且几十年一以贯之。

——四川大学文学与新闻学院 张朝富副教授

我是王老师的学生。学生时代，我在与王老师的课堂与课后交流中获得了很多学习线索，比如去找一些文人的集子和参考资料来看，如果读罢有了体会，我就会通过邮件与王老师交流。王老师在邮件中回复得非常详细，我自己的想法和观点也在这种交流中得到了系统梳理，那时我在她的课堂上受益良多。而这些我与王老师交流过的作业，被她在今天的课堂上展示给了本科同学。现在自己作为一名老师，我也依然得到王老师的很多帮助。

——四川大学文学与新闻学院 戴路老师

【学生说】

王老师的课堂富有感情，让我们从更专业和更系统的角度了解了诗歌。我觉得王老师很和蔼，有着知识分子悲天悯人的情怀。

——四川大学文学与新闻学院 2018 级本科生 陈思奇

王老师是我见过的最和蔼的老师之一，而且才华满腹，讲课时特别有激情，对诗歌的热爱也深刻地写在她的脸上、融在她的声音里。若说起王老师的课堂，那便是如沐春风般的感觉。

——四川大学计算机学院 2017 级本科生 杨达楷

说件小事。王老师对杜甫有很深的感情，讲杜诗时总是很有感染力。王老师讲《北征》的时候，我被感动到悄悄抹眼泪，还觉得很不好意思——自己上个课，怎么还哭上了？结果擦眼泪的时候看见别的同学也哭了。

——四川大学文学与新闻学院 2016 级本科生 李睿楠

难忘王老师的第一堂课，那时外面阳光正好，她像吟唱一样喟叹说：“当时年少春衫薄。”而现在，连草木滔滔的孟夏都过去了，一学期的陪伴也到了尽头。四个月的时间真的太短了，那些传说中的风流人物的故事我们还没听够，就结束了。王老师不仅教我们读诗，还教我们“读”人，要“理解之同情”，她包容我们的缺点，不管什么样的学生，都悉心指导。她的课不仅从文学说起，也有分析当年灾情、诗人的旅途线路、军队的进退可能，三尺讲台讲出了兴衰变亡。对此，我只能深深敬佩，然后深深感激。

——四川大学文学与新闻学院2015级本科毕业生 李媛媛

王红老师的课是我最常向旁人说起的课，也是我负笈川大的日子里最喜欢的一门课。最难以忘怀的便是初夏时，她在杜甫草堂给我们讲了关于杜甫的最后一课。那个带着小雨的清晨将会成为我人生中最珍贵的经历之一，王红老师对我们的教导、关心和爱护也将永远铭记在我的心里。我不能说她是一位偶像或者楷模，但是如果可以的话，我在人格上想成为她这样的人，希望像她这样的老师和开设的课程多一些，再多一些。

——四川大学文学与新闻学院2015级本科毕业生 刘一苇

上课前，王老师总会早早地到教师休息室看书等待，我们则是挤在门口等着上一节课的老师下课。说好的大家不要挤、不要抢，结果教室里面的老师刚说下课，周围之前还风度翩翩、友好微笑的同学早就冲没了影儿。王红老师是一名宽厚的长辈，她爱护学生，热爱课堂，热爱古代文学，热爱读书，也热爱生活。在川大中文系，总会遇到许多刻骨铭心的人和事，在这片土地上读书与学习，幸甚至哉！

——四川大学文学与新闻学院2015级本科毕业生 刘芩利

三、采编札记

作为新闻学专业的学子，虽与“隔壁”的中文专业同在一个学院，诗萌和我却没怎么听过古代文学的课。但是，王红教授的名字早就在朋友间的聊天中深深留在了我们心里。

采访王红教授的那天，我们先去听了一场由她和谢谦教授主讲的“立德树人”教学经验分享会。成都的冬天很阴冷，有时候在室内坐久了，手脚都会有麻木感。但是听着王红教授的分享，我们竟出了神，在那样平实、流畅、朴素的话语中，不仅有一连串故事，还有王红教授本人不经意间流露出的真挚和热情。当时，我心里就产生了一个冲动——好想和王红教授聊聊当下，聊聊未来，聊聊心里话。会后，我们上前去与王红教授约采访时间。因为她当晚有“中国诗歌艺术”课程，所以我们约好在课前采访。

诗萌和我商量拟定了一个初步的采访提纲，大概是想来个全面又深入的采访，采访问题列了“一箩筐”。为了采访的顺利进行，我们早早吃完饭，来到教师休息室门口等待王红教授。不一会儿，她一手提着包，一手挎着衣服向我们走来，问我们“吃饭没有”。落座后，因为休息室里还有其他老师在备课，为了避免打扰，王红教授就用很小的声音与我们进行着对话。在回答第二个问题时，王红教授回忆起自己曾经选择当老师、走入教岗、来到川大等一系列经历，不知不觉讲了很多，话里流露出对教师这个职业深深的喜爱和敬畏心，我们也随着她的讲述走入了那个我们还未出生，却质朴、纯粹的年代。说到三十三年的从教经历，王红教授自嘲地说，自己在上课前从来都是紧张的。哪怕在讲台上站再久，上课前一天还是要反复确认闹钟有没有上好、课件有没有准备充分。说着说着，她便爽朗地笑了，我觉得这大概就是一个人在自己热爱的事业里倾注全部热情所收获的踏实、快乐和感恩吧！

不过，沉浸归沉浸，我们到底还是带着采访任务来的。为了在有限的时间里既完成采访又不漏细节，我们适当地根据王红教授的讲述内容，临场快速地合并、删减采访问题，并仔细记录着访谈内容。

时间过得很快，原本准备了七八个问题的我们，在只问了 3 个问题时，就被王红教授委婉地“叫停”了。原来，距离上课只有 10 分钟了，她要一如既往地提前去教室准备 PPT，并确保课件无误、准时上课。我们虽然真的很想继续这段对话，但是绝不能耽搁王红教授上课。

采访结束后，我们找了一间没课的教室，准备趁热打铁地把稿件写出来。因为时间限制，我们获得的采访素材很有限，所以只能尽可能地安排好叙事逻辑，尽最大努力抓住细节，描摹出王红教授的立体形象。

在诗萌主笔专访稿的同时，我去采访了上过王红教授课程的学生。如果说对其他在校同学的采访与我之前做过的任何一次采访都无甚区别的话，那么对已毕业同学的采访，成功地让经常采访同学的我落泪了。当时的我是一名研一的学生，本科与我同级的 2015 级同学或已工作，或在深造。想来想去，我联系了本科上过王红教授课程、当时正在读古代文学专业的硕士生刘芩利同学，想了解她对王红教授的印象。令我没想到的是，芩利不仅爽快答应了我的采访请求，还问我能否多写几个同学的感想进去，因为他们都太喜欢王红教授了。我说当然可以！于是，芩利不久便发来了自己和其他已经毕业的 2015 级同学的感想。

那天坐在教室里，时间已是晚上九点半，走廊安静，耳边除了诗萌打字的声音，只有偶尔从楼下传来的骑车声。我把这些感想从微信对话框中复制、粘贴到Word文档中，轻车熟路地修改、重组，以更好地编织进报道中。改着改着，看到有同学说“现在连草木滔滔的孟夏都过去了，一学期的陪伴也到了尽头。四个月的时间真的太短了”“我不能说她是一位偶像或者楷模，但是如果可以的话，我在人格上想成为她这样的人”，加之刚刚在王红教授的讲述中感受到的真挚与质朴仍在心里久久停留，我的眼泪突然就掉了下来。我很少哭，凡是流眼泪，十有八九是因为感动。当时，我也顾不得平时采写中那些平衡信源之类的操作准则了，决定要把这些发自肺腑的话都写进报道中，给更多的人看。那天晚上，我脑子里反复浮现着一句话：如沐春风，如浴冬阳。

第二天，诗萌的专访也完成了，我们整合之后又细读了几遍，发给王红教授过目，随后向她要了几张相关照片。不得不说，诗萌写人物类的报道时总是能抓住动人细节，语言精彩，一切都是水到渠成。

总的来说，这次采访在我的一众采写经历中，是多年以后仍旧可以回忆起很多细节并触摸得到曾经的感动经历。虽说有时候记者的角色可能比较像故事的搬运工，但是最终的稿件其实只是一个搬运的结果，而人和人交流的过程才是碰撞产生火花之处。我觉得纵使采写一千次、一万次人物报道，这千万次之中也并无一模一样的心理活动，因为与你在那一刻对话的人，本身就有着独一无二的灵魂。

所以，在我心里，作为“任务”的采写其实每次在进行中时，就变成了与本可能擦肩而过的人的意外相遇。而我又是那个极其幸运的人，可以把对方的故事讲给更多的人听，也把这些意外又别致的相遇当作人生的礼物留给自己。

（王北辰）

四、案例二维码

《四川大学第六届“卓越教学奖”一等奖获得者王红教授专访：
从教三十三年，教书是我最喜欢做的事情》

案例 3

丁淑梅教授

一、案例简介

2020 年 2 月 12 日，丁淑梅教授发布了一条关于“明清文学专题”教学示范包使用指南的朋友圈，详细介绍了获取教学示范包以及建课的整个流程，把优质教学资源建成教学示范包的形式，帮助新冠肺炎疫情期间有需求的老师们建立网课。这是丁淑梅教授十分认同的公益之举，她也为此付出了许多时间与精力。此教学示范包甫一上线，便收获了全国各地一千余所高校老师的好评，总引用数达到 1259 次。

丁淑梅为四川大学文学与新闻学院教授，博士生导师，四川大学中国俗文化研究所研究员，中国韵文学会理事，中国傩戏学会理事，中国散曲学会常务理事。研究领域涉及中国古代文学、戏剧史与戏曲学、古乐与韵文流变、非物质文化遗产传承与在地化实践、域外汉籍与文化传播等。先后在《文艺研究》《武汉大学学报》《戏剧艺术》《求是学刊》《中华戏曲》等国内外学术刊物发表论文近百篇。

在丁淑梅教授眼中，授权课程是新媒体教学环境下难得的教学融通与互动，教学成果和经验分享能够进一步推进教学理念的更新。为了记录丁淑梅教授在疫情期间进行教学经验分享的动人故事，四川大学文学与新闻学院新闻中心通过线上电话采访，充分挖掘了教学示范包建成背后的珍贵素材，发表《笃行共济 问学抗疫：丁淑梅教授的教学新视像》一文。

二、案例原文

笃行共济 问学抗疫：丁淑梅教授的教学新视像

“打开超星学习通 App，在课程中点击新建课程，在推荐栏找到‘明清文学专题’，点击建课，即可获取整个教学示范包，一键建课用于教学。”这是丁淑梅老师在 2 月 12 日发布的一条朋友圈。那时，丁老师在疫情期间筹建的“明清文学专题”

教学示范包刚建成两天。

时至今日，这一由原典细读、问题教学、延伸课堂、学术训练与课程刊物、历届 SPOC 翻转成果五大板块构成的课程体系，以及 17 份配套教学课件和各类教辅资料组成的教学示范包已被引用 1259 次，被全国各地一千多所高校及其他各类学校的老师“锻造”成疫情期间的一堂堂网络课程，开启着一段段特别的线上求知旅途。

“能以这样的方式和大家同舟共济，我觉得很开心。”丁老师觉得这是一次特别的教学视域融通的尝试。许多人不知道的是，这样的“教学尝试”对丁老师来说并不陌生——从翻转教学到线上慕课再到线上线下 SPOC 混合教学，从教以来，丁老师不断刷新着对“课堂”的定义，在十余年的探索中描摹着别具一格的“教学新视像”。

教学示范包：资源共享与课程共建

触发丁老师推出教学示范包念头的，是超星平台管理老师的一句提议。

“2 月初我联系超星泛雅平台建课时，梅庆老师问我可否将课程做成教学示范包，分享给更多的老师。”编辑并不知道，彼时丁老师正异地尽孝，陪护脑出血后卧病在床的老母亲。然而一接到邀请，丁老师还是一口答应下来，“开学在即，大家或许也在为线上课程筹备而焦虑，能够共享资源，会有助于疫情下的教学应对”。事实上，超星平台通过任课教师的授权，整合优质教学资源，以教学示范包的方式免费帮助疫情期间有需求的老师建网课，也是丁老师非常认同的公益之举。

承诺的背后，却是“课程制作”中需要面对的实际困难和挑战。其中一项，便是筹集和筛选大量的教学资料。为了尽力完善课程包中的教学资源，身在外地的丁老师只能请家人帮忙，在一个个硬盘和网盘中筛选资料打包传送。丁老师回忆说，这些资料不仅种类多，还有大量的教学视频，有时候光接收、剪辑、上传视频就得花整整一晚上。更棘手的是，因网络卡顿和平台流量过载，“资料传输失败”更是常事，在 QQ、网盘等平台间一次次重试后，常常是“一抬头就到了大半夜”。

尽管如此，丁老师还是希望尽力把课程做得更好，用她自己的话来说，“示范”就代表着标准，老师和同学能从中受益就好。“硬要求”之一，便是教学视频的筛选和剪辑，“疫情期间，线上课程是大家主要的学习资源，所以教学视频的量必须合理，太多就成了录播课”。不仅如此，对课程体系、章节内容以及手头成套的资料，都需要从头至尾分检调整、补充完善，有些地方还需要细细打磨，才能放进教学示范包。

在不断地甄选、补充和完善下，2 月 10 日，这套由 5 大板块、19 个章节、28

次 SPOC 翻转成果、数种配套教材教参以及大量辅助教学的典籍、著作、论文汇成的“明清文学专题”课程成功在超星平台上线，不到两天就被下载近 200 次。从超星平台导出的数据来看，有多所高校的专业课程和相关网课建设引用了“明清文学专题”课程的教学包。为了更好地帮老师们建课，丁老师不仅将教学包的下载使用攻略悉数发布在朋友圈，还在线解答大家的问题，看着评论区不断收到的“感谢”，丁老师很是感慨，“其实大家存在这种资源共享的需求，只是缺少一个机会，超星教学示范包为大家提供了很多便利”。

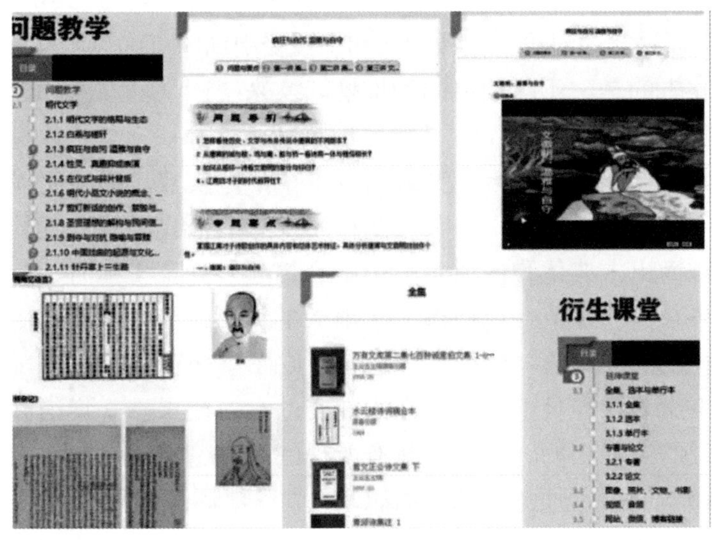

明清文学“教学示范包”的内容截图

看着“节节攀升”的下载量，欣慰之外，丁老师坦言，授权课程是一种公益分享。“教学和科研不一样，课程资源原本就可共享，我上课时也会链接平台提供的其他老师教学资源，对我的课程也很有帮助。”丁老师觉得，这是新媒体教学环境中难得的教学融通与互动，“在技术支撑的教学语境下，教学成果和经验分享或许也可以推进教学理念的更新”。

SPOC+翻转教学：让学生成为课堂的“主人”

如果仔细梳理这份教学示范包，会发现丰富的 SPOC 翻转教学资料，这正是丁老师多年来持续完成的课堂实践成果。“许多人对翻转课堂的理解是‘先学后教’。我觉得不是这么简单。”带着这种质疑，自 2009 年至今的十余年来，丁老师和同学们一起，从线下到线上，不断探索着课堂“翻转”与 SPOC 混合式教学的可能性。

探索之一便是教学的“分层”。“即便是同一个课堂，同学们也有不同的学习诉求，我的教学内容、教学节奏也应该不一样。”“因为每一个学生的学习认知过程和思考力都应该得到尊重，哪怕课堂是一个人的课堂、问题是一个人的问题。”为了寻找教学着力点，推进教学高阶目标，丁老师会给出大量选择性话题和问题，以此激发同学们深度学习的兴趣和问学动力。

分层之外，丁老师也摸索着线下教学方式的创变。引导学生接受挑战性学习，改变师生位置的边际效应，便是其中最重要的一环。随着教学的推进，丁老师会不断启发同学们延伸思考，在辩论、质疑中深度研判问题。课堂上，每每看到有学生勇敢地站起来走上讲台，拿着备好的讲稿畅抒己见，丁老师都会特别兴奋，“我觉得这就是课堂的意义，通过共同讨论，把课堂从知识授受引向深度的思考和问题探究”。

让丁老师欣慰的是，不断的追问和推疑，换来了同学们高涨的学习热情和缤纷多彩的课堂气象。她至今记得，为了进一步探讨《牡丹亭》与“招魂和叫魂”的话题，同学们如何在课间冲上讲台，把自己围了个严严实实；受“明代闺秀才女”专题的启发，六位女同学如何别出心裁，制作出精彩的橙光游戏“逐梦才女圈圈圈”，让游戏和诗词碰撞出古典优雅的风景……她会想起讲到王士祯时一个同学说起自己点校《渔洋精华录》的细节；也记得一次雨天的课后，有位同学如何在教室“拦”住自己，两个多小时的交流，让彼此都忘记了吃午餐……

多彩的师生交流如春日雨露，浇灌出扎实的学习成果——集纳着学生翻转成果和原创诗词小说的课程刊物、一篇篇学有所得的课程论文、一次次期刊文章的推荐发表……这些收获让丁老师觉得惊喜而感动。“一颗颗熠熠闪光的读书种子正在发芽，它们会慢慢长成不一样的读书风景。”

明清文学课程刊物及同学作品

“您让我朝着自己期待却一直没成为的模样大跨步地迈进了很多。”看着同学的留言，丁老师说，实在的能力提升，才是学生最需要的课堂。“我想，新媒体教育技术的发展，能帮助我们更好地把历史的厚重和文学的体温传递给大家，但更重要的是，如何让大家鉴识斟疑，创获新知，重塑自我，获得更多成长。”

教育技术：很好地起飞与优雅地落地

在许多人看来，丁老师可以算是教学中的技术能手，从教至今，她已多次参与线上慕课教学，曾荣获全国教师慕课教学大赛一等奖等诸多荣誉。

谈及自己对慕课和新媒体教育技术的看法，丁老师表示，翻转、慕课、SPOC课堂不仅提高了教学效率，而且创造了对教学进行重要研判的好机会，“线上线下混合式教学的过程，其实敦促我对教学理念、教学模式不断反思，而学生留下的学习痕迹和平台反馈的统计数据促使我们不断调整教学回路，实现教学相长。可以说，技术接引了课堂模式更新的重要契机，带来教学改革的诸多可能性”。

当然，丁老师也认为，如何与技术保持一定的“距离”，也是当下教师应该思考的问题。“当技术为课堂插上了翅膀，我们有了很好地起飞，但是否可以优雅地落地？实体课程如何与线上慕课对接？让课程被更好地‘打开’和建设，最终才能助益以学生为主体的教育变革。”

怎样预置和调度教学任务，以因应疫情之下的课堂教学？对此，丁老师还是费了不少心思，除了开课之初饱含深情的“2020 春天的问学寄语”，古代抗疫故事的暖场、明清文人的“水旱情怀”和灾难书写，文本细读的浸润涵养、人文精神的古今对话，都是带入课堂以纾解压力、敞开问题阈的一些尝试；此外“我还大大扩充了平台讨论区功能，预置大量选择性讨论话题，鼓励并跟进大家发帖讨论，标出和推荐精华帖供大家参考和探讨”，不少有一得之见的问学帖子让大家相互受益。

说起未来的课堂，丁老师说，新媒体技术带来教学变革，也对教师提出了挑战，但技术并不能代替教师的在场。“我相信决定教育未来的，还是人的思想和精神。教育是一个过程，我希望自己尽教师的本分所做的一切，能沉潜下来，给予学生心灵的力量。”

【学生说】

丁老师的课非常有系统性、条理性，从点到线到面，既具有系统性又具有专业深度。丁老师经常提问题，也培养我们提问题和解决问题的能力。我曾经有幸做过一次学术汇报，丁老师先是针对性指导我的话题，扩展我的思维。然后我根据这个话题，撰写了一篇主题论文（初稿），丁老师又根据我的论文一点一点地进行修改，给予非常详细、非常好的修改意见。丁老师对每个小组都是这样悉心辅导的，这种方法让我们在这个学术训练的过程中收获很大。

——2019 级中国古代文学硕士生 杨蕊

丁老师的课教给了我们一种学习方法，她通过“自我学习＋老师指导”的方式，让我感受到了不同于普通课程的新体验，极大地锻炼了我的思维和学术能力。而且丁老师曾是我们 2015 级中基班的班主任之一，在我心中她总是温柔、优雅、美丽，教会了我很多学术规范和人生道理。记得有一次我因为论文的事情情绪有些低落，丁老师非常耐心地安慰我，并和我一起讨论论文中的问题，让我受益很大。

——2019 级中国少数民族语言文学硕士生 袁昕雨

倘若你上过丁淑梅老师的古代文学课，就会觉得本科生涯的这门课是有趣而值得铭记一生的。通过一学期的慕课 SPOC 混合研讨课堂，我们在读原典、品鉴文学的同时，提高了文学素养，开掘了合作探讨、独立思考的逻辑思维能力。我们和丁老师共同创造课堂，基于问题意识寻找归结点，从而兴致勃发、乐此不疲。川大之海纳百川，在视野，在思想，在课堂形式之多彩；川大之有容乃大，在批判，在思考，在学习他人不同意见的包容性。

——2016 级中国语言文学本科生 李智鑫

三、采编札记

2020 年 2 月初，丁淑梅教授因为超星平台管理老师的一句提议，开始制作“明清文学专题”教学示范包。她知道新学期即将开始，受疫情影响，同学们只能在家上网课，所有老师们都在努力地筹备线上课程，如果能够推出共享的教学示范包，肯定会有助于疫情下的教学应对。尽管课程制作过程中经历了很多实际的困难和挑战，但整合优质教学资源，以教学示范包的方式免费帮助疫情期间有需求的老师建网课，是丁淑梅教授非常认同的公益之举。果不其然，此教学示范包一经上线，便被全国各地多所高校老师下载引用，实现了教学资源的共通共享。丁淑梅教授更是在教学示范包上线后就立即发布了一条十分细致的朋友圈，进行详细的使用指南介绍。

为了聚焦教学典范，挖掘教学示范包建成的背后故事，在“明清文学专题”教学示范包上线两个月之后的一个晚上，我们通过微信电话的方式有幸采访到了丁淑梅教授。

整个采访丁淑梅教授的过程，大致可分为前期相关资料收集、拟写采访大纲、针对大纲存在问题所做的反馈、修改大纲、电话采访、后期录音整理和写作专访稿七大步。

还记得刚接通电话时，丁淑梅教授用特别温柔、和蔼的声音对诗萌和我表示了感谢，我紧张的心情也稍微有所缓和。在大家眼里，平时的我是一个“话匣子”，但每次遇到正式场合时我就会不自觉地思路“打结”，不知道该说些什么。后来，在丁淑梅教授的鼓励和同伴的支持下，采访慢慢展开，我有时会根据提纲向丁淑梅教授提出问题，但更多时候会结合丁淑梅教授讲到的很有感触的点去进一步提问。在一个多小时的交流中，我们在获得了很多珍贵采访素材的同时，也走近了一位低调从容的老师。

这一次的采访，虽然不能见面而有些遗憾，但我隔着屏幕仍旧感受到了丁淑梅教授的师者魅力。最后的成文中，有一段是丁淑梅教授在讲教学示范包的制作过程，我印象特别深刻。丁老师说那时候她在外地照顾生病的母亲，教学示范包中大量的教学资料都是请家人在硬盘和网盘中筛选出来进行打包传送的。但因为有的文件过大或者网络卡顿，资料总是传输失败，她只能不停地转换各个接收平台，经常一弄就是到大半夜。在丁淑梅教授眼里，“示范”就代表着一定的标准，因此教学示范包的制作要求是十分严格的，她对所有材料从头到尾都进行了分检调整、补充完善和细细打磨。讲起这段经历时，丁淑梅教授的语气平和又坚定，她只希望能够给其他老师和同学们带来收获。

除丁淑梅教授的采访外，我们在推文中还增加了同学视角的采访，希望能从更多维度展示立体、多元的丁淑梅教授。在同学们眼里，丁老师的课堂充满着自由与创造力，每个人都能在课堂上找到自己的位置，这与她所提倡的教学分层观密切相关。丁淑梅教授认为即便是同一个课堂，同学们的学习诉求也是不同的，应该尊重每个学生的学习认知过程和思考能力，做出合理、个性化的引导。据同学表述，课下的丁淑梅教授还会主动关心同学们的生活情况，教会了他们很多人生道理。这也让我想起在采访过程中，丁淑梅教授曾发给诗萌和我一封信——《2020 年春天的同学寄语》。她告诉我们，这封信她已经在春季开学的第一堂课上读给了同学们听，希望同学们在经历疫情的非常时期时，能够在“明清文学”这堂课上静下心来，和明清文人们谈谈心、说说话。读罢此信，我再一次隔着屏幕感受到了丁淑梅教授的温柔和美好。

一篇好的人物专访能让读者全面、多视角地了解一个人，而完成一篇好的人物专访需要我们从以下几方面去努力：首先是确定专访对象后，需要尽快熟悉受访者的人生经历和相关成就，这样我们在采访过程中就能更加自如地提问；其次是要善于发掘受访者的独特兴趣爱好和有趣故事，以便最后成文时能从多方面展现人物丰富的精神面貌和内心世界；最后是采写的思路要清晰，要有一条主线，更要注意突出重点。

这次能够有机会和诗萌一起聆听丁淑梅教授的故事，我感到很幸运，同时也在本次采访中发现了自己许多不足之处，会在今后的学习生活中去不断改正和克服。

（陈悦月）

四、案例二维码

《笃行共济 问学抗疫：丁淑梅教授的教学新视像》

第四章 现场传真

在教学与办学过程中，四川大学文学与新闻学院充分依托学术特色资源，搭建学术对话和思想交流平台，邀请学界和业界众多专家学者，开展了“纪念范长江诞辰110周年暨首届长江新闻论坛”“纪念杨明照先生诞辰110周年学术研讨会”“望江传媒论坛”“春天诗会”等系列学术沙龙、主题论坛及专题讲座。此外，得益于社会各界对学院工作的支持以及对文新学子的关怀，学院现设有“马识途文学奖”“许川新闻奖”等专项奖学金，每年亦会举行相应的颁奖典礼或追赠仪式。面对学院丰富多彩的大型专题活动，四川大学文学与新闻学院新闻中心直击活动现场，集纳精彩思想，对话专家人物，陈览学术成果，以此传播专业知识，构筑服务于学院内外的公共知识资源。

案例 1

纪念范长江110周年诞辰暨首届长江新闻论坛报道

一、案例简介

2019年适逢新中国成立70周年，也是范长江同志110周年诞辰。范长江同志1909年10月16日生于四川省内江县田家乡赵家坝村，是最早公开如实报道红军长征的中国记者、中华全国新闻工作者协会（中国记协）前身“中国青年新闻记者协会”的主要发起者和领导人之一、解放区和新中国新闻教育的先驱。学习和研究范长江同志的新闻思想和新闻实践，继承和发扬范长江同志追求真理、不畏艰难的精神具有重要现实意义。基于对范长江研究的地缘与学缘优势，中国新闻史学会、四川大学新闻学院于 2019 年 10 月 16 日共同主办“纪念范长江同志诞辰 110 周年暨首届长江新闻论坛”，邀请到了众多学界、业界嘉宾。

论坛开展过程中，四川大学文学与新闻学院新闻中心成立特别报道小组，围绕论坛进展、论坛内容、嘉宾访谈等展开全程追踪报道，形成论坛预热、论坛现场和人物专访三大报道版块，共计九篇报道。其中，六篇报道被新华社客户端等全文转载。

纪念范长江 110 周年诞辰暨首届长江新闻论坛相关报道

类型	报道标题	发布时间
论坛预热	邀请函｜“纪念范长江诞辰 110 周年暨首届长江新闻论坛”将于 10 月举行	2019 年 7 月 24 日
	会讯｜“纪念范长江诞辰 110 周年暨首届长江新闻论坛”即将召开	2019 年 10 月 14 日
	“纪念范长江诞辰 110 周年暨首届长江新闻论坛”将于 10 月 16 日召开	2019 年 10 月 15 日
论坛现场	中国新闻史学会和我院主办“纪念范长江诞辰 110 周年暨首届长江新闻论坛”	2019 年 10 月 17 日
	长江新闻论坛回放（一）｜范长江相关研究	2019 年 10 月 19 日
	长江新闻论坛回放（二）｜中国新闻奖评奖、创优圆桌论坛	2019 年 10 月 19 日
	长江新闻论坛回放（三）｜融媒体发展相关研究	2019 年 10 月 19 日
人物专访	专访｜范长江长子范苏苏：人生，是关于选择的命题	2019 年 10 月 22 日
	专访｜范长江次子范东升：“真”，是父亲教给我们最重要的东西	2019 年 10 月 22 日

在此，我们特甄选并展示案例中的三篇代表性报道。一是《中国新闻史学会和我院主办“纪念范长江诞辰 110 周年暨首届长江新闻论坛”》。该文是围绕 2019 年 10 月 16 日论坛开幕式与主论坛展开的报道，全文 4000 余字，19 张配图，对会议的开展背景、嘉宾讲话与会议赠书仪式等都进行了详细报道，生动展现了会议现场实况。该文被新华社客户端转载，阅读量累计 41.5 万。

二是《专访｜范长江长子范苏苏：人生，是关于选择的命题》。2019 年 10 月 16 日上午，“纪念范长江诞辰 110 周年暨首届长江新闻论坛”在成都召开。本次论坛共有来自国内学界和业界的 99 位嘉宾参加，其中包括范长江长子范苏苏、次子范东升和侄子范小朵。

范长江同志是最早公开如实报道红军长征的中国记者，《中国的西北角》一书是他的代表作，也是红军长征的真实记录。1935 年 5 月，范长江以大公报社旅行记者的名义开始了他著名的西北之行，沿途写下了大量的旅行通讯，以写实的笔法公开、客观地报道了红军长征的踪迹，字里行间倾注了对红军的敬意，后来这些通讯被汇编为《中国的西北角》一书。除此之外，范长江还留下了许多生动翔实的文稿，为研究中国近代史、中国新闻史及抗日战争史提供了重要借鉴。近年来，范长江长子范苏苏对父亲的作品进行了搜集、整理，汇编成《范长江新闻文集》和《范长江新闻文集补遗》。在此次论坛开幕式上，范长江长子范苏苏、次子范东升、侄子范小朵将多本文集赠予四川大学，以待学界和业界进一步考究和传承范长江精神及其时代内涵。为更好地了解范长江的生平，了解其作为通讯记者的一面，还有他作为丈夫和父亲的一面，四川大学文学与新闻学院新闻中心的记者对他的长子范苏苏进行了专访，期待能更深入地走进这位新闻记者的红色人生。该篇人物专访被新华社客户端转载，阅读量累计 18.4 万。

三是《专访｜范长江次子范东升：“真”，是父亲教给我们最重要的东西》。2019 年 10 月 16 日，在“纪念范长江诞辰 110 周年暨首届长江新闻论坛”上，范长江次子、汕头大学长江新闻与传播学院原院长范东升教授就“《中国的西北角》与《大公报》版面政治性用语差异辨析”做主题报告。身为范长江先生的次子，范东升教授一直致力于整理范长江先生的新闻作品，考辨范长江先生相关研究，在此基础上勘注《中国的西北角》和《塞上行》，尝试“还原”父亲最真实的作品版本。同时，范东升教授还曾担任汕头大学长江新闻与传播学院院长，作为新闻专业一线教育工作者，他多次带领学生重走西北角，与学生共同探寻新闻工作者的初心使命，让父亲一直坚守奉行的精神、信念跨越时光，在新时代的新闻传播工作中焕发新的光芒。会议期间，范东升教授接受四川大学文学与新闻学院新闻中心专访，回忆、分享自己记忆中的父亲，畅谈自己眼中的新闻工作。2019 年 10 月 22 日，四川大学文学与新闻学院微信公众号发布本次专访报道——《专访｜范长江次子范东升：“真”，是父亲教给我们最重要的东西》，当天被新华社客户端全文转载，转载浏览量达 64.4 万。

二、案例原文

（一）

中国新闻史学会和我院主办“纪念范长江诞辰 110 周年暨首届长江新闻论坛”

10 月 16 日，由中国新闻史学会、四川大学新闻学院主办的“纪念范长江诞辰

110 周年暨首届长江新闻论坛”在四川大学科华苑宾馆召开。来自中国人民大学、复旦大学、华中科技大学、中国传媒大学、四川大学、中国社会科学院、重庆大学等高校的学界嘉宾和来自中国记协、中国广播电影电视社会组织联合会、江西记协、广东记协、《四川日报》、《重庆日报》等单位的业界嘉宾等参加了本次论坛。范长江长子范苏苏、次子范东升、侄子范小朵出席论坛。开幕式由四川大学新闻学院党委书记古立峰教授主持。

会议合影

古立峰书记主持开幕式

2019 年适逢新中国成立 70 周年，也是范长江同志 110 周年诞辰。范长江同志 1909 年 10 月 16 日生于四川省内江县田家乡赵家坝村，是最早公开如实报道红军长征的中国记者、中国记协前身“中国青年新闻记者协会”的主要发起者和领导人之一、解放区和新中国新闻教育的先驱。学习和研究范长江这位从四川走出去的新闻巨匠的新闻思想和新闻实践，继承和发扬范长江同志追求真理、不畏艰难的精神具有重要现实意义。

四川大学新闻学院具有范长江研究的地缘优势和学缘传统。1986 年 11 月 20 日，四川大学新闻系和四川省记协、中国人民大学新闻学院等联合举办了我国首次范长江新闻思想和实践讨论会；2016 年 11 月至 12 月，四川大学新闻学院发起了"滚滚长江，致敬长征！——'重走范长江之路'大型新闻教育实践活动"，开启了培养新闻学子爱祖国、爱人民、识民情、重大局、讲好四川故事与中国故事的实践创新之旅，受到社会各界的积极回应和好评。

嘉宾致辞

本次会议旨在继续传承范长江精神，联动学界、业界对话，共同研讨中国新闻传播发展未来。中华全国新闻工作者协会（中国记协）书记处书记冯海青、四川省委宣传部副部长李晓骏、四川大学副校长晏世经、中国新闻史学会副会长王润泽、四川大学新闻学院院长李怡先后致辞。

中华全国新闻工作者协会书记处书记冯海青在致辞中说，本次论坛的召开对继承和发扬范长江精神，不断推动我国新闻队伍建设和新闻事业发展具有重要意义。同时，新时代党的新闻事业，要高度重视传播手段建设和创新，努力提高新闻舆论传播力、引导力、影响力、公信力，并提升我国媒体的国际传播能力。

中华全国新闻工作者协会（中国记协）书记处书记冯海青致辞

四川省委宣传部副部长李晓骏对长期关心支持四川新闻事业与舆论宣传的领导专家表示感谢，对出席论坛的专家学者表示热烈欢迎。他说，在当前媒体深度融合、新媒体传播方式发生根本变革、传播载体发生颠覆性变化的形势下，广大新闻工作者和新闻学子要从范长江深厚的新闻思想中吸取力量，要始终坚持马克思主义新闻观不动摇；要认真学习和弘扬传承范长江的革命精神、科学态度、崇高品质和优良作风。

四川省委宣传部副部长李晓骏致辞

四川大学副校长晏世经在致辞中介绍，作为地处范长江家乡的四川大学，特别重视和珍视对范长江的全面研究及其当代价值的深度挖掘。四川大学具有研究范长江的地缘和学缘优势，也积淀了一些重要的研究成果。四川大学将按照习近平总书记对新闻舆论工作和党的新闻人才培养的要求，继续弘扬范长江精神，办好新闻传播学科，为党的新闻事业作出更大贡献。

四川大学副校长晏世经致辞

中国新闻史学会副会长王润泽教授在致辞中说，范长江精神是心系国家、坚持人民立场、敢于讲真话、不怕艰险的一种精神。她从范长江新闻实践中的三个细节阐发了在新时期媒体发展日新月异、新闻价值呈现多元的背景下，继承发扬长江先生精神的重要性和必要性，而这正是我们纪念范长江和传承长江精神的当代价值和时代意义。

中国新闻史学会副会长王润泽致辞

四川大学新闻学院院长李怡教授在致辞中说，范长江先生的作品是对中国西北的生动描述，不仅是新闻通讯创新的成果，同时也具有文化人类学方面的研究价值。当下，针对新近出现的非虚构写作问题，我们都能够在范长江先生的作品中得到相关启示。

四川大学文学与新闻学院院长李怡致辞

赠书仪式

在开幕式上，范长江长子范苏苏、次子范东升、侄子范小朵将30本《范长江新闻文集》《范长江新闻文集补遗》赠予四川大学。四川大学新闻学院副院长操慧教授作为学校代表接受范长江家属赠书。《范长江新闻文集补遗》30万字，是范苏苏近几年对父亲作品搜集、整理的最新成果，该著作对于研究范长江精神、研究中国新闻史及抗日战争史具有重要价值。

范长江长子范苏苏、次子范东升、侄子范小朵向四川大学新闻学院赠书

主题发言

赠书仪式结束后，范长江先生长子范苏苏先生，复旦大学资深教授、国家985创新基地主任童兵，中国新闻史学会副会长、中国人民大学新闻学院副院长王润泽教授，华中科技大学新闻与信息传播学院原院长吴廷俊教授，郑州大学新闻与传播学院原院长董广安教授，中国社会科学院新闻与传播研究所纪委书记、副所长季为民研究员，中国人民大学新闻学院党委书记兼副院长、中国高等教育学会新闻学与传播学专业委员会理事长周勇教授，重庆大学新闻学院院长、中国新闻史学会网络传播研究委员会会长董天策教授，四川大学新闻学院原院长、四川省新闻教育学会名誉会长邱沛篁教授先后作主题发言。主题发言由四川大学新闻学院蒋晓丽教授主持。

四川大学新闻学院蒋晓丽教授主持大会主题发言

范长江先生长子范苏苏先生作了题为《目前“研究范长江”的当务之急是什么?》的发言，他回顾与肯定了我院 1986 年“范长江新闻思想和实践讨论会”与 2016 年“重走范长江之路”两次活动。范苏苏先生说，近 30 年来，“范长江研究”已成为我国新闻史研究中比较活跃的领域，但是相关的著作出版和普及工作很不够，希望这种情况能够在未来得到改变，希望范长江新闻思想能够被更多人知道和了解，并对现在的从业人员和年轻人有所启发、有所激励。

范长江先生长子范苏苏先生发言

复旦大学新闻学院教授、国家 985 创新基地主任童兵围绕“引导我们的学生像范长江那样当好记者和管好新闻”的主题，通过回忆范长江先生的记者生涯，对新闻从业者、新闻专业教师与新闻学子们提出了几点建议。童兵教授认为，正确坚定的政治认识是我们正缺乏但尤为重要的品格，我们不仅应有社会担当、新闻理想，还应有献身新闻事业的热情与态度。同时，他还强调，健康的身体与吃苦耐劳的品格，丰富的知识与写作能力，干练的论述能力、编辑能力与实用技能以及最基本的社会人脉关系，同样是新闻从业者与新闻学子的必备要素。

复旦大学新闻学院教授、国家 985 创新基地主任童兵发言

中国新闻史学会副会长、中国人民大学新闻学院副院长王润泽教授作了《追求真理、不畏艰险——范长江的个性与追求》的发言，以范长江先生的第二次入学与离校、从重庆到南京再到北京的求学路等人生经历为例，重新品读了范长江先生秉持的记者品格——追求真理。王润泽教授认为，范长江先生在精神层面上留给了我们丰富的引领：作为一个大记者，应在大是大非面前坚定立场，不改初心。

中国新闻史学会副会长、中国人民大学新闻学院副院长王润泽教授发言

华中科技大学新闻与信息传播学院原院长吴廷俊教授从人性的角度深入解读了

范长江精神，他以范长江先生离开《大公报》这一重要节点加以翔实资料分析，凸显了范长江先生不断探索、不畏艰险、不断进取的品质。吴廷俊教授认为，正是实事求是、不甘平庸、勇往直前的品格，成就了范长江先生的传奇一生，这些品格也为当代年轻人提供了很好的学习范本。

华中科技大学新闻与信息传播学院原院长吴廷俊教授发言

郑州大学新闻与传播学院原院长、穆青研究中心主任董广安教授从地缘角度，以《长江先生与河南的交集》为题，讲述了范长江先生与河南驻马店的两次交集。董广安教授说，范长江的整个新闻生涯是同国家和民族命运、同党领导的进步事业紧紧联系在一起的。范长江精神与“坚定信念、艰苦奋斗、顾全大局、依靠群众”的竹沟精神，与井冈山精神、长征精神、延安精神等革命精神一样，都具有深厚的民族性、鲜明的时代性和先进性，成为中国共产党人的革命精神和中华民族精神的一部分。范长江精神在延续、在传承，必定会影响一代又一代新闻人。

郑州大学新闻与传播学院原院长、穆青研究中心主任董广安教授发言

中国社会科学院新闻与传播研究所纪委书记、副所长季为民研究员作了《学习研究范长江，做好新时代新闻舆论工作和新闻理论研究》的主题发言，从范长江新闻思想与新闻实践出发，探讨了研究和做好新时代新闻舆论工作的三个启示：第一，要坚持正确的政治方向，坚持马克思主义新闻观，坚持党性原则；第二，要坚守党和人民的立场，坚守群众立场；第三，要尊重新闻规律，坚持新闻真实性，坚持调查研究，以新闻职业精神扎实做好新闻工作。季为民研究员认为，广大新闻工作者应该像范长江一样，以职业精神坚守新闻真实性要求，做好新闻报道，做党的政策主张的传播者、时代风云的记录者、社会进步的推动者和公平正义的守望者。

中国社会科学院新闻与传播研究所纪委书记、副所长季为民研究员发言

中国人民大学新闻学院党委书记兼副院长、中国高等教育学会新闻学与传播学专业委员会理事长周勇教授以“回到新闻教育的初心”为主题，分析了当前新闻教育面临的挑战。他说，随着新媒体的崛起和整个传播环境与社会环境的变革，专业新闻工作者从个人能力到队伍建设都出现了滑坡，原创新闻越来越少，基础事实越来越少，观点却层出不穷。周勇教授认为，在这样的背景下，我们应当反思新闻教育，反思新闻行业之不可替代性，而范长江先生的新闻实践给了我们一个很好的答案：新闻传播事业最基础的本源是事实，我们永远不要忘记我们的专业性，这是新闻教育的重点。

中国人民大学新闻学院党委书记兼副院长、中国高等教育学会新闻学与传播学专业委员会理事长周勇教授发言

重庆大学新闻学院院长、中国新闻史学会网络传播研究委员会会长董天策教授围绕“生态学视野下的媒体融合”作主题发言。他认为，从技术的角度看，媒介融合是技术驱动的，实际上是新技术在整个社会的全面应用中改变了整个媒介生态，并且导致媒介生态发生了巨大变化，它需要建立智能的信息汇聚平台和分发平台。在董天策教授看来，我们更应将媒介融合与整个社会系统联系起来，进一步思考与研究在新媒介生态下的信息分配机制、传播伦理与传媒法律法规。

重庆大学新闻学院院长、中国新闻史学会网络传播研究委员会会长董天策教授发言

四川大学新闻学院原院长、四川省新闻教育学会名誉会长邱沛篁教授作了《努力培养范长江式的新闻人才》的主题发言。他回顾了1997—1998年间四川大学新闻专业的范长江研究工作，表示川大新闻系从建立初期就高度重视对范长江这样的名记者的学习与研究。后来，在四川大学文学与新闻学院成立后，学院的范长江研究工作也得到进一步深化和发展。邱沛篁教授还对当下学习、宣传与研究范长江的工作提出了建议，如将范长江研究和马克思主义新闻观的学习紧密结合；建议筹备成立中国新闻史学会范长江研究专业委员会；建议在我院正在筹备恢复出版的《新闻传播学论丛》中开辟“范长江研究”专栏等。邱沛篁教授希望以此次论坛为起点，坚持每年举办一届范长江论坛，把学习与研究工作推向新高度。

四川大学新闻学院原院长、四川省新闻教育学会名誉会长邱沛篁教授发言

本次论坛设“范长江相关研究”“中国新闻奖评奖、创优圆桌论坛”和“融媒体发展相关研究”三个主题论坛。来自国内高校新闻院系的研究者和范长江家属参加了主题论坛并进行了论文演讲。中国记协、中国广播电影电视社会组织联合会、江西记协、广东记协、《四川日报》、《重庆日报》的相关领导及部分中国新闻奖获奖者就中国新闻奖评奖创优与川大师生进行了互动对话。

论坛现场

（二）

专访｜范长江长子范苏苏：人生，是关于选择的命题

窄窄的眼镜压在鼻梁的前端，身着素色衣裳，背微微地佝偻着，眼睛笑起来便眯成了一条缝。走路时拄着拐杖步履蹒跚，说话时却中气十足。这位年过古稀但文思依然敏捷的老人，便是著名新闻人范长江的长子范苏苏。

2019 年 10 月 16 日，四川大学新闻学院举办了“纪念范长江诞辰 110 周年暨首届长江新闻论坛”，范苏苏先生作为特邀嘉宾出席论坛。

范苏苏先生与四川大学新闻学院蔡尚伟教授交流

谈起他父亲的人生，他认为关于“选择的命题”是十分值得探讨的：“我父亲在人生很多重大的问题上，做出了很多有前瞻性的、有眼界的判断和选择。比如，他当时预料到抗战初期，沿海一带不能久守，西北地区才是大后方，所以他远上考察西北。再比如 1939 年，他就申请加入中国共产党，最终把他的精力都贡献给了党的新闻事业。他为什么要做这样的选择呢?”

选择，源于历史的积淀

范苏苏认为，父亲在人生重要十字路口上的选择都十分正确。而这样的选择不是“脑子一热”，而是“多次选择的积累”。

1927 年年初，范长江进入由吴玉章创办的中法大学重庆分校学习。在这里，范长江逐渐接受了反帝反军阀的思想，参加了许多学生运动。同年 3 月 24 日，美、英、法、意、日等国借口保护侨民和领事馆下令炮轰南京，造成军民伤亡 2000 余

人，史称“南京惨案”。范长江和同学们纷纷走上街头表示抗议，遭到了军阀的残酷镇压，他捡回一条命，但也成了通缉对象。范长江无奈只有向他的姑父伍心言（时任四川军阀刘湘的秘书长）求援暂避风波。“这个事情慢慢平息后，我父亲就面临一个重大选择。他当时有三条路：第一条路是我爷爷写信让他回老家内江，过安定的日子；第二条路是他的姑父可以在重庆的政府机关给他安置一个工作；第三条路就是他当时听说革命的中心转移到武汉去了，很多想报考黄埔军校的进步学生都去了武汉。我父亲在这三条路中毅然选择了最后一条。”虽然范长江赶到时，黄埔军校的招生点位已经撤走了，但是他认识了正在贺龙麾下担任营长的同乡人谢独开，成为南昌起义的参与者。

范苏苏先生前往内江范长江故居纪念父亲（图源新华社）

1928 年秋，范长江考入中央政治学校乡村政治系。该校由蒋介石担任校长，是专门培养国民政府行政干部的，入校即选择加入国民党。1931 年，再过不到一年范长江就能从学校毕业时，爆发了“九一八”事变。根据蒋介石的指示，国民党采取不抵抗政策，也不允许学生在城市游行。范长江早就对国民党内部的贪污腐败颇为不满，更是反对蒋介石“不抗日”的举措，便下定决心要离开这个学校。“后来我父亲找了一个机会，给学校教务长留了一封信，把国民党的党证、学校发给他的衣服都放在了里面，只穿走了一双胶鞋，悄悄离开了南京。最后到了北平，他把胶鞋折算成现金寄回去了。不欠他们的，与他们了断了。”

1932 年来到北平后，范长江进入北京大学哲学系就读，希望通过读书找出路。一次上课时，他向教授提出了两个问题：一是全国人民要求抗日而政府不抗日，怎么办？二是一个人肚子饿了，自己又没钱，铺子里却堆满食物，能不能拿来吃？老师回答说，这些问题哲学都解决不了。当时，日本已经进入山海关，逐渐向平津靠拢了。“我父亲一想，这个哲学第一跟抗日没关系，第二跟老百姓吃饭没关系，那在书斋里面看书根本无法解决问题。他就下定决心把自己在北大的行李和不多的书全卖了，去前线劳军，用实际行动参与抗日。”

范苏苏举了父亲在学生时代的这三次选择作为案例，他认为这些选择实际上都是父亲以后做更重要的选择的铺垫，而这些选择是如何做出的，就要从他选择的目的来考虑。“在 20 世纪 30 年代，每一个年轻人都在考虑人生的去向。国家现在这样，怎么办？我又怎么办？很多人考虑的都是个人的出路，但我父亲想的是国家的出路和人民的出路。他曾在 1938 年年初时给毛主席连续写了两封信，现在信的内容我们无从得知，但是毛主席在 1938 年 2 月 15 日给他回了一封长信，回信中有一句‘先生所谈的，都是国家的重要问题’，就说明我父亲提到的都是国家重大问题。我认为很重要的就是目的，他没有选择安逸平稳的生活，而是优先考虑国家的前途和人民的前途。当然如果我们能让国家的利益、人民的利益与自己的利益保持一致，那就更好了。”

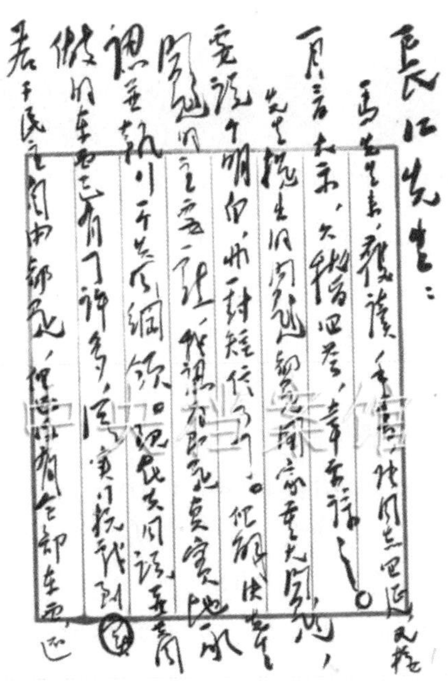

毛泽东主席 1938 年 2 月 15 日给范长江的回信

选择，源于父辈的嘱托

当被问起在整理文集和接触老同志的过程中对父亲有没有更深入的了解，范苏苏的回答是“我父亲是一个很低调的人”。

“现在后人研究他的著作，比如《中国的西北角》《塞上行》，发现他其实做了很多了不起的事情，也对人民做了很大贡献。但是在家里，他跟我们这些孩子很少说起这些事情。他也从来没有说过他的书要再出版，宣传一下他自己。所以有些记者问我，你父亲是不是经常跟你们讲他以前比较重要的经历，我都说基本上没怎么听说过。”

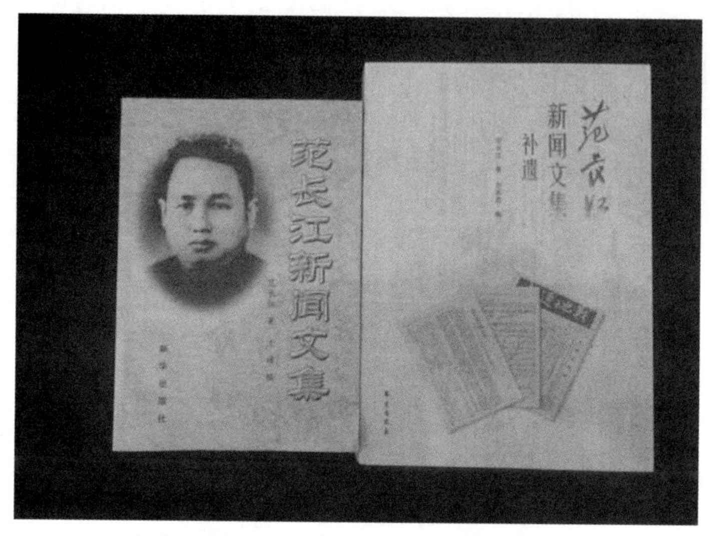

《范长江新闻文集》与《范长江新闻文集补遗》

鲁迅去世前曾留下遗嘱，孩子长大，倘无才能，可寻点小事情过活，万不可去做空头文学家或美术家。社会对名人之子总是抱有别样的期待，但范长江似乎也不希望孩子们以名人之子自居。“根据我父亲对我们从小的教育，我觉得他早就给我们指出来了要我们做一个普通人，最起码不要以干部子弟自居，”范苏苏回忆说，“我刚开始就读的那个学校里都是高干子弟，一到礼拜天好多汽车来接孩子。我父亲一听同学都是谁谁的儿子，就给我转学了，让我上一个普通学校。”

在这样的教育下，范苏苏选择做一个普通人，他说自己接受采访是“抱着学习的心态来的”，接受采访是抱着“认识四川大学的朋友”的心态来的。“我更喜欢跟你们以聊天的形式谈话，最好不要专访，更不要登报，”他说，“我觉得你越低调人家对你越尊重。你父亲做了很多事，立了很多功，哪怕是开国元勋，但你没做过这些事，就应该把自己看得低一点。”

生活中和蔼谦逊，工作中却一丝不苟。范苏苏先生整理出版了多部范长江文集，以及范长江新闻奖获得者的作品合集。本次论坛上，范苏苏作了题为《目前“研究范长江”的当务之急是什么?》的主题发言，他高度肯定了四川大学新闻学院纪念范长江的相关活动，认为“范长江研究”已经成为我国近 30 年十分活跃的研究领域，但是相关著作的出版和普及工作还有待加强，“这些资料的收集和研究工作还不是很全面，实际上真正要研究我父亲这个事情是很复杂的”。

（三）

专访 | 范长江次子范东升：“真”，是父亲教给我们最重要的东西

2019 年 10 月 16 日，中国新闻史学会与四川大学新闻学院在四川大学主办“纪念范长江诞辰 110 周年暨首届长江新闻论坛”。汕头大学长江新闻与传播学院原院长范东升教授受邀参会。

作为范长江的次子，与众多学者共同探讨、研究范长江，范东升直言自己感到非常宽慰，“大家对我父亲的新闻工作生涯予以这么多关注和肯定，作为后辈，我们非常感动”。

谈及父亲时，范东升经常提起的一个词便是“真诚”。如果说“诚”是范长江先生奉行一生的准则，那“真”便是范东升教授铭记一生的教诲。

“讲真话，不撒谎，我父亲就是这么教我们的。”

“执着”：范长江研究，一定要实事求是

研究《大公报》和《中国的西北角》，这是范东升近年最常做的事。

16 日下午的分论坛上，他的参会论文便围绕着“《中国的西北角》与《大公报》版面政治性用语差异辨析”展开，关注二者最为细微的用语区别。

分论坛上进行研究汇报的范东升教授

这并不是范东升第一次“揪”着《大公报》和《中国的西北角》做“细活儿”。

在2016年的一次研究中，他还对比了《动荡之西北大局》的多个版本，只为考辨出父亲最原始的写作表述。许多被读者忽略的差异细节，却被他视作父亲鲜明的心声，“比如对‘红军’的称谓，我父亲写的文章和《大公报》以往用词就是不一样，这是因为他的立场和后者是有本质不同的”。

版本还原同样是范东升付诸心血的工作。他努力收集着材料，重新整理和勘注《中国的西北角》和《塞上行》，试图使其回归“最初的模样”——“我想恢复和补充最原始的版本，让大家看到我父亲当年最真实的报道。”为了勘注合理，除了整理父亲的手稿，范东升还十分留意在国内外图书馆收集资料，一直以来各种版本的《中国的西北角》《塞上行》以及20世纪30年代的《大公报》都被他查阅核对过。

论坛现场的范东升教授

溯及初心，范东升直言：“我想还原一个真实的范长江。实事求是，这是我父亲一生的主张。”父亲留下的这个“真”，范东升记了一辈子，母亲沈谱逝世时，他写下了这样的挽联——“风雨百年心连广宇大爱怀天下，坎坷一世情系中华真诚贯始终。”

“我觉得所有的范长江研究都应该如此，根据材料，实事求是。”范东升说。他认为这是对一代人的尊重：“以我父亲为代表的那批进步的新闻工作者，一辈子所为，都是为了解救濒危沦亡的国家和民族。面对他们，我们应该有最基本的敬畏之心，要明白他们做了什么，为什么要那样奋斗。”

重走“西北角”：读懂当时中国

“西北角”，在范东升心里有着独特的地位。在“文革”中的内蒙古，他度过了八年的插队时光，后返校任教，他曾六次带领学生重走“西北角”，用跨越多省、绵延数千公里的行程寻访父亲的足迹。“当时的条件下走遍西北是很艰难的，那一辈新闻人舍生忘死地做新闻工作，我希望同学们多读他们的作品，重走他们走过的路，去体验和理解他们为民族为人民做了什么。”

跋涉途中，走进当地的博物馆和档案馆时，以及在“地方志”一类的文档中，范东升常常发现父亲的名字——“上面有记载，某年某日《大公报》记者范长江来访，是怎么说。”对范东升而言，这些简单的表述非常珍贵，“我父亲当年的很多新闻报道，沉淀下来，就成了历史，如果我父亲当时没有去西北，没有沿途的记录，当地这一部分早期的历史在今天可能就是空白”。

这也成为范东升鼓励学生们“重走西北角”的理由——在缅怀先辈外，以身体力行读懂时代，解码中国。他时常告诫学生们，要真正理解《中国的西北角》，只有追寻他父亲当年的足迹，用自己的眼睛去体悟和发现，“新闻是历史的初稿，要真正读懂范长江，不能只是看书上的一两句话，要去了解他笔下的那个时代，读懂那时候的中国”。

范东升教授带领学生参与“祁连山南”青海行

这种执着被延续到了范东升的教学理念里，“做新闻更是如此，道听途说出不了好新闻，记者必须去现场，拿到第一手材料”。

范东升说，这也是父亲一生秉持的准则，“一个好记者的作品，不仅是给当代人，更要留给后代，要经得起考证，不去现场采访，就不会有范长江”。

坚守：新闻是社会的导航图

在编纂勘注本时，范东升曾摘录父亲在《忆西蒙》中的一段话——“新闻记者的任务，是在供给一般读者以正确翔实的消息，重要消息所在的地方，就是我们应该深入的地方。”

从一名新闻学子，到新闻单位做记者，最后回归讲台，父亲口中“正确翔实”的消息，成了指引范东升从业和从教过程中最恒久的坚守。他举例说，父亲抗战早期闯入额济纳旗，曾为清剿那里的日寇间谍机构提供了可靠的报告，“如果他的报告有任何错漏，后果都是不堪设想的”。

时过境迁，屈辱存亡的日子已成为过去，但在范东升看来，架在新闻上这把名为“真实性”的尺子，万万动摇不得。正因如此，他的微博和朋友圈中不乏对假新闻的分析和讨论，有时甚至会为此写上两三万字的文章。

范东升教授在论坛现场认真翻阅论文

被问及好记者的标准，范东升给出的回答是“有良心、求真相、讲真话，守底线”。这被他视为新闻业安身立命的根本，“新闻是社会的导航图，我们写出来的东西一定要是真实的，这些真实的情况是可以帮助读者正确了解社会环境、推动社会发展的”。

面对当下的信息泛滥，范东升直言，要做到这一点并非易事，但身为师者，他仍将这些奉为教学中的信条。“每一次采访、写作、评论，一定要反复地拷问自己，是否坚持了新闻的准则，虽然做得好有难度，但这是我们应该坚守的底线。”

三、采编札记

（一）

《中国新闻史学会和我院主办“纪念范长江诞辰 110 周年暨首届长江新闻论

坛”》与人物专访等报道类型不同，会议通讯对时效性要求较高，我们在10月16日上午开幕式及主题论坛结束后便完成了初稿。整个采写过程，北辰师妹一直在协助整理新闻素材，在初稿完成后又协助补充相关背景资料，后来在老师的指导修改下才有了最终的这篇稿件。

虽然此前有写过会议通讯稿的经验，但是临时接受采写任务，内心还是不免忐忑。论坛开幕式共40分钟，由四川大学新闻学院党委书记古立峰主持，五位嘉宾发言，分别是中华全国新闻工作者协会书记处书记冯海清、四川省委宣传部副部长李晓骏、四川大学副校长晏世经、中国新闻史学会副会长王润泽、四川大学新闻学院院长李怡。中间还有赠书仪式的环节，此后的主题论坛持续两小时，共13位嘉宾发言。我和北辰师妹接到任务后，一方面，用手机做好录音和文字转译，另一方面，当嘉宾发言完毕后，我便上前询问是否可以看看发言原稿，这也是特殊情况下的特殊之举，便于快速、准确掌握发言嘉宾的讲话要义。但具体到写作，仍然要结合嘉宾的现场讲话内容。

上午开幕式与主题论坛结束后，我们已完成大致初稿并交给操慧教授审阅。操慧教授看完指出初稿交代的背景过于单薄、不够翔实、个别嘉宾称谓不准确，以及嘉宾讲话的一些重要细节未捕捉到等问题。经补充修改，文章整体显得更为饱满、严谨。“准确”是操慧教授在我们新闻写作中常提的一项要求。此前，《人民日报》记者曾对“准确”一词进行释义，“准确”即“正确”+“具体”。而经过这次会议通讯写作实践，我对“准确”有了更深刻的体会，即除了信息本身的真实，还应注意信息要素交代的完整、齐全，以使读者对新闻事实有整体的把握。

要统筹好这篇会议通讯并不简单，因为前后的发言嘉宾接近20位，而会议通迅对每一位嘉宾的发言都得有所呈现。要处理这种大量繁杂的新闻素材便不能“眉毛胡子一把抓”。因此，我们在写作过程中尽量捕捉嘉宾围绕主题所发表的重要论述和观点，使整篇报道显得紧凑、主题鲜明。此外，写作时文字凝练和语法准确也非常重要。对于初稿操慧教授还指出用于表时态的“了”等字的用法不严谨的问题，以及出现了一些冗词。经操慧教授修改，文章段落顿时自然、舒畅、精练起来。

经过此次会议新闻写作实践，我认为前期准备工作非常重要，正所谓“七分采，三分写”，做好了前期准备工作，到真正写作时才能得心应手。针对采前工作，我认为一是要做到“勤搜集”。即前期要充分搜集会议的开展背景、会议重要人物的相关信息，这些可通过主办方的相关网站、微信公众号和媒体的宣传报道以及书籍资料等渠道来掌握。除此之外，还要搜集大会流程信息，最好能拿到会议手册，以掌握嘉宾信息与发言顺序，从而减少写作时不必要的信息失误。二是要做到腿勤和耳勤。要在短时间内采集到与新闻主题相关的重要信息，便少不了腿勤和耳勤，对于重大会议新闻，要调动好各方采写力量，一起作战，以共同呈现出一篇好的作品。

能得到这样的重大会议的新闻写作实践机会，对我而言是非常珍贵的，但也暴露出自己新闻写作的诸多不足。我将通过之后日积月累的新闻写作实践和对优秀报道作品的揣摩、学习，不断提升新闻写作能力。

（姚雪梅）

作为本科生，在得知可以参加“纪念范长江诞辰 110 周年暨首届长江新闻论坛”的时候，我的心里是充满期待与欣喜的。有机会与学界众多知名学者交流并深入了解他们的见解与看法，是十分难得的。

作为新闻学专业的学生，早在各种专业课程学习时，就已领略了范长江先生杰出的事迹和英勇的精神。在朱至刚教授的“中国新闻传播史”课程上，我们更是学习了在特定时代背景和社会情境下，范长江先生如何突破重重困难，坚持作为新闻从业者的初心，他的代表作品《塞上行》和《中国西北角》是我们学习的典范。

为了充分把握这次学习机会，我在参加论坛前查阅了大量相关资料，了解了论坛的主题与流程，做好充足的前期准备，以便在现场学习时能够有效抓住重点，形成条理性、框架性的知识内容。

同时负责摄影工作的我，在前期进行了大概的设想与方法设计，希望确保在论坛现场拍摄的照片光线良好、人物清晰、角度适合。为了熟悉地点和拍摄机位，我在论坛当天提前到达现场进行踩点，熟记论坛及各个分论坛的位置，做到在拍摄时从容不迫。在学院新闻中心其他成员的协助和支持下，我对完成此次拍摄任务更加有信心了。虽然会议现场有很多不可控因素和突发状况，有时无法及时到达理想的拍摄地点，形成理想的照片构图，但我会与其他成员在不同位置进行多角度拍摄，确保有多种机位的照片可供选择，达成结果最优化。

我认为在新闻摄影时，尤其是大型会议现场一定要注意全景、远景、中景、近景、特写的全面性。在会议前期、高潮和结尾适合拍摄全景，因为在这三个时间段内参会人员具有较好的精神面貌和参与意识，有利于拍出生动的照片。而拍摄重要发言人员时则要选择特写或近景，突出主体，并且选择抓拍或连拍模式，挑选表情和神态最自然的照片。“实践是检验真理的唯一标准”，唯有多拍、多练，才有机会发现自己的不足，也能为后期素材提供充足的资源储备。在拍摄过程中，细节和礼仪也不可忽视。由于要从多个角度取景，在会场往往需要来回走动，这时应尽量步伐放轻，尽量弯腰，不打扰其他参会者，维持会场的和谐氛围和良好秩序。

在整个会议报道过程中，由于前期做了一定的工作准备，我在听取各位专家的阐述和分析时，逐渐能跟上节奏，形成对范长江先生更全面、更立体的认识。同时，我也意识到自己应该积极拓展学习，不能将眼界停留在课堂上，而是需要与时俱进，把握机会，延伸学习。得益于此次会议，我有幸了解到关于范长江先生研究的最新学术成果和新闻领域专业知识。

总结来说，摄影工作需要全程眼观六路、耳听八方，做好前期准备，注意现场细节，多审视自己的拍摄作品，注重总结不足，汲取经验。而在专业学习中，更是要保持初心，时刻关注社会动向和学习机会，形成发散性思维，养成持之以恒、终身学习的好习惯。

（蔡亚纯）

（二）

2019 年，是中国著名记者、新闻家范长江先生 100 周年诞辰，也是新中国成立 70 周年。伟大的历史人物总是与深刻的历史背景相联，《大公报》、北京大学、长征、抗日战争……范长江先生的身影总出现在国家和政党的重要历史节点上，他的名字也成为“全国优秀新闻工作者”最高奖的代名词。

《人民日报》曾评论说：“每个时代都有每个时代的气质，但只有坚守信仰、崇尚光荣者，才能定义一个时代的精神风貌。在缅怀中唤醒记忆，在表达中传递真情，就能点燃人们心中的精神火炬，照亮全社会的爱国情怀与英雄精神。”对于新闻行业而言，专业精神和职业理念引领着从业者的基本实践。近代新闻事业虽诞生不过数百年，却有着鲜明的行业精神和底线。对于新闻学子而言，范长江、邹韬奋、章太炎、黄远生等杰出的近代新闻人物都是彪炳史册的伟大先驱，是我们心中的行业灯塔。此次“纪念范长江诞辰 110 周年暨首届长江新闻论坛”的举办，让我们得以近距离地走进范长江，聆听并记录他的故事，与他的后辈们一起回望历史的伟业、树立坚定的信念、接受新时代的感召，这也是本次专访的目的所在。

明者因时而变，知者随事而制。乱世时节，社稷飘摇，伟人的诞生离不开审时度势、随机而变。范苏苏先生在采访中表示，父亲在人生的重要十字路口做出了很多“有前瞻性的、有眼界的判断和选择”：抛弃回乡的安定，成为南昌起义的进步者；离开哲学的空想，迈入救国救民的实业；记录红军的步伐，选择年轻的中国共产党……那也许是一个艰辛又混乱的年代，但年轻的新闻记者们秉持坚定的信念，肩负家国的担当，用笔记录历史，用心感受方向，缔造了一个时代新闻人的集体记忆。“选择的命题”揭示了新闻工作前瞻性和敏锐度的重要性。这不仅是对当下政治生态的把握，而且是对新闻传播规律的认识及运用。它要求我们借鉴历史，感知现实，贴近群众，明辨价值，写出真实、有效的新闻。

新闻的历史，也是追求自由、真相和责任的历史。在接受采访时，范苏苏先生还提到了西安事变中父亲的举措："他说，要见见中共的领导人，看看他是什么主张，对中国的局势是什么看法。"后来，范长江成为国统区第一个进入延安采访的记者。周恩来曾评价道："长江啊，你的名字红军的人都很熟悉，在长征途中看到你写了不少文章，我们很惊异你对红军的判断。"除了敏锐度以外，新闻工作者还应当具有良好的鉴别力，能够明辨是非、善恶、美丑，能够站稳立场、把握航向。对真相的好奇，让范长江拥有自由而无畏的胆魄；对责任的追寻，让范长江保持敏锐又开阔的眼界。摒弃政党之见，不为私利所驱使，致力于更广大人民群众的利益。今天的新闻是明天的历史，作为新时代的"史官"，我们不仅渴望过去的真相，而且应承担更有温度的未来。

我们对范苏苏先生的专访是记录本次论坛开展过程中的一环，旨在以微观和人文的角度发掘"长江精神"。为整理父亲遗稿，范苏苏先生倾注半生心血，坚守在这样浩瀚而细致的工作中。交谈之间，他对父亲的敬仰溢于言表，不仅仅是因为父亲敏锐独到的眼光，更是因为父亲谦虚低调的作风。名人之子，向来承受了许多父辈荣耀所带来的压力。念高危，则思谦冲而自牧；惧满盈，则思江海下百川。在接受本次专访之前，范苏苏先生对采访的问题都进行了细细的考究，与我们进行了多次协商。采访过程中，即使环境受限，他也蹒跚地为我们寻找舒适的位置。传承"长江精神"，关键在于讲好长江故事、挖掘时代内涵。现有对范苏苏的专访都呈现为关于范长江的"编年史"，而未能提供人物更多的侧面。因此，在本次写作过程中，我们期待能跳出"编年史"般的记录，从范苏苏先生的情感、观点投射范长江的形象，赋予历史人物温度和活力。但从文章最终的传播效果来看，未来我还需要进行更多的锤炼。除本人的采写技能问题外，操慧教授还指出，受访者本身的显著性也是影响人物专访传播效果的重要因素。因此，我们在采访过程中应尽可能地挖掘受访者更多的可能性，这样才能更好地塑造一个有深度、有温度、有影响力的人物。

弦歌不辍，薪火相传。早在 2016 年，四川大学新闻学院就发起了"滚滚长江，致敬长征！——'重走范长江之路'大型新闻教育实践活动"，为学子提供了范长江研究的生动一课，得到了社会各界的好评。"发扬范长江精神，探索融媒体创新"学术论坛的举办，也让接续和传承范长江精神走向深入。追寻范长江先生的脚步，对年轻的我们来说无疑是一次精神层面的自我洗礼。"文者，贯道之器也。"如今的新闻舆论工作，在我国治国理政和定国安邦方面发挥着巨大的作用。未来的新闻从业者，也正在各个高校中不断培养和成长。夯实新闻理论基础，锻炼各项报道技能，是新闻实践的起点。而坚持正确的舆论导向，树立正确的新闻志向，是新闻从业者的发展之基。我们对范长江、邹韬奋等著名新闻先驱的纪念，旨在肯定他们在中国近代新闻事业方面做出的贡献，激励新闻学子积极继承他们的伟大精神，让优秀的新闻作品能真正走进广大人民群众的心灵深处、情感深处和精神深处。

（王薇）

（三）

直到现在，回忆起采访范东升老师的那个下午，我的心头还会涌上股股暖意。

获得这个宝贵的采访机会时，我紧张得手心里都是汗，甚至不相信自己能有机会，以这样特别的方式倾听范长江先生的故事。

随着前期工作的开展，我收集到不少有关范东升老师的资料，也找到和学习了一些业界前辈对范东升老师的专访，却也逐渐陷入思维的困顿——范东升老师身份特别，新闻从业经历如此丰富，面对这样一位崇高又厚重的采访对象，作为一名记录者，我应该挖掘哪些素材？刻画一个什么样的范东升老师？由此又应该如何讲述范长江先生的故事？

怀着忐忑的心情，我终于见到了范东升老师。范老师戴着眼镜，外套里穿着一件干净的蓝色衬衫，精神矍铄，见到我，他温柔地一笑，邀请我去安静的房间里采访。

让我感动的是，范老师忍耐着刚经历喉部手术的疼痛，和我聊了整整一个小时。过程中，好几次，我强忍着泪水，脑中的思路也愈发清晰。前期收集资料时，我常常为范老师丰富厚重的人生履历惊叹，然而得以聆听时，我却真切地感受到，身前这位德高望重、面带浅浅笑意的老师，褪去了其他身份，只是一位父亲的儿子——他花费了半生时光去重走父亲走过的路，整理父亲留下的材料，延续父亲对真实的追逐，传续父亲对理想的坚守。手稿、笔记、照片……父亲留下的每一样物件，都被范东升老师小心翼翼地保存和珍藏着。他深情地告诉我，这是父亲的痕迹，是他为人的最好证明，而自己所做的一切就是想要告诉大家，父亲是一位怎样的人，在往昔岁月中，父亲又始终在坚守着什么。

换句话说，父亲留下的这个“真”字，范东升老师奉守了大半辈子。从支边到一线再到三尺讲台，从稚嫩孩童到年逾花甲，半生时光，对父亲的敬重与思念，对真实的向往与秉持，对新闻专业、理想的奉守与珍视，种种深情，早已交织，融于一体，渗透在范老师的一字一句、一言一行中。

访谈结束时，我仿佛经受了一场从身至心的珍贵洗礼。我亦逐渐明了，范长江的后代、老一辈新闻工作者、德高望重的师者，这些身份似乎浑然一体，都代表着一个孩子对父亲最本真的尊崇和思念，都是“长江精神”的表征与延续。有幸身为一名记录者，执笔专访，我要做的是从固有思维中走出来，撇开浮华的文字和单一直白的歌颂，努力做一个转述者，尝试还原一位思亲心切、念亲情真的儿子从未停止的努力，还原范东升老师倾尽时光和心力想要向世人讲述的范长江先生。我想，这就是对“长江精神”无声的信守、忠实的传继，是“长江精神”跨越时光年岁化成的那根剪不断的线。线的那端，是民族危难中、熊熊战火下新闻先驱揭露真相、追逐真理的勇敢、无畏、真诚、坚守；线的这端，是子孙的思念与奉守，是万万千千后辈的缅怀、敬爱与脚踏实地的践行与传续。这也许就是范东升老师的期许，亦是身为当代新闻学子的我们无以言表的荣幸、义不容辞的责任和铭记于心的指引。

带着这份感动，在成稿过程中，我尝试舍弃了原本预想的宏大描写，只是如实记录范东升老师的所作所为、所行所思，我也试图还原范东升老师的三种身份——儿子、记者、师者，照实讲述不同身份下不同的故事和感动。我猜，殊途同归，三段旅途将归于一处。坦白地说，我想通过自己粗浅的文字尽最大努力勾勒出一段征途，从父到子，从往昔到当下，这段征途向着光明，向着真相，向着信仰。这种延续和坚守的背后，是融化于血肉深处对“真”的笃信，是经历时光洗涤却愈发蓬勃的初心，这也是身为后辈和学子的我，对“长江精神”的浅薄读解。

成稿过程中，范东升教授、操慧老师逐字逐句地指点和润色，再一次用实际行动教导我，“专业”两个字，绝对不是嘴上一提，文中一写。成稿发布时，阅读着自己青涩的文字，我知道，这条路还很长，我还需更多磨砺和努力。我亦由衷感谢，整个过程中范东升老师的包容和慈爱，以及予以我的宝贵教诲，尤其是采访接近尾声时，范老师拿着提纲提点我，前期准备并不充分，还有更多有价值的问题可以挖掘。

现在想来，这次专访经历就是一次极为珍贵的洗礼，值得我铭记终生。我会永远谨记，聆听与记录，不管面对怎样的采访对象，需要奉行的正是那样简单却厚重的两个字——真实——还原一个真实的人物，写出真实的故事，浮华言语终归无力，真实的细节和事件会悄悄搭起通往人物内心的桥梁，目之所及，暖意自生。而这样的真实，也必须建立在记录者的真诚之上，必须经过足够深入的投入和挖掘，而且这些源于基本的尊重与谦逊，源于长时间、耗费足够心力的准备，立足于对每一个问题的反复衡量与打磨。很显然，我还需要太多历练和学习。

我也会永远记得，采访中提到“什么是好记者的标准”时，范老师目光灼灼，语气坚定——有良心、求真相、讲真话、守底线。在稿件中敲下这十二个字时，我脑海中涌现的是范长江先生不顾生命危险也要揭露西安事变真相，是范东升老师六次重走西北角、行走四方收集资料、重新整理和勘注《中国的西北角》《塞上行》……我们的师者，真的从未停止坚守，这种坚守跨越时光，成了一种习惯，一种信仰。

回想往昔，心中唯有感恩。岁月流淌，沧海桑田，总有些东西历经时光洗涤，不会变更分毫，仍然珍贵耀眼，动人心神，而这些东西，需要我们珍视，需要我们不变初心地守护。

（张诗萌）

四、案例二维码

《中国新闻史学会和我院主办“纪念范长江诞辰 110 周年暨首届长江新闻论坛”》

《专访｜范长江长子范苏苏：人生，是关于选择的命题》

《专访｜范长江次子范东升：“真”，是父亲教给我们最重要的东西》

案例 2

春天诗会报道

一、案例简介

草长莺飞万物新，以诗会友正当时。四川大学文学与新闻学院的春天诗会活动最早由学院干天全老师个人发起，已延续 30 余载。2011 年，四川大学文学与新闻学院正式将这一活动定名为“四川大学春天诗会”，并与校内相关单位和学生社团携手，将这一活动在全校范围推广开来。

2019 年，为纪念中华人民共和国成立 70 周年和五四运动 100 周年，四川大学文学与新闻学院联合《四川大学报》、四川大学中国诗歌研究院共同举办第七届四川大学春天诗会，并创设金沙诗歌奖，以不断发现和培养大学生创作人才，激发大学生文化创新创造活力，提高大学生的综合素质并促进校园文学的发展。此届春天诗会主题为“歌颂祖国，放歌青春”，以春天诗会为中心，文学与新闻学院还举行了 2019 春天诗歌节系列活动，并邀请本院知名教授和与会嘉宾开展主题讲座，为诗歌文化传播和人才培养搭建平台。

2019 年 4 月 13 日，“四川大学春天诗会暨首届金沙诗歌奖颁奖典礼”在四川大学江安校区举行。文学与新闻学院新闻中心为配合此次活动，提前策划并融合创意，自主摄制了一个主题视频，镜头从校园春色逐渐移景到活动现场，文新学子们手中传递着象征春意的花束，口中咏诵着带“春”字的经典诗句，接力完成了一场特殊的“飞花令”。新闻中心结合原创主题视频与现场图文报道，将活动盛况呈现于网端，最终获得上千阅读量，传播效果显著。

2019 年“四川大学春天诗会暨首届金沙诗歌奖颁奖典礼”相关报道

类型	报道标题	发布时间
征稿通知	我和春天有个约会丨第七届四川大学春天诗会暨诗歌大赛面向全校同学征稿	2019 年 1 月 21 日

续表

类型	报道标题	发布时间
主题讲座	2019 春天诗歌节｜听王红教授讲中国诗歌的“言内”与“言外”	2019 年 4 月 2 日
	2019 春天诗歌节｜“自然诗人”李少君带你领略中国诗歌的“诗心、诗情与境界”	2019 年 4 月 15 日
	2019 春天诗歌节｜听霍俊明老师讲诗性正义与当代经验	2019 年 4 月 15 日
活动现场	以诗聚友 约会春天｜四川大学春天诗会暨金沙诗歌奖颁奖典礼圆满举行	2019 年 4 月 15 日

二、案例原文

以诗聚友 约会春天｜四川大学春天诗会暨金沙诗歌奖颁奖典礼圆满举行

4 月 13 日下午，四川大学春天诗会暨首届金沙诗歌奖颁奖典礼在江安校区文学与新闻学院演播厅举行。

为迎接春天诗会，我院学子自发完成“飞花令”，典礼现场更是热闹非凡，先来看一条视频回顾一下吧——

视频截图

四川大学副校长晏世经教授，校党办、宣传部、关工委、学生工作部、团委等部处负责人以及中国作家协会、四川省作家协会、成都市作家协会代表与诗人出席。本次活动由四川大学文学与新闻学院党委书记古立峰教授主持。

古立峰书记主持诗会与颁奖典礼

本届春天诗会由四川大学文学与新闻学院、《四川大学报》、四川大学中国诗歌研究院联合主办，文学与新闻学院团委学生会、研究生会、自在诗文社、青桐文学社、雅韵文学社等协办，共征集到文学与新闻学院、华西临床医学院、历史文化学院、轻纺与食品学院、外国语学院等十余个学院的学生原创诗歌 200 余首。

颁奖典礼上，副校长晏世经教授回顾了我校诗歌创作的传统。他说，我校诗歌传统源远流长，百年川大与百年新诗一同成长，从叶伯和、郭沫若、吴芳吉到饶孟侃、卞之琳、朱光潜、卢冀野，四川大学的著名诗人、诗论家均参与了中国新诗史最重要的历史活动，他们的创作和成果书写了四川大学筚路蓝缕、砥砺前行的重要篇章。

四川大学副校长晏世经教授讲话

文学与新闻学院院长李怡教授介绍了诗歌节缘起。他说，我们文学与新闻学院干天全老师最早组织“春天诗会”，已经坚持了 30 多年。每当春和景明、草长莺飞的时节，我们文新学院的学生就会在老师们的带领下，走出课堂，在青山绿水间写诗读诗。

今年起，学院将“春天诗会”升格为诗歌节，旨在以更加丰富多彩的活动搭建平台，助推诗歌创作及其人才的培养。

李怡院长介绍诗歌节缘起

随后，四川大学文学与新闻学院副教授姜飞以四川大学金沙诗歌奖评奖委员会秘书长身份，现场宣读了金沙诗歌奖的获奖人员名单。作家霍俊明、鄂复明分获金沙诗歌批评奖、金沙诗歌文献贡献奖，金沙诗歌创作奖空缺。

姜飞副教授宣读 2018 年金沙诗歌奖获奖名单

关于创作奖空缺的原因，姜飞解释道，金沙诗歌奖评奖委员会严格执行其评奖的高标准，评奖、授奖宁缺毋滥。我们期待的创作奖诗人是这样的：在艺术原创性方面，给我们震惊；词语要及物，不炫技，不凌空蹈虚；语言干净、真诚。我们希望今后的金沙诗歌创作奖不再空缺。

诗歌朗诵环节，获奖同学携作品登台亮相，他们以充沛情感诵读诗歌，抒发对祖国、生活的热爱，分享对生命的礼赞、对人生的感悟，表达对春天诗意的冀望。

“我踏着山河猛兽般蓄势而绷紧的脊背/向春天走去/我曾绊倒在皇帝破败而坚硬的野心/民夫的血汗与思妇的泪水/漫过我的脚背……”一等奖获得者吴少颜伴着高昂的音乐，声情并茂地朗诵原创诗歌《我向春天走去——写在祖国的三月》，感情真挚，气势磅礴，表达对祖国的热爱和深情。

现场诵读

诗会上，中国作家协会《诗刊》主编李少君、主编助理霍俊明，四川省作家协会副主席梁平，成都市作家协会主席熊焱，四川大学经济学院副院长邓翔教授、四川大学古籍所向以鲜教授等多位嘉宾也分享了自己的原创诗作。

嘉宾分享

此外，文学与新闻学院学子还带来了《孔子》《渔舟唱晚》等精彩的舞蹈与古筝演奏。诗会临近尾声时，著名话剧演员方旭老师登台演出话剧片段《我这一辈子》，获得观众掌声阵阵，将春天诗会的现场氛围推向高潮。

现场表演

“春天诗会”发起者、此次诗会总策划干天全老师表示，此次参评的大多诗作的创作都运用了古典主义、现实主义等多种表现手法，这些作品表达了真情实感与对真善美的追求，诗作还可进一步提升对现实的观照。

干老师建议同学们在文新学院良好的学习与实践条件及平台支持下，多注重文学创作的实践锻炼，广泛关注社会现实与民生，在今后的创作中写出真情实感，并彰显青年担当，以从总体上进一步提升诗歌创作的艺术水平。

颁奖仪式

据悉，本次大赛成立了由作家、学者组成的评审专家委员会，经初评和终审，最终评选出一等奖 2 个、二等奖 6 个、三等奖 12 个以及优秀奖 50 个，共 70 个获奖作品。这些作品既有对祖国和“五四”精神的歌颂，也有对春天、美好生活与青春的赞美，反映了同学对诗歌创作的极大热情，展现了川大学子的青春风貌。自 2011 年以来，四川大学春天诗会已连续举办七届，旨在推动校园文学创作，提升诗歌写作能力，陶冶学生审美情趣，丰富校园文化生活。

三、采编札记

2019 年 4 月中旬，四川大学春天诗会暨首届金沙诗歌奖颁奖典礼举办前夕，文学与新闻学院的同学们自行在川大校园内完成了以“春”字为关键词的“飞花令”，想要把春天带到演播厅现场。在前期设计时，因为联想到春天在大家脑海里留下的第一印象便是百花盛开的场景，所以我们在后期实际拍摄过程中还采用了手捧鲜花的形式，希望能用小小的一束花集纳春天之美，使其作为春的意象与美的符号。

还记得那是周末的一个早晨，王北辰同学和我早早地从江安校区坐校车去望江校区，与田方圆学姐汇合，“奥利奥姐妹”视频摄制团队遂开启了买花之旅。作为“飞花令”的道具，新鲜的花束陪我们从望江校区的文科楼、莲花池、三教、体育馆、校车站去往了江安校区的江安河、明远湖、图书馆前大草坪、景观水道、文科楼。因为拍摄时间较长，我们分为两个时间段进行，这才有了第一束花“寿终正寝”与第二束花“跨时接力”的故事。

“飞花令”视频是“奥利奥姐妹”团队自 3 月推出考研复试花絮视频以来的第二次拍摄。对我们而言，“飞花令”的拍摄相比上一次主动创作的空间更大，与此同时难度不免也有所增加。正式开始拍摄前，我们已经完成了收集关于“春”在第一个字到第十四个字位置上的诗句，以及联系愿意出镜“飞花令”视频的同学等任务。但在真正拍摄时，我们仍发现总会有各种各样的问题出现，“NG”状况不断。从拍摄到剪辑完当天的素材，经常是从早忙到晚，一两天的时间都得紧着用。也正因如此，我才更加真切地感受到学以致用带来的满足与幸福。

成为一名新闻学子，是我在高考填志愿时坚定的选择，也是年少时便憧憬的梦想。在“奥利奥姐妹”团队一起工作的日子里，我们总是互相加油“打气”，希望能够不忘初心，将每一次新闻工作尽力做到最好。如今，方圆姐已经毕业，北辰和我也从大四学生变成了研二学生。时光总是在流逝，但我一直坚信，不论过去多久，这些学生时代的作品都将成为记录我们美好足迹的印证。

（陈悦月）

春天诗会是文学与新闻学院每年都会举办的大型活动，有着重要的意义，因此更需要做好采写前的功课，也更需要整个团队的通力合作。

在采写开始前，我们先通过往年诗会的报道熟悉了活动的大致内容，对需要采写的信息有了框架上的把握，以指导现场采写时的方向。同时，我们也注意到了此届春天诗会与往届的不同之处，即从此届诗会开始，春天诗会活动将升格为诗歌节，旨在通过一系列丰富的活动，助推我校诗歌创作及其人才的培养。基于此，我们将“诗歌人才培养”拟定为本次报道的重要脉络。

此次春天诗会的采写，我负责的部分是现场录音，并采访协办方之一——自在诗文社的同学。相比平时在教室里进行的活动，规模较大的室外诗歌节会场不可避免地会产生更多的混乱，而这也考验着整个团队的协作能力。我们提前 20 分钟到达现场后，先与现场的活动策划人员进行沟通，了解了诗会流程信息和嘉宾名单。随后，我们按照事先分配好的工作，选定便于进行采写工作的座席，以两三人为一个小组，合作完成采访任务。

作为采编记者，在活动进行过程中，除了严谨如实地记录下活动环节、与会人员等必要信息，敏锐地感受现场氛围也是不可或缺的一环。这不仅是活动效果的重要表现，而且能为后续写作提供灵感。

此外，平日广结好友，能为采编工作带来意想不到的方便。通过自在诗文社的朋友，我在人群庞杂的会场迅速接触到了采访对象——副社长吴映熹同学，并在活动结束后顺利完成了对她的采访。她亲切热情地回答了我的问题，从活动策划、活动意义等角度讲述了本次诗歌节的故事。我深为学院的诗歌氛围所感染，收获颇丰。

（龙薪羽）

四、案例二维码

《以诗聚友 约会春天｜四川大学春天诗会暨金沙诗歌奖颁奖典礼圆满举行》

案例 3

马识途文学奖报道

一、案例简介

马识途先生为我国著名革命家、文学家、书法家，我校杰出校友、特聘教授，曾与巴金、张秀熟、沙汀、艾芜并称“蜀中五老”。马识途先生自少年时代起即投身党领导的抗日救亡运动，后长期从事地下革命工作，出生入死，功绩卓著。革命成功后，他在繁重的工作之余，坚持文艺创作，几十年来写下了 700 余万字的各类体裁的文学作品，多反映中国革命斗争的历史，是中国革命文学、中国现当代文学史上一笔丰厚的宝贵财富。马识途先生被选为四川省文联和作家协会主席、中华诗词学会副会长、四川省作家协会名誉主席。先后出版短篇小说《老三姐》、长篇小说《清江壮歌》、回忆录集《景行集》《马识途文集》等 30 余部作品。

“马识途文学奖”即由马识途先生和四川国际文化交流中心共同捐赠设立，奖金总额达 240 余万，每年利息用于资助四川大学文学与新闻学院热爱文学、追逐梦想、品学兼优的学生，旨在鼓励和培养文学新秀，为推动文化大发展大繁荣贡献力量。马识途文学奖筹备活动也得到了长江平民教育基金会的鼎力支持。自 2014 年首届马识途文学奖颁奖以来，至今已举办七届颁奖典礼，上百位川大学子获得资助。马识途文学奖一直以来鼓励川大学子努力进取、传承文学精神、积极创作。

2019 年 3 月 28 日，马识途先生将“凌云苍松——105 岁马识途书法展”义卖所得全数捐给四川大学教育基金会，用以资助选拔四川大学热爱文学、有文学才华的优秀寒门学子。

自四川大学文学与新闻学院微信公众号开通上线以来，学院新闻中心对历届马识途文学奖颁奖典礼展开主题策划和全程报道。2019 年 4 月，“四川大学马识途文学奖学金捐赠仪式”在四川大学望江校区文科楼举行，学院新闻中心在全程报道的同时对马识途先生进行独家视频专访“马识途与文新学子谈文学”，用光影记录马识途先生心目中的文学内涵和对新时代文学“青苗”的期许和厚望，形成了以马识途文学奖为核心的主题系列报道，以此纪念马识途先生义举，传承与弘扬校友精神，传递温暖与感动。

马识途文学奖系列报道

类型	报道标题	发布时间
颁奖典礼	第三届马识途文学奖颁奖典礼成功举行	2016 年 9 月 25 日
	强势围观！第四届马识途文学奖颁奖典礼成功举行	2017 年 12 月 13 日
	励志学子 传承创新｜第五届马识途文学奖颁奖典礼圆满举行	2019 年 1 月 9 日
相关活动	骏马识途 头角峥嵘｜第五届马识途文学奖征稿通知	2018 年 9 月 26 日
	预告｜四川大学“马识途文学奖学金”捐赠签约仪式将于 28 日在我院举行！	2019 年 3 月 27 日
	再捐 105 万，105 岁马识途助学川大忆情缘	2019 年 4 月 1 日
人物专访	独家｜马识途与文新学子谈文学（视频）	2019 年 4 月 1 日

二、案例原文

再捐 105 万，105 岁马识途助学川大忆情缘

3 月 28 日下午，春风和煦，暖阳高照，四川大学文学与新闻学院举行的“马识途文学奖学金”捐赠签约仪式现场暖意流动。我国著名革命家、文学家、书法家，我校杰出校友、特聘教授马识途先生出席仪式并向四川大学捐赠 105 万元，用以资助热爱文学的寒门大学生。出席与参加捐赠仪式的有：四川大学校长李言荣，马识途先生的子女马建生、马万梅，四川省作家协会党组书记、常务副主席侯志明，诗婢家文化公司董事长柏优，四川省委宣传部、诗婢家文化公司、学校有关单位负责同志，以及我院古立峰书记、李怡院长和师生代表。四川大学党委副书记曹萍主持捐赠签约仪式。

捐赠签约仪式现场

李言荣校长代表学校向马识途先生的义举致敬和致谢。他在致辞中说，作为土生土长的四川人，从小就听闻马识途先生的大名，马老是四川人的一面旗帜，他的革命精神和文学作品激励和鼓舞了广大文学青年。李言荣校长表示，川大要迈入“双一流”大学行列，文学要位居国内前列并率先进入一流，得益于马老这样的杰出校友的关心和支持，相信在这样的精神的感召与鞭策下，川大师生定会努力进取，不负寄望，培养出更多人才。

李言荣校长致辞

亲临捐赠签约仪式的马识途先生精神矍铄。他说：“我今年已经进入 105 岁，我今天最想讲的一句话就是：我以为，一个人到这个世界上来，总应该做一件好事吧。”马识途说，把自己的书法展所得捐给四川大学文学与新闻学院，就是这样一件好事。

今年 1 月，“凌云苍松——105 岁马识途书法展”在成都诗婢家美术馆举办，此次 105 万元捐款即为这一展览的义卖所得，该款项全数捐给四川大学教育基金会，并入“马识途文学奖”中，用以选拔资助四川大学热爱文学、有文学才华的优秀寒门学子。马识途文学奖于 2014 年 6 月 28 日首次颁奖，自奖项设立以来，已举办五届颁奖典礼，96 位川大学子获得资助。

捐赠签约仪式上，马识途先生深情回忆起自己与四川大学的渊源：20 世纪 40 年代，他曾在四川大学外文系读书。新中国成立前，在地下党川康特委工作时，他曾领导过川大地下党的工作，后被聘为当时的四川大学文学院特聘教授，2014 年又被聘为四川大学荣誉教授。不仅如此，马识途在 1958 年参加筹建中国科学院四川分院时，曾报请四川省委同意，在川大、重大等几所大学二年级以上的理工科学生中挑选出了 200 个学生，并从中抽调一部分人，不等毕业，就直接送到中国科学院的著名研究所跟随名师学习，此举称为“拔青苗”。他为如今文学奖学金又能在川大培植青苗感到由衷高兴。

马识途先生讲话

讲话结束后，马识途先生与四川大学教育基金会秘书长荣建国签署捐赠协议，并向李言荣校长递交捐赠支票牌。李言荣校长向马识途先生颁发捐赠证书并赠送了纪念品。

马识途先生与川大签约并递交支票牌

参加捐赠签约仪式的文学与新闻学院研究生常开说，看到马先生 105 岁高龄亲临现场并讲述与川大的渊源，非常感动。他的义举是对川大文学人才培养的支持和对川大学生的厚爱及勉励，马老身上所体现的是一种令人感佩的高尚情操与人生境界。

捐赠签约仪式后，马识途先生参观了我校江姐纪念馆。纪念馆原址是江姐在校居住的原国立四川大学女生院，馆内目前设有“四川大学校友江竹筠烈士纪念展”，展览通过图片、文献、视频等形式，全面呈现了以江姐为代表的 67 名川大英烈校友的革命事迹。在川大英烈校友中，马秀英是马识途先生的妹妹，她于 1949 年 1 月在四川大学宿舍被捕，当年 11 月被害，年仅 26 岁。

四川大学党委副书记曹萍陪同马识途先生前往江姐纪念馆

“江姐纪念馆”匾额由马识途先生亲笔题写。在纪念馆门口，他走下轮椅，在家人的搀扶下步入纪念馆，看到馆内树立的江姐雕像，马识途先生说：“这很像她。”虽然不时需要用轮椅代步，但马识途先生依然仔细地观展，认真听取讲解员的介绍，当看到妹妹马秀英、爱人王放在川大读书、从事地下革命工作时与同学们的合影时，他与家人讲述起亲人参加革命的故事。在室外展区，马识途先生再次离开轮椅，步行参观。“三教授事件”“女生社会员选举获胜”等浮雕再次勾起他的回忆，站在庭院中，他说：“我记得这里，那棵桫椤树也在。”

马识途先生参观江姐纪念馆

参观结束前，马识途先生与文新学子交流了自己对文学的看法。他认为，文学是文学，是人学，是美学。作为文学的文学，它本身有自己的规律，根据这一规律创作出的就是文学作品；作为人学和美学的文学，则是指文学创作必须要注意思想性、艺术性。

马识途先生与学生交流

三、采编札记

得知要参与这次活动是比较突然的，当时我作为新闻中心的新成员，各项技能都还不太成熟，基本功也不够扎实，所以内心有些忐忑不安。张鸿腾学长作为组长，具有丰富的采写经验，葛启成学长也拥有扎实的基本功，因此我主要负责协助两位学长完善文稿，进行拍摄工作。

早在参与这次活动之前，我就对马识途文学奖有所耳闻，这是川大学子，尤其是文学与新闻学院学子都热心参与并心之所向的。而马识途先生，在我们心中一直是位德高望重、心系川大的长者。通过这次采访，我深入了解到马老与川大的故事，以及革命时代的艰苦。

在采访前期，张鸿腾学长建议我们查阅马老的相关资料，熟悉其相关成就，围绕活动主题拟定采访大纲。由于时间紧迫，在短短几小时内，我们就要大概了解马老的人生经历和此次活动的重点，提出有价值、有深度的问题，以便与马老进行有效交流，深入挖掘马识途文学奖背后的意义。

马老在四川地区和文学界声望很高，在活动当天许多媒体都到达现场进行报道，较好的拍摄机位基本都被占据，难以挤入。担任摄影工作的我只能尽量多拍、多看，尽量选取光线良好、角度正面的照片。这次拍摄工作，由于有活动主题人物，因此以马老的人物特写为主。马老在发言时精神较好，但此时面部表情难以预测，所以我采用连拍、抓拍的方式进行拍摄。在后半段采写中，室外光线较强，拍摄照片时难以控制曝光度，好在同行成员带了遮光罩，及时补救了光照缺陷。这也提醒我在今后摄影时要注意拍摄场地，提前准备好辅助工具。学院新闻中心的其他成员后期也给我提供了帮助和指导，使得最终挑选出的新闻照片都达到了要求。

在此次报道任务中，我印象最深刻的是马老的一举一动以及背后的故事。马老当时已经 105 岁，仍坚持自己到达现场，与各方交流。在马老的发言当中，我深刻记得“拔青苗”这个词。马老提到在筹备中国科学院四川分院时，选取了一部分“青苗”进行深造学习，而如今的马识途文学奖也是起到“拔青苗”的作用。马老也坚信，设立马识途文学奖是在做一件好事。在参观江姐纪念馆时，马老清晰的记忆和生动的讲述，让我不禁代入当年的革命情景。高龄的马老在参观时偶尔需要旁人的搀扶，但头脑的清晰和话语的吐露，无不体现出他思想的深度和逻辑的缜密。最后对于“文学是什么”这个简单又深奥的问题，马老也给出了自己的见解：文学是文学，是人学，是美学。马老的这个回答简明扼要，提示我并非艰深晦涩的才是好的，有时候，简洁或许是最好的回答。

这次学习机会让我近距离了解马老，亲身体会马老崇高的思想境界。我注意到，在这类常规报道全过程，要注意前期的工作准备，尤其是了解人物的相关经历，并且围绕活动主题拟定好计划、方向，做到深入挖掘，熟悉活动背景。在写作采访稿时，不仅要阐释清楚时间线和内容，更要注意突出人物个性和主题，为常规的现场报道增添生气和活力。在拍摄新闻照片时，更是要多看、多拍，说要“万里挑一”都不为过，毕竟在现场的有限时间内是难以一眼看出照片缺陷的，而充足的素材才有助于后期的配图挑选，亦是报道完成后反思、总结的资料。

（蔡亚纯）

四、案例二维码

《再捐 105 万，105 岁马识途助学川大忆情缘》

第五章　赛事参与

秉承"请进来，走出去"的育人理念和教学传统，四川大学文学与新闻学院倡导与鼓励学生参与业界各类专业赛事，以练促学，在知识交流与技艺切磋中巩固专业学习成果，接轨行业主流要求。在学院的精心组织和大力支持下，各专业本科生、研究生积极参与各项专业比赛，近年来先后在中国数据新闻大赛、全国大学生广告艺术大赛、红星新闻高校评论新秀挑战赛等赛事中表现突出，获得优异成绩，摘取多项大奖。

纪实追踪学子竞赛成果，分享参赛经验，既是展示学院教学实训成果的重要途径，又是记录学生成长，传续优秀经验，形成师生互促共进的有效助力。文学与新闻学院新闻中心以此为旨，结合多媒体技术手段报道学生竞赛动态，在此基础上对话参赛代表团队、个体，挖掘赛程背后的精彩故事，构成微信公众号内容创作中的"赛事参与"专题版块，以此引导学生在融媒语境中把握专业生产规律和学科发展趋势，在叙事中推崇先进，以优秀影响优秀，用成长观照成长。

案例 1

中国数据新闻大赛

一、案例简介

中国数据新闻大赛由西安交通大学新闻与新媒体学院陈积银教授于 2015 年发起，现已成功举办五届。作为全国新闻教育学界唯一持续举办的专业性比赛，大赛在学界和业界的影响力正在逐年扩大。中国数据新闻大赛坚持以高水准办赛的原则，邀请国内外知名的新闻院校专家学者参与，并组织动员各大高校新闻学院本、硕、博学生，以及业界数据新闻精英参与大赛，鼓励新媒体领域的业界与学界顶尖专家学者参与。大赛的举办对于我国传统媒体转型、新型新闻人才培养具有重要意义，在顺应当下媒介融合趋势的同时，推动全国新闻专业教学改革，通过比赛打通学界与业界壁垒，为全国高校培养新媒体人才助力。

以赛促学、以学促练。四川大学文学与新闻学院鼓励、支持和指导学生参与业界各类专业赛事，在学院的统一部署和大力支持下，近两年学生团队积极参与中国数据新闻大赛，以数为据、以数为媒，跨专业协作，尝试融媒体语境下媒体作品创作的转型和创新，连续参赛两届，荣获多项大奖。

2019 年，文学与新闻学院学生团队首次参加中国数据新闻大赛，便取得突出表现，两项数据新闻作品入围第四届中国数据新闻大赛决赛。其中，《天涯何处觅归途——中国流失海外文物现状》斩获一等奖及最佳数据新闻可视化奖两项大奖，《城市收缩：我们该何去何从》获三等奖。2020 年，在第五届中国数据新闻大赛中，文学与新闻学院学子创作的两项作品——《花拳绣腿 or 真材实料——乡村振兴·特色小镇如何做到“内外兼修”》和《洪水十年》均获最高奖一等奖，在仅有的 10 个一等奖中占据两席。同时，《花拳绣腿 or 真材实料——乡村振兴·特色小镇如何做到“内外兼修”》还获得最佳数据驱动奖和最佳数据新闻可视化奖两项大奖。

文学与新闻学院新闻中心及时追踪学院赛事动态，在获悉学生参赛队伍斩获数据新闻大赛奖项的第一时间进行采写，发布图文《我院学子作品获第五届中国数据新闻大赛一等奖及最佳数据驱动奖、最佳数据新闻可视化奖》，分享学生获奖喜讯，该文后被新华社客户端转载，阅读量累计 58.4 万。在此基础上，新闻中心专访参赛团队成员和指导老师，发布图文《获奖团队专访｜第五届中国数据新闻大赛一等奖作品是这样诞生的》，记录团队参赛历程，发掘作品创作背后的精彩故事，分享成功赛事经验，展现优秀师生风采，以此带动学子洞察融媒发展趋势和全媒人才培养要求。

二、案例原文

（一）

我院学子作品获第五届中国数据新闻大赛一等奖及最佳数据驱动奖、最佳数据新闻可视化奖

2020 年 9 月 26 日，我院学生创作的数据新闻作品《花拳绣腿 or 真材实料——

乡村振兴·特色小镇如何做到“内外兼修”》和《洪水十年》在第五届中国数据新闻大赛决赛中荣获最高奖一等奖。其中，《花拳绣腿 or 真材实料——乡村振兴·特色小镇如何做到“内外兼修”》还获得最佳数据驱动奖和最佳数据新闻可视化奖。这两个作品的获奖既体现了学界、业界对我院学生数据新闻作品的高度认可与好评，也展示了我院在全媒体人才培养过程中的积极探索及阶段性成果。

值得一提的是，2019 年 6 月 23 日，我院入围的数据新闻作品《天涯何处觅归途——中国流失海外文物现状》获第四届中国数据新闻大赛一等奖以及最佳数据新闻可视化奖两项大奖，另一个作品《城市收缩：我们该何去何从》获三等奖。

据大赛组委会统计，本届大赛共吸引了来自清华大学、北京大学、中国人民大学、四川大学等近百所高校以及中央广播电视总台、新华网、人民网等数十家媒体机构共 800 多支队伍参赛。其中，98 个团队的参赛作品入围决赛。我院两项作品进入决赛，均获得最高奖一等奖，在仅有 10 个一等奖中占 1/5。

中国数据新闻大赛品牌创始人、西安交通大学新闻与新媒体学院教授陈积银表示，“中国数据新闻大赛‘以赛促教’，致力于推动新闻传播学科教育模式的转变，促进中国数据新闻教育改革，推进中国新闻教育适应大数据时代的要求，不断为媒体融合持续输出新型新闻内容制作人才”。他还特别提到本次大赛四川大学参赛团队表现非常优异，给评委们留下了深刻的印象。

我院吴琳、邱树雄、刘娜三位老师获优秀指导教师奖。颁奖大会上，邱树雄老师作为大赛优秀指导教师代表发言，他表示，“本次比赛不仅是对同学们专业思维与技能的一次锻炼和提高，也展现了我院在数据新闻实验实践中的教学思考与成效，我院将继续努力，探索和培养更多优秀的数据新闻人才”。

《花拳绣腿 or 真材实料——乡村振兴·特色小镇如何做到“内外兼修”》

创作者：

吴起（2018 级网络与新媒体专业）

赵晓岚（2018 级新闻学专业）

易思思（2018 级新闻学专业）

罗睿雪（2018 级广告学专业）

詹沛文（2018 级商学院学生）

指导教师：吴琳、邱树雄

2020 年是全面建成小康社会，打赢脱贫攻坚战的决胜之年。推动脱贫攻坚与乡村振兴的有机结合正是实现“两个一百年”奋斗目标的重要战略支撑。习近平总书记在党的十九大报告中提出了乡村振兴战略。2018 年中央颁布《中共中央 国务院关于实施乡村振兴战略的意见》，预计到2020年，乡村振兴将取得重要进展，制度框架和政策体系将基本形成。在此背景下，该作品围绕特色小镇的兴起与发展，展示了它们与乡村振兴的关联。同时，该作品梳理相关数据，针对各地小镇面临的发展困境，呈现了乡村振兴战略实施过程中存在的各类问题，并提出了深度思考：特色小镇如何进一步彰显“特色”，乡村振兴又该走向何方？

该作品爬取了住建部、发改委等国家相关部委等机构发布的公开政策文件，全国31个省、自治区、直辖市（不含中国香港、中国澳门和中国台湾地区）相关政府部门发布的公开政策文件等多组数据，深度解析了乡村振兴战略中特色小镇的“突围”策略，形象直观地展示了特色小镇在建设过程中的得与失，信息量大，角度新颖，给人启示，凸显了数据新闻独到的阐释力。

获奖小组同学与指导老师之一邱树雄（右一）在颁奖现场

《洪水十年》

创作者：

赵雨晴（2018级新闻学专业）

赵欣婕（2018级新闻学专业）

郭筱雨（2018级新闻学专业）

何云帆（2018级广告学专业）

袁畅（2018级网络空间安全学院）

指导老师：刘娜

2020年入汛以来，我国多地出现严重洪涝灾害，防灾形势空前严峻。四川首次启动Ⅰ级防汛应急响应，鄱阳湖水位突破1998年水位极值，安徽面临长江、淮河、巢湖三线防汛压力，多个站点水位超警戒水位……《管子·度地》有云：“五害之属，水最为大。”从大禹治水的传说，到战国时的都江堰、郑国渠，再到新中国成立后兴建的三峡大坝，“如何与洪水共生”成为中国历史发展中的重要命题。针对我国洪水分布有何特点，洪水的爆发对人们的生活有何影响，面对洪水我们能做些什么、成效如何等问题，该作品收集并分析了中国 2010—2019 年的洪灾及抗洪数据，描绘了中国近十年来的洪水图景，提供了科学抗洪救灾的借鉴与启示。

获奖小组同学在颁奖现场

（二）

获奖团队专访｜第五届中国数据新闻大赛一等奖作品是这样诞生的

2020 年 9 月 26 日，第五届中国数据新闻大赛决赛暨大数据时代的新闻教育研讨会在西安交通大学举行，共有 98 支来自业界和学界的参赛作品入围决赛，最终产生了 10 个一等奖作品、20 个二等奖作品、30 个三等奖作品以及 38 个优秀奖作品。我院两个学生团队创作的数据新闻作品《花拳绣腿 or 真材实料——乡村振兴·特色小镇如何做到“内外兼修”》与《洪水十年》同时荣获一等奖，《花拳绣腿 or 真材实料——乡村振兴·特色小镇如何做到“内外兼修”》还获得了最佳数据驱动奖和最佳数据新闻可视化奖。

近年来，我院注重在课堂内外对数据新闻进行课程间的融合实训探研，激发并带动了学生的专业兴趣与能力升级。比如在教学方面，我院开设的“网络与新媒体信息采编”“网络新闻与文化传播”“新闻传播技术基础”“用户调研与数据分析”和“新闻采访”等课程，不仅为学生搭建了数据新闻生产的理论与实战学习平台，也为全媒体人才培养路径创新进行了有益尝试。2019 年 6 月 23 日，我院入围的数据新闻作品《天涯何处觅归途——中国流失海外文物现状》获第四届中国数据新闻大赛一等奖以及最佳数据新闻可视化奖两项大奖，另一个作品《城市收缩：我们该何去何从》获三等奖。

“数据新闻的本质仍然是新闻，目的仍然是传递出有价值的信息。”

《花拳绣腿 or 真材实料——乡村振兴·特色小镇如何做到“内外兼修”》的创作团队成员

从左上至右下依次是：吴起、赵晓岚、罗睿雪、易思思、詹沛文

北濒渭河，南依秦岭，十三朝古都，诗人范灯曾用“上苑初开露菊，芳林正献霜梨”来形容初秋的西安。吴起和他的队员在这里斩获了第五届中国数据新闻大赛一等奖、最佳数据驱动奖和最佳数据新闻可视化奖。

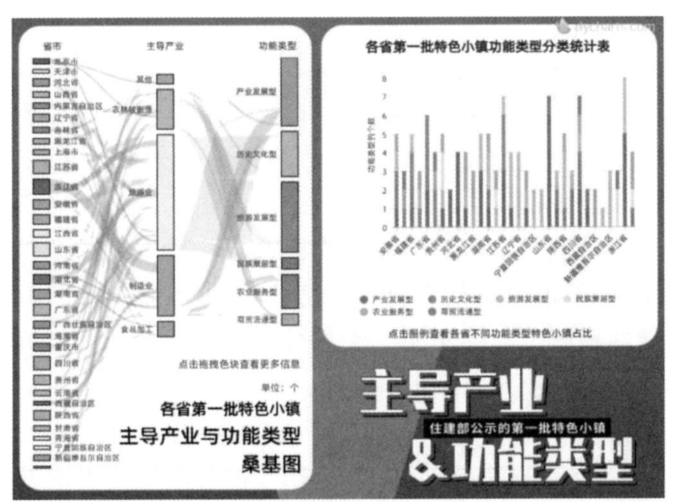

吴起团队获得最佳数据驱动和最佳数据新闻可视化两项单项大奖

"小组反复的训练和学院课堂上一次次的小组展示，都对我们的现场表达有很深刻的影响，在主办方夸赞川大学生在今年的比赛中'异军突起''想刷都刷不掉'的时候，还是很自豪，觉得自己没有出来给学校丢脸"，团队成员赵晓岚说。

在乡村振兴的大背景下，团队选择第一批特色小镇作为切入口，既是因为宏观数据易于呈现，能够增加读者的代入感，同时也希望能够通过作品为相关政策提供一点参考。易思思表示："通过我们的作品展现出建设过程中的问题，为未来政策的调整和社会的进步出一份力，这是我们所理解的选题价值所在。"

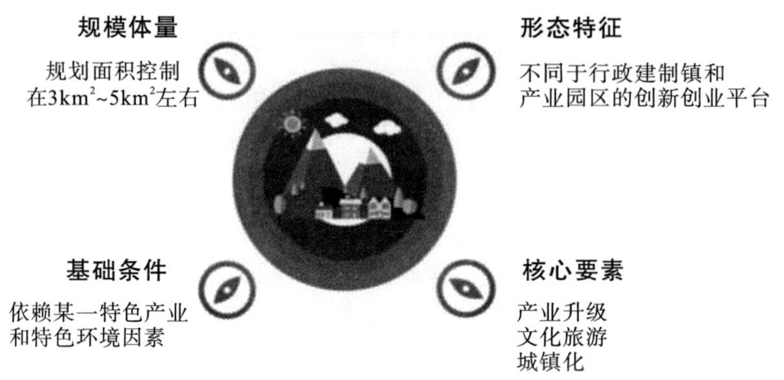

特色小镇概念示意图

刚开始，团队成员从各自的见闻入手选择选题。在梳理之后发现，选题的逻辑方向大概可以分成几类，主要包括政策导向、热点事件和社会问题等。于是，他们根据这些方向进行发散，从各个方向去寻找更多的选题。权衡了数据数量、质量和获取的难易程度后，团队最终确定了以特色小镇切入乡村振兴这一选题。

确定了数据的选题和框架之后，团队成员还要对数据进行抓取、选择和清洗，需要在海量的数据中选择适合数据呈现、符合主题的部分，并进行分析。数据新闻的本质仍然是新闻，目的仍然是传递出有价值的信息。不可忽视的是，数据的挖掘、分析、可视化呈现和文字需要达到和谐的融合与平衡，文字基于数据进行阐释，数据依托文字进行说明。

在此过程中，团队成员学习使用了很多工具——镝数、高德 Map Lab、图悦和 Word Art。高德 Map Lab 帮助他们将住建部公布的两批特色小镇的位置、GDP 和特色产业等精确地在地图上标注出来。大部分整理好后的数据都可以在镝数上寻找出适合的表达形式并进行制作，同时用 HTML 的 iframe 标签嵌入网页，这样可以保留所有的互动效果。

易思思说："记得大二的时候，'新闻采访'课程的期末考试题是选择一个有新闻价值的案例对数据新闻进行阐释，当时做这道题的时候我有些难以下笔，除了主讲老师操慧教授上课提到的普利策奖获奖作品《雪崩》，其他的我印象并不是很深刻。在完成这个作品时，我们浏览了多个媒体的数据新闻。我在自己参与制作的过程中，感受到了数据新闻的多样性，对这个概念也理解得更加深刻了。”

“这次比赛拓宽了我们的视野，让我们见识到了来自全国各地业界学界的优秀作品，不管是选题立意角度、数据呈现方式，还是可视化与设计风格，都让我们学到了很多。”罗睿雪说。

【指导老师评价】

这个作品在选题、数据准备、数据展示、数据推证、实例验证和结论说服力等多方面都做得非常好，现场汇报效果也非常好，汇报人的报告层次清晰、逻辑严密、词语精练，PPT 和视频介绍都非常好。

具体而言，图形展示种类丰富，科学性、全面性、可读性和趣味性较强是该作品的亮点。宏观上，可视化全面展示的同时又结合微观上的实例实证，提升了作品的说服力，这点在比赛时很打动评委。另外，该作品选题具有非常鲜明的时代特性，而且特色小镇数量众多、分布范围广，非常适宜于以数据可视化的方式呈现。我认为好的数据新闻作品需要有高质量的选题，而且需要数据真实且与选题密切相关，在此基础上能够全面而严密地分析数据，让高质量数据得到有逻辑的形象表现，这个过程即可视化。

我的指导主要围绕技术上数据的准备、清洗、可视化分析、数据分析的逻辑严密和结论推导的可信度等方面。这个团队的同学们准备汇报材料时在数据分析部分占比不足，我给他们及时指出并建议——既然是数据新闻大赛，主要还是要将重点放在数据展示和数据分析部分，其他部分内容可略简。另外，一定要逻辑严密地清晰说明，根据数据分析得出相关结论或启示，果然这点在比赛时专家们都非常关注。

通过此次大赛，学生们加深了对数据新闻作品的制作流程、制作技巧的认知；同时通过参赛，他们也了解了全国性比赛的评选流程，锻炼了根据比赛要求适时更改方案和汇报内容的应变能力，还接触到了很多很好的数据新闻作品，开阔了视野，大大提升了小组成员的数据新闻制作水平。

——邱树雄老师

首先，该团队的同学们具备相当的专业素养，很有新闻敏感性，选题很好，乡村振兴与特色小镇有接近性和时代性。他们来自文创网红城市成都，身边有不少特色小镇；他们去参加答辩的西安交大新校区，位于创新港智慧学镇，本身也是一个产学协同、形态优美的特色小镇，它还在今年三月获评了西安市第一批创建类优秀特色小镇。

其次，今年是全面建成小康社会，打赢脱贫攻坚战的决胜之年。而推动脱贫攻坚与乡村振兴有机结合正是实现“两个一百年”奋斗目标的重要战略支撑。该团队同学所关注的特色小镇，是乡村振兴的一个切口。借助特色小镇，他们将宏大的选题具体化，在2020年这样一个重要的时间节点，在乡村振兴热潮中，选择特色小镇为数据新闻内容，体现了新闻时效性、显著性以及政策指导性。所以，这个作品具有很强的现实意义。

数据新闻与传统新闻一样，五要素都应具备。好的数据新闻也不容易挖掘，要特别注意信源和真实性考辨，要用心发掘数据新闻背后的人物和事件。

吴起、易思思他们小组的同学，勤奋、善思、刻苦，从选题到数据新闻采集，从参考文献到主题亮点提炼，从编辑排版到文字色彩选择，都一丝不苟，有问题我们都随时进行沟通交流。这里要特别说明，这个团队有两个指导老师，还有学院实验室主任邱树雄老师，他在周末陪同我们两个小组的同学奔赴西安参赛，现场指导，照顾生活，真的要大赞。

——吴琳老师

“数据新闻作品不止于数据，它更加关注人文。”

《洪水十年》创作团队部分成员

从左上至右下依次是：赵雨晴、赵欣婕、何云帆、郭筱雨

《洪水十年》的创作团队由五位同学组成，新闻学专业的郭筱雨和赵欣婕进行文字撰写，广告学专业的何云帆和网络空间安全学院的袁畅分别负责美工和技术部分。队长赵雨晴介绍，都是自己比较熟悉的同学，组队时大家一拍即合。

在作品创作过程中，最困难的是选题，确定选题的过程很长很艰难。“数据新闻的选题需要严格考察数据，有句话是‘rubbish in，rubbish out’，数据质量是新闻质量的基础。没有权威全面的分析，新闻就可能流于形式，甚至得出完全不真实、不客观的结论。数据新闻的选题要有新闻价值，要有足量优质的数据做支撑。”赵雨晴说。

该团队从今年四五月就开始想选题，考虑过“性侵”“医疗”“非遗”“传销”等不下十个主题，但都因种种原因作罢。直到七月中旬，一次小组闲聊时，技术小哥提到最近洪灾很严重，正好有两位同学的家乡都遭受了洪灾，他们有着切身的体会，而来自北方的同学却对洪水没有什么概念，这让大家意识到，应当做一些作品，让更多人了解洪水。

“将抗洪与洪灾结合，故事与数据结合，既能科普洪灾与抗洪，又能传递人文关怀”，赵雨晴认为这一选题的价值在于其重要性、时效性、科普性和建设性。“不论是洪灾本身的特点，还是其带来的危害，抑或是抗洪精神，都是值得被记录的。”

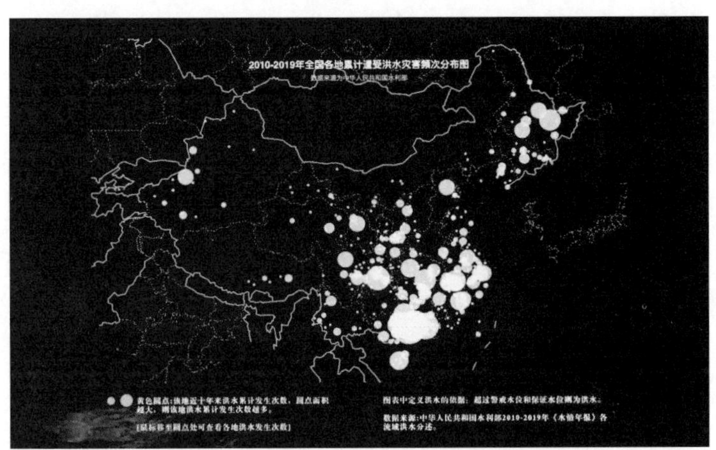

2010—2019 年全国洪水灾害频次分布图

在数据可视化呈现和文字表述等每一个环节，团队成员和指导老师都进行了反复的讨论和沟通，力求不遗余力地完善作品。因为技术小哥无法兼顾网页搭建和数据可视化图表制作，队长赵雨晴担起了制作图表的重任。由于没有编写代码的基础，制作图表的进度比较慢，上手学、做、改，看书、看视频、看教程、看CSDN……成员们不断修改代码，请教同学，尽可能使作品接近理想的呈现效果。指导老师刘娜提及，前前后后大概有四次大型讨论和修改，每次修改之后，作品都变得更好了，通过做作品来提高能力的目的也达到了。

学院大一和大二的课程，从人文到实践，给了团队成员文化底蕴的熏陶和培养，成为推动创作深度作品的原动力。这次参赛的数据新闻作品不止于数据，其对人文的关注也正体现了对这一导向和定位的坚持。

操慧教授主讲的“新闻采访”课程为同学们打开了将新闻与数据可视化结合起来的一扇门。团队成员介绍说，在小组作业中，操慧老师引入了“词云”的概念，引导他们向数据可视化更深的层次去探索。“到现在，我对一年前操慧老师提出的‘数据可视化’有了一些新的认识。”郭筱雨说，曹邑老师的美术知识与他启发同学的设计精神也带给团队很多作品设计方面的灵感。

刘娜老师对作品提供了很多专业细致的建议，尽管还在休产假期间，她也不厌其烦地解答团队的各种疑问。“从选题到作品终稿再到答辩，老师都全程陪伴着我们。”比赛前一晚，团队中的四个女生围坐在卧室书桌边，技术小哥在其他房间，刘娜老师和大家线上讨论答辩注意事项，赵雨晴回想起当时的场景仍然感觉心里很温暖。

【指导老师评价】

一个好的数据新闻作品跟一篇好论文一样，第一，应该有个好主题，即关注重要的、有价值的主题，或者可以通过挖掘常规主题呈现新颖视角。第二，作品结构需要清晰有逻辑，各个部分之间既相互独立，又具有一定的逻辑关联。第三，数据的质和量都需要有保证，具备一定的获取难度。第四，可视化呈现方式比较恰当，适合数据的特定类型。第五，整体叙事流畅清晰，文字简洁有力。我的指导思路便是在上述五个方面都进行把关，尽量督促团队里的同学们把各个方面都做到最好。

《洪水十年》聚焦2010—2019年间我国的洪水灾害以及抗洪救灾情况，初看并不是一个特别新颖的题目，但作品有两个比较突出的亮点：一是并没有止步于常规的受灾逻辑，而是进一步挖掘抗洪救灾的努力与成效；二是除了展示宏观的、历时性数据之外，还讲述了抗洪救灾过程中的英雄人物故事，这种“数据+叙事”的表现方式让人眼前一亮。

整个作品的价值也正在于救灾部分，而不是灾害本身。救灾的努力及成效体现了我们在遭遇不可抗的天灾时，仍有决心、有智慧、有毅力改善自己的处境。这种抗争精神不仅体现在抗洪当中，还体现在与疾病、各种各样的困境以及其他天灾人祸的抗争当中。大至国家，小到个人，其实都需要时时保持这种抗争精神，为自己的生存发展争取更好的条件。我觉得这是作品传达出的最核心的精神价值和人文情怀。

决赛前夜，他们有点忐忑，我告诉他们，就当这是一次分享会吧，你们辛苦做出了一个有意思的作品，拿出来给大家分享看看，轻松应对就好。做事时不遗余力，比赛时看淡得失，这是我个人比较喜欢的态度。

——刘娜老师

三、采编札记

第五届中国数据新闻大赛圆满落下帷幕，四川大学文学与新闻学院两个学生团队创作的数据新闻作品《花拳绣腿 or 真材实料——乡村振兴 · 特色小镇如何做到“内外兼修”》与《洪水十年》同时荣获一等奖，《花拳绣腿 or 真材实料——乡村振兴 · 特色小镇如何做到“内外兼修”》还获得了最佳数据驱动奖和最佳数据新闻可视化奖。

受新冠肺炎疫情影响，第五届数据新闻大赛的赛期被推迟了几个月。在最终获奖结果新鲜出炉的第一时间，学院新闻中心快速反应并开展采写。虽然当时已经进入国庆假期，但对于一个合格的新闻实践者来说，越是到了假期，越要绷紧自己的神经，全身心投入新闻采写和编辑工作中。

此次数据新闻稿件主要分为两篇。第一篇以消息稿的形式抢占新闻第一落点，由我和梁昊晨合作完成，迅速将这篇新闻稿通过学院微信公众平台对外发布。在写作第一篇新闻稿时，我们过于心急，害怕赶不上当日的推送时限，失去时效性，故而在稿件的自我把关和审校的过程中还存在些许问题。

当我们将稿件传入微信公众号后台的第一时间，操慧教授迅速回复，对我们提出很多修改建议。这些修改建议大多集中在病句、标点符号甚至是前后矛盾的语言表述上。我们收到这些建议之后，感到非常羞愧。作为新闻实践者，在最基本的写作规范上都出现问题，所以为了追求“快”而放弃了新闻的准确性，是万万不应该的。在再次对稿件进行完善之后，我们根据内容调整了排版并最终发布。

随后的第二篇稿件，我们安排了一篇深度访谈。一个优秀的数据新闻作品的诞生，背后有着怎样的故事？他们获奖的背后一定有很多不为人知的辛酸和困难。捕捉这些具有人情味的元素，展现他们背后的思考，正是新闻敏感性的重要组成部分。我们分别对两个获奖团队成员和指导老师进行了采访，梁昊晨采访了《花拳绣腿 or 真材实料——乡村振兴 · 特色小镇如何做到“内外兼修”》作品创作团队成员和指导老师，我则负责《洪水十年》创作团队成员和指导老师的采访。最后，我们将两段采访整合为一篇深度访谈。

我们很感谢获奖团队能够抽出国庆假期时间接受我们的专访，分享他们的心路历程。在沟通过程中，我们能够感受到他们的细心、自信和严谨。如何让冷冰冰的数据“活起来”？如何让散落于各处的数据说话？随着采访不断深入，我们感受到了两个团队同学身上的专业精神，对细节的追求和对自我的超越精神，值得我们每一个媒体人学习。

数据只是一篇优秀数据新闻作品的基础起点，是没有温度的，而如何使数据新闻作品不止于数据，传递有人文内涵的新闻故事，这是获奖团队在创作中的探索，也是留给我们的思考。在实践中学习，用数据传达关怀。怀揣永远炽热的新闻理想，拥抱不断更迭的传播技术，用新闻书写和传达正能量。这是我们从他们身上学到的，也是每个新闻人应该做到的。

在这次深度采访写作过程中，我们得到了操慧教授和刘娜副教授的指导，在一定程度上提升了新闻业务能力，也启发了很多新的思考。现在回过头来看，我们写好的初稿是非常不成熟的，几乎就是一本流水账。两位老师并没有直接帮我们把稿件修改好，而是通过提问对我们进行引导。我们回答老师们提问的过程，成为继续往下“深度思考”的关键，促使我们推开了继续探索的大门，也贯穿了整篇文章的写作。操慧教授建议我们将专访的落脚点从同学的个人感受上升至新闻传播学科的建设和融媒人才的培养，这使得整篇文章真正有了深度，有了勾连广阔主题的文字张力。

“授人以鱼，不如授人以渔”，如果两位老师直接帮我们把稿子修改完成，我们可能并不会有任何成长。只有自己去探究的过程，才是真正获得新知的过程。好作品需要反复打磨，获奖团队数据新闻作品是这样，我们的采访和写作亦是如此。

（何雯青）

四、案例二维码

《我院学子作品获第五届中国数据新闻大赛一等奖及最佳数据驱动奖、最佳数据新闻可视化奖》

《获奖团队专访｜第五届中国数据新闻大赛一等奖作品是这样诞生的》

案例 2

红星新闻高校评论新秀挑战赛

一、案例简介

红星新闻评论频道上线之初，同步发布了“星辰计划”，提出设 100 万/年的奖金，以“红星评论年度大奖”评选活动为抓手，奖励有影响力的评论、吸纳优质作者。①

作为“红星评论年度大奖”的子活动，“红星新闻高校评论新秀挑战赛”自 2020 年 3 月正式启动，专门面向全国高校的在读本科生和研究生，现已成功举办两季。

名为“红星视评——你说的都对”的红星新闻高校评论新秀挑战赛第二季（视频评论专场）于 2020 年 8 月 3 日在线上启幕，选择了“视频评论”这一全新的产品形态，鼓励高校学子在夯实文字基本功之上，拥抱新技术，以可视化的手段进行评说，观点构思、镜头表达、音视频录制、剪辑包装均由参赛学生一手完成，这也是国内机构媒体举办的首场视频评论比赛。来自全国各地高校的 150 余名学子参加了本次比赛。四川大学文学与新闻学院副院长操慧教授，《中国青年报》编委、高级编辑曹林和四川省电视艺术家协会新媒体专委会主任王彬荣担任比赛评委，并在“红星评论训练营”与参赛学子进行线上分享交流。

文学与新闻学院学子也积极参加本次比赛，据红星新闻评论部编辑赵瑜介绍，四川大学的参赛人数是最多的。最终，祁家宁、王北辰、雷思远等 10 名同学进入比赛“30 强”并荣获嘉奖，其中，2018 级新闻学专业本科生祁家宁获得二等奖，2019 级新闻学专业硕士生王北辰获得三等奖。颁奖仪式于 9 月 11 日以线上直播形式举行。通过本次比赛，参赛学子体验了融媒体时代新闻评论的新叙事方式，也将自己平时所学所感融入作品之中，充分展现了他们对当下社会现象的深度思考解读

---

① 《影响力出圈 品牌力初成｜红星新闻成功举办高校评论新秀挑战赛》，“成都传媒集团”微信公众号，2020 年 9 月 18 日，https://mp.weixin.qq.com/s/sbkYRe7CLZmLm1PtWvnNhg，2021 年 1 月 20 日访问。

和作品制作的实践能力。

文学与新闻学院新闻中心不少同学参与本次比赛，并在比赛颁奖典礼结束后，迅速参与采写，发表《全媒体人才培养的行与思｜文学与新闻学院学子在“红星新闻高校评论新秀挑战赛”中获佳绩》一文。本次采写在线上进行，王薇、王北辰、陈悦月、郑秋和李彪进行了采写与编辑。除对比赛全过程进行回顾之外，本次报道还对比赛主办方和参赛同学进行深入采访，探讨校媒合作与全媒体人才培养，也展现参赛同学的经验与收获，力图对本次比赛进行全面深入的呈现。该报道被新华社全文转载，截至 2021 年 2 月，阅读量达 27.9 万，获得了良好的传播效果，展现了文学与新闻学院学子的风采，也展现了文学与新闻学院对人才培养的思考以及校媒合作的探索。

二、案例原文

（一）部分参赛作品文稿

多所高校“退学警告”！
提高研究生教学质量，不能仅靠“一清了事”

2018 级新闻学专业本科生　祁家宁

你关心的，都是正事儿。

8 月 3 日，南方医科大学研究生院官网发布公告，根据学籍管理方案，将对 16 名研究生做退学处理。事实上，南方医科大学的这一决定，并非先例。此前，复旦大学、北京理工大学、中国传媒大学等高校接连发出退学警告，表示将全面清退未在最长修业年限内完成学业的研究生。

各高校的纷纷行动，也获得了教育部的鼎力支持。一系列文件的陆续出台，释放出信号，“一考永逸”的时代将彻底结束。清退不合格研究生，提高准出门槛，是在倒逼我国研究生教育实现更高质量的发展。

对于个人来说，既提醒了准备升学的本科生，思考读研的初衷；又提醒了正在“混日子”的研究生，为他们敲响警钟。对于高校来说，更能将有限的科研经费和师资力量用在刀刃上。相应地，对于社会来说，毕业生整体质量的提高，就是社会核心竞争力的提高。

然而，要想实现真正的“严进严出”，不能单从学生开刀。

首先，各高校应充分反思自己人才培养中的制度性问题，积极与导师对话，与学生对话，真正了解并帮助解决学生科研学习中的困难。

其次，加强导师管理，设置师生互评机制，鼓励学生积极反映导师的不当行为。同时，应坚持全流程培养，强调过程考核，弱化或软化成果考核，丰富毕业考核方法。

清退是手段，不是目的；是途径，不是结果。清退打响了我国研究生教育改革的第一枪，而这一枪之后如何实现持续高质量发展，是教育界与各高校绕不开的必答题。

真相绝不是民意审判，“疑罪从无”只为保障人权

2019 级新闻与传播专业硕士生　陈悦月

8 月 4 日，江西省最高人民法院依据“证据审判、疑罪从无”原则，宣告江西进贤县张家村村民张玉环无罪释放，至此国内已知被羁押时间最长的蒙冤者，终获清白。一时间社会公众议论的声音开始出现，“疑罪从无”是否就是“绝对无罪”？谁来为“冤假错案”买单呢？

党的十八大以来，以习近平同志为核心的党中央扎实推进全面深化司法改革，高度重视纠正和防范冤假错案。从呼格吉勒图案、聂树斌案，再到今天的张玉环案，充分彰显了不断加强的人权司法保障，更是对“真相永不会迟到”“正义永不会缺席”的有力回应。从“疑罪从重”到“疑罪从轻”，从“疑罪从有”到“疑罪从无”，这些改变是时代发展、法治建设不断完善的结果，是对人的生命最大的尊重。

生命只有一次，所有案件有关人员都应谨慎对待。在张玉环案里，据律师王飞所述，当初张玉环被判定为故意杀人罪，存在明显的刑讯逼供行为，两份有罪供述前后矛盾。该案件迄今为止，一直没有找到客观确切的证据，故无罪释放张玉环，是还其本人及家属一个公道，也是避免聂树斌案的悲剧重演。

可就在张玉环出狱回到家乡后，质疑仍旧不断涌来，如“他不是凶手，谁是凶手？”“他是否有关系，钻了法律空子？”但就像白岩松所说的那样，“谁的人生都经不起折腾”，请多一些善意给这个与社会脱轨了 27 年的“陌生人”吧，将真相留给专业机关和时间去挖掘。

评“张玉环案”：落入窠臼的报道，悲剧赞歌几时休？

2020 级新闻学硕士生　郑秋

近日，无辜者张玉环被江西省高级人民法院再审宣判无罪。从 1993 年到 2020 年，近万个日夜，张玉环终于摆脱冤假错案走出了灰色的四角天地，却又带着半生

污名的隐形枷锁走进了舆论的狂欢旋涡。

在这个贯穿着刑讯逼供与程序正义的法制事件中，“冤狱中的爱情”“奇女子”等碎片化景观却裹挟着大众情绪，被众多自媒体放大。

诚然，悲伤的故事始终需要一抹温情的注脚来改变其灰色的基调，但在资本和算法的双重架构之下，故事渲染和情感温度似乎成了新闻的卖点，于是，一篇篇贩卖情感的“深度报道”投向商品市场。用故事化的叙事框架呈现一则被平反的冤案，大可迎合受众的想象，引起看客共鸣。

但法制报道的教化功能却被围观与指点弱化，新闻的公共性价值也在狂欢与宣泄中被消解。作为近年来冤案平反的典型，相较于“呼格案”“张志超案”等冤假错案，“张玉环案”在社交网络发达的今天无疑受到了更多舆论的关注，也为冤案预防和冤案追责提供了不少设想。

可以预见的是，“张玉环案”的舆论热度终会消弭，但新闻媒体对事件真相的挖掘、对程序之治的反思，以及对司法公正的呼吁还不能停止。探寻事实的镜头应对准更多隐蔽的角落，而报道的阐释框架却不应落入窠臼。

（二）相关报道原文

全媒体人才培养的行与思｜文学与新闻学院学子在“红星新闻高校评论新秀挑战赛”中获佳绩

今年8—9月，文学与新闻学院多名学子参加第二季“红星新闻高校评论新秀挑战赛”（视频评论专场）并获佳绩。学以致用、知行合一，同学们在创造与切磋中展现了青年学子的才华，在交流与思考中探寻视频评论的特性。同时，这样的院媒互动与积极尝试，体现了高校与媒体共同助力全媒体人才培养的可行和可为。

切磋交流　才华尽绽

8月3日，第二季“红星新闻高校评论新秀挑战赛”（视频评论专场）在线上启幕，来自全国各地高校的150余名学子参加了本次比赛。文学与新闻学院学子积极参与，在比赛中获佳绩。文学与新闻学院副院长操慧教授任评委，并受邀与参赛学子进行线上分享交流，探讨网络时代的观点表达。共同担任评委的还有《中国青年报》编委、高级编辑曹林，四川省电视艺术家协会新媒体专委会主任王彬荣。

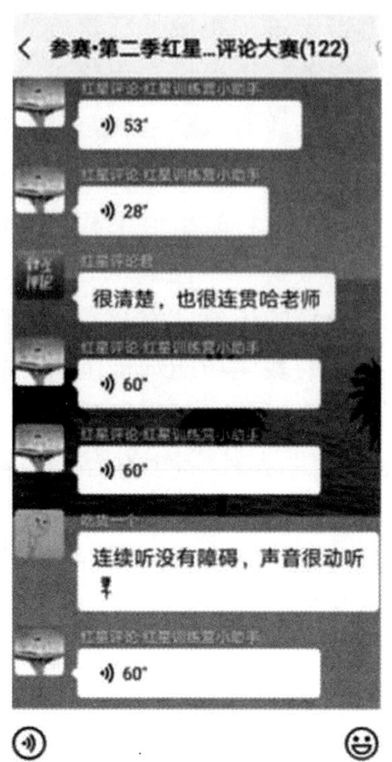

线上分享交流会

比赛中，参赛选手分别就三组话题展开视频评论："110 斤男子每天背上万斤猪肉，靠双肩养活一家 7 口""张玉环回去了，有一些人却'逃离'了"和"南方医科大学给予 16 名研究生退学处理，其中博士 11 人"。选手们各抒己见、各展所长，他们根据自己的理解和构思采用录屏、动画、亲身演绎等多种方式，围绕三组话题进行了不同风格的创作。

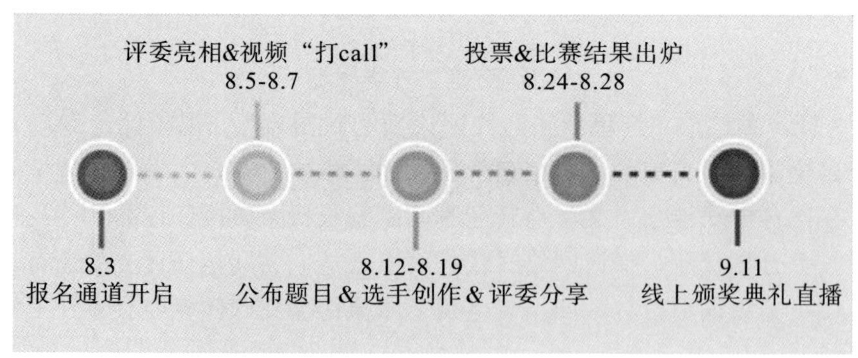

比赛流程

据红星新闻评论部编辑赵瑜介绍，之所以选择这样三个话题作为比赛题目，是为了能够尽量贴近大学生的生活、贴近大学生的认知和话语体系，以开放式话题激发多角度评说。在第一季“红星新闻高校评论新秀挑战赛”中，选手可以自选文字、视频、音频等不同形式进行创作，比赛题目分别为“海外回国人士相关话题”“不良商家恶意注册商标”“韩国‘N号房’事件引发关注”和“中华遗嘱库公布年轻人立遗嘱大数据”。与第一季相比，本次比赛最大的特色与变化即设立了视频评论专场，题目也更为贴近大学生群体。为了给参赛选手吃一颗“定心丸”，主办方还专门录制了两部“打板视评”作品给大家增添信心。赵瑜表示，参赛的同学们有着超乎预料的强大表现力，很多初次尝试视频评论的同学完成度也非常高。

最终，文学与新闻学院祁家宁、王北辰、雷思远等10名同学进入比赛“30强”并荣获嘉奖，颁奖仪式于9月11日以线上直播形式举行。通过本次比赛，文学与新闻学院学子体验了融媒体时代新闻评论的跨媒介叙事方式，进一步增强了新闻评论的写作与表达能力，在“声情并茂”中凸显了价值与理性表达的可能性。“此次比赛以大众投票+专业评委分梯次打分的严格赛制，选拔出了视频评论中的佼佼者，”赵瑜说，“从报名情况看，四川大学的参赛人数是最多的，他们多层次展现了对同一个话题不同角度的理解，各具特色，潜力无限。”

专业	姓名	作品	获奖情况
2018级本科生新闻学	祁家宁	《多所高校“退学警告”！提高研究生教学质量，不能仅靠“一清了事”》	二等奖
2019级硕士生新闻学	王北辰	《研究生被清退，全是学生的锅吗？》	三等奖
2019级硕士生新闻学	张诗萌	《“清退”事件背后不能只有叫好声》	优秀奖
2017级本科生新闻学	李语欣	《“疑罪从无”！还张玉环公平正义》	优秀奖
2017级本科生新闻学	陈昭博	《人力背大锅，别把“你情我愿”当作压榨的挡箭牌》	优秀奖
2019级硕士生新闻与传播	陈悦月	《真相绝不是民意审判，“疑罪从无”只为保障人权》	优秀奖
2020级硕士生传播学	雷思远	《大学从来就不是好混的》	优秀奖
2019级硕士生新闻与传播	李丹阳	《“张玉环案”：追责到底》	优秀奖
2017级本科生新闻学	陈丹雪	《南医大16名研究生被退学：把好我国研究生教育出口》	优秀奖
2020级硕士生新闻学	郑秋	《评“张玉环案”：落入窠臼的报道，悲剧赞歌几时休？》	优秀奖

文学与新闻学院学子获奖情况

作品合集链接：

https://wx.cdsb.com/index.php/Vote/WVoteHighSchoolNew/index/id/169.html?code=031mGoFa1xKbDz0zOcJa1eXI790mGoFL&state=1#/.

互动探索　助力全媒体人才培养

本次比赛通过选手相互切磋的方式，为同学们搭建了展示新生代力量的舞台。而这种创新与探索，也为全媒体人才的培养提供了多元化思路。

红星新闻评论部副主编王涵认为，媒体与高校应在人才、平台和教学三个层面共同发力培养全媒体人才。她认为，过去，许多新闻学子都是在进入工作岗位后，才逐渐着手新闻业务的实际操作，也往往需要经历由“老记者”带领到成为一名合格记者的过程。在王涵看来，其实可以通过高校和媒体双方合作实施一些线上与线下的项目、课程等，让学子提前熟悉新闻业界。同时，同学们也需要借助专业的媒体平台来真正走入“新闻江湖”，在全媒体传播渠道中主动经受锤炼。

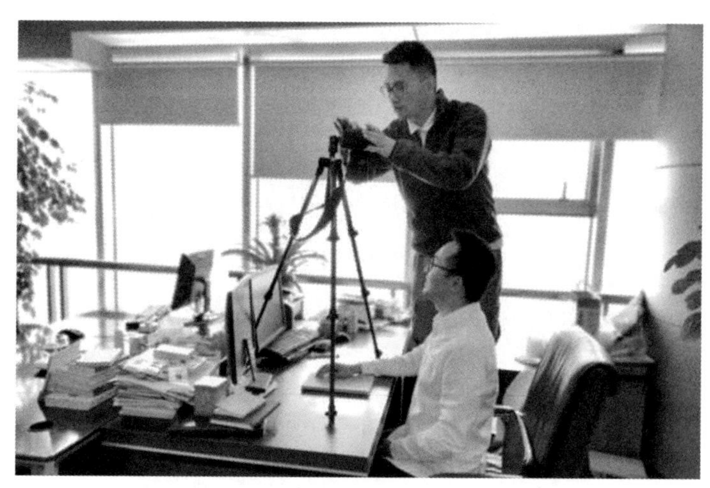

主办方团队工作照

王涵表示，本次评论比赛其实也起到了双方共同培养全媒体人才的积极作用，在学生创作、作品展示和线上分享交流会等层面均有体现。“我非常推荐有能力的学生以‘视评’这样一种对作者来说时空相对自由的文体切入创作，与真正的媒体评论员比肩试高低。”王涵说。她建议新闻学子们基于自己的特长和资源，积极开设自媒体，探索创作和运营的有效之道。

作为本次比赛的评委，文学与新闻学院操慧教授在线上进行专业分享时表示，此次比赛搭建了一个评论参与和探新的公共平台，它延伸了课堂教学和互动的时空。在她看来，网络为观点表达提供了重要通道，而青年学子作为社会活跃力量，扮演着引领时代和社会发展创新的角色。所以当技术撬动信息与观点输出形态的变化时，青年的认知与参与定是其中的主流。操慧教授表示，此次比赛很有意义，她鼓励青年学子主动拥抱新技术，掌握在文字、图像、声音等跨媒介叙事中的言说能力，培养信息数字化的媒介素养，激活传统积淀，让表意在构建社会共识的过程中发挥聚合智识的功用。

线上颁奖典礼直播

实践出真知　参赛者有感

8 月初，有朋友把比赛报名的推送转发给我，说我聊天就像讲相声，肯定适合做“视评”。但我其实是那种私下里可劲儿地“嗨”，一遇到正事就秒怂的人。不过最终还是决定试一试，想逼着自己走出舒适圈，就抱着学知识、长能力的心态报了名。将视觉元素融入严肃的新闻评论，以更加有趣的方式讲述社会问题、启发受众思考，是我一直想做又缺乏勇气和机会去做的事。这次终于迈开步参与其中，最终获得的二等奖，是评委老师们对我的鼓励，也是我认识自身不足的契机。这次的获奖对我而言很重要，它减少了我的不自信，让我认识到自己也有做“视评”的潜力；而获奖本身，是用温和的方式提醒我这个“评论小白”：需要学习的地方还有很多。

——2018 级新闻学本科生 祁家宁

祁家宁　作品截图

因为此前一直接受的是文字方面的新闻评论教育，我也将目光更多地投向文字评论作品，所以在“视评”方面鲜有尝试。在老师的鼓励下我参加了这次比赛，也真切感受到了文字表达和视频呈现之间的差异和联结。而新的收获是，视频的呈现方式似乎给了创意和灵感更“长”的“飞行空间”，从文字创作、拍摄到剪辑，每个环节都可能随时迸发新的想法，最后的作品其实也是对既有想法和临时创意的整合。在这次比赛中，我真是觉得大家的创意、思考和表达都太棒了，非常值得学习；而老师们的线上分享和赛后的专业点评，也如甘霖般为我这个“视评小白”浇灌了太多养分。作为新闻学子，唯有潜心思考、继续探索！

——2019 级新闻学硕士生 王北辰

王北辰　获奖感言视频截图

在参加这次比赛时，我正在为去凉山昭觉的支教收拾行李，所以时间比较紧张。这次视频形式的评论偏向于新媒体的话语特征，注重互动性、趣味性和个性化。这和我平时的个人风格和说话习惯有很大差异，我比较偏爱社论那种庄重、严谨的观点表达，所以这次创作于我而言还是有点难度，最后我决定制作一个动画小人来代表我出镜。开始制作时我觉得很难，不知道怎样让小人动起来；后来我想到了电影的实质其实是很多图片的快速切换，就做了几张不同姿势的小人的图，把它们连接起来，小人就动起来啦！之后看了其他选手的作品，还是有很多启发，希望通过这次的学习，自己可以往更多样的形式发展吧！

——2021 级新闻学硕士生 王薇

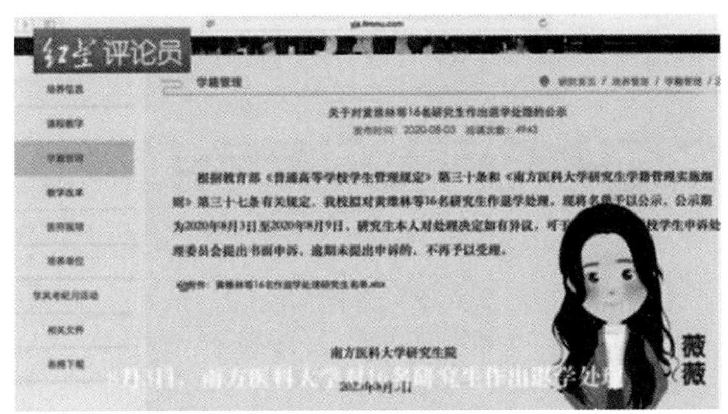

王薇　作品截图

很荣幸能够参与此次比赛，这也是我第一次尝试将文字评论以视频形式呈现出来。我深知自己的作品还存在许多问题，比如画面清晰度不够、动作不够自然、面对镜头还是会比较紧张等，但总体来说算得上是一次格外有趣的体验，借此也对这种多媒体形式的内容创作有了更切实的理解。同时特别感谢三位老师的指导，让我在文本和视频制作上有一定的规矩可循，也令我意识到还有诸多有待改进的地方，如观点先行的必要性、为受传者创设思考情境等，相信上述种种都将成为我之后进行媒体实践的宝贵经验。

——2017 级新闻学本科生 陈昭博

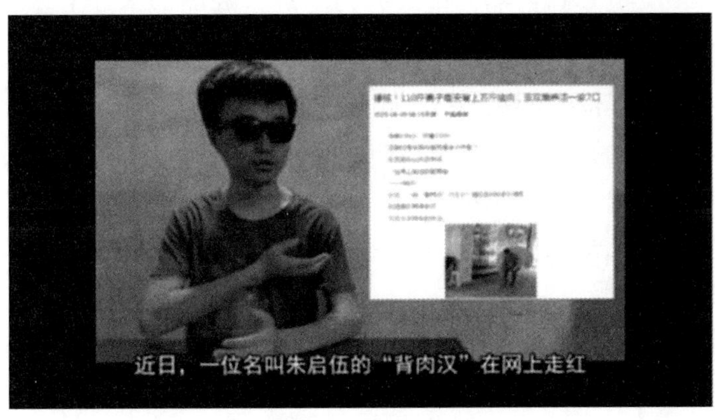

陈昭博　作品截图

青年学子，蓄积力量，
我们在成长路漫步，我们在新时代发声。
丹桂飘香，硕果繁盛，
我们在参与中积累，我们在探索中前行！

三、采编札记

若要用什么关键词来形容此次的采写体验，我觉得“全方位、无死角”当仁不让。参赛者、采访者、写作者、制作者，以四重身份贯穿采写全程，这种体验是很难得的。

2020 年暑假，红星新闻举办了第二季“红星新闻高校评论新秀挑战赛”，我在导师操慧教授的鼓励下报了名。从写剧本到拍摄，从念台词到剪辑，除了在文字新闻评论的训练中积累的一点点写作基本功，在其余环节我均为“小白”，但是这种触摸新鲜事物的尝试却给我带来了很大乐趣。很高兴的是，我们学院一起报名参加比赛的同学都取得了不错的成绩，想必大家也都体验了一次和我一样快乐的创作过程。

比赛颁奖典礼结束后，便进入了采写阶段，我的角色也从参赛者变为了采访者。因为王薇和郑秋两位学妹在之前已就比赛本身做了一些采写，所以我基于她们的成果进行下一步采访。不过，究竟应该怎样把学院微信公众号的媒体定位同专业媒体举办的赛事结合起来呢？在操慧教授的指点下，这个结合点最终落在了高校与媒体合作培养全媒体人才上。我觉得这个中心非常恰切，直接点明了比赛的意义，也起到了鼓励同学们继续学习和探索的作用。因此，之后的采访就需要联系媒体老师与参赛同学两方。

于是，我寻求了操慧教授的帮助，获得了红星新闻评论部王涵老师与赵瑜老师的联系方式。我先联系了赵瑜老师，不巧的是那天她正好在回家休假的途中，所以只是打了招呼，约了其他时间进行采访。赵瑜老师非常友好，大概也是因为她既是我同校的师姐，又是比我大不了几岁的同龄人吧！我拟好采访提纲后，就和她在微信上开始进行交流。问完关于比赛策划、比赛筹备等方面的问题后，我和赵瑜老师闲聊了几句，并要了几张他们的幕后工作照，顿时有种从比赛的“前台”窥探到了“后台”的感觉，很有趣。

可能其中关于人才培养的问题比较抽象，也更需要基于长期的媒体从业经验来回答，所以赵瑜老师建议我再去采访一下红星新闻评论部副主编王涵老师。于是，我联系了王涵老师，得到了远比我预期的要专业、深刻得多的回答。王涵老师是以语音的形式在微信上和我交流的，那天晚上，她发过来几段很长的语音，非常有条不紊、逻辑清晰地回答了我的问题。虽然此处我用“回答问题”来描述当时的交流，但实际上我觉得自己在专业媒体老师那里又上了一课。我不是采访者，而是一名听讲的学生，这次采访就是一个机会难得的课堂。我此前没有深入思考过全媒体人才培养方面的问题，也从来没有把思维和视角放在校媒合作上，这次先是在自己导师的提点下打开了视角，后来又在与媒体老师的交流中收获了更多“干货”。这前前后后的思考，为我打开了一个新的视野。

对获奖同学的采写由陈悦月负责，她快速且全方位地完成了采写任务。如此一来，采访环节就差不多结束了，接下来就是如何写稿的问题。于是，我的角色从采访者变成了写作者。

对于这篇稿件要如何构思，我思考过不少方案。因为要在一篇稿件里介绍比赛的经过和结果、融合主办方媒体老师的观点、加入评委老师的讲解、落脚于学院本身，还要放入参赛同学的感想和作品，所以鲜明且流畅的逻辑是非常必要的。经过一番思考，我最后决定就按照时间逻辑和我的采访脉络来安排稿件，因为这样最顺应认知规律。

稿件完成后，我在老师们的建议下加入了对红星评论的背景介绍、同学获奖情况统计表和我自己的获奖感言视频，经由李彪简洁又贴合主题的排版设计，这篇推文就“大功告成”了。

后来，导师操慧教授和我聊天时，谈到了这次锻炼，仍一如既往地鼓励着我，我打心底里感恩。我跟导师说，其实这次我不仅在比赛中得到了锻炼，还在具体的采写过程中收获了很多。说起来，我从“全媒体人才培养”比赛活动的目标人群到串联全程的采写者，真的受到了全方位的培养。回顾全程，在比赛前期，主办方策划了由学者、业界老师讲授“视评”如何创作的线上训练营，操慧教授、曹林老师和王彬荣老师的讲授是我的第一轮收获；比赛期间，对新事物的尝试和思考是我的第二轮收获；比赛作品展览时，观看并学习其他选手的作品，在“视评”中交流，是我的第三轮收获；比赛后的采访环节，操慧教授的引导和媒体老师的讲解，是我的第四轮收获；组织材料、练习写作和最终“锦上添花”式的打磨，是我的第五轮收获。

作为新闻学子，何其有幸可以在如此环环相扣的专业实践中收获满满，唯有深深感激，然后继续努力前行。

（王北辰）

四、案例二维码

《全媒体人才培养的行与思｜文学与新闻学院学子在“红星新闻高校评论新秀挑战赛”中获佳绩》

第六章　脱贫攻坚

近年来，四川大学文学与新闻学院积极响应国家号召，参与并助力脱贫攻坚各项工作。自 2012 年四川大学开展定点扶贫工作以来，学院在研学实践、公益助农、支教考察等多个领域竭智尽力，贡献力量。学院定点扶贫小组多次前往四川省甘洛县进行实地调研，了解当地群众需求，组织学院师生开展爱心捐赠、志愿服务、社会实践等各类文化帮扶活动。2020 年，学院组建脱贫攻坚报告文学课题组，由文学人类学专业教授徐新建、副教授梁昭带队深入凉山州地区调研考察，以研究者与创作者的双重视角记录彝族地区的变迁，讲述脱贫攻坚历史中的“新凉山故事”。与此同时，学院师生利用暑期实践机会，前往甘孜藏族自治州德格县温拖乡地茶村、合江县福宝镇等地开展扶贫扶智活动，并通过科研项目、学术论坛等方式统合专业建设与扶贫实践，不断探索知识攻坚、定点扶贫的新模式。

积极参与脱贫攻坚各项工作是向世界讲述“中国故事”的重要篇章，以文字记录“扶贫史”也是文新人义不容辞的责任。四川大学文学与新闻学院新闻中心聚焦学院脱贫攻坚工作实践，捕捉其中鲜活生动的案例素材，利用多媒体手段创作种类丰富的主题传播作品，形成由扶贫纪实、精彩活动、扶智故事等内容构成的脱贫攻坚专题版块，讲述文新智力扶贫故事，礼赞全国乡村振兴进展。

案例 1

地茶村扶贫报道

一、案例简介

2019 年 8 月 1—11 日，为深切体悟乡村振兴成效，亲身参与脱贫攻坚工作，以实际行动献礼新中国成立 70 周年华诞，四川大学文学与新闻学院组建“朝阳扶智”社会实践团队远赴甘孜藏族自治州德格县温拖乡地茶村，开展以“寻访基层校友，投身教育扶贫，献礼祖国华诞”为主题的社会实践活动。

团队由学院党委副书记张莹老师、2017 级本科生辅导员段化鞠老师共同带领，学院 2018 级、2019 级硕士生作为团队成员一同参与实践。

在为期 11 天的实践活动中，团队成员结合地茶村实际情况，开办“朝阳扶智”夏令营，通过趣味实用的素质课程陪伴当地孩子一同寻觅书香，探求知识。在此期间，团队寻访地茶村驻村干部、四川大学文学与新闻学院 2013 级硕士、中共党员张桓铭的扶贫事迹，弘扬传承校友精神，共同致敬脱贫攻坚。2019 年正值新中国成立 70 周年，团队特地与村中 20 余名孩子合作完成“我和我的祖国”创意快闪，在 3000 多米的高原上用淳朴真善的声音祝福祖国母亲。

学院新闻中心记者作为团队成员全程参与活动，并围绕实践过程采写主题通讯《追觅与见证｜我院暑期实践团队赴地茶村开展扶贫扶智系列活动》，用真实的文字见证藏家新变，记录文新扶贫足迹，传递文新与地茶共同耕耘出的温暖与感动。该报道于 2019 年 8 月 14 日发布于四川大学文学与新闻学院微信公众号，被新华社客户端全文转载，阅读量达 36.7 万。

二、案例原文

追觅与见证｜我院暑期实践团队
赴地茶村开展扶贫扶智系列活动

2019年8月1日—11日，四川大学文学与新闻学院“朝阳扶智”暑期社会实践团队远赴甘孜藏族自治州德格县温拖乡地茶村，开展以“寻访基层校友，投身教育扶贫，献礼祖国华诞”为主题的社会实践活动。实践团队由学院党委副书记张莹老师、2017级本科生辅导员段化鞠老师共同带领，学生队员6人均为学院2018级、2019级硕士生。在为期11天的实践活动中，团队成员立足地茶村，开展了一场聚焦乡村新变，致力脱贫扶智的暑期系列活动，内容包括教育扶智、校友探访、专题纪录片拍摄等。

实践团队与当地学生合影

资料卡

地茶村位于雅砻江上游、雀儿山以东，属半农半牧区。地茶村长期相对闭塞，且农耕方式粗放，农牧业收入较少，勉强维持自给自足，属于深度贫困村。截至2018年年底，全村人口125户547人，其中建档立卡贫困户33户130人。

美丽的地茶风光

扶智：朝阳初升，点亮未来

作为甘孜藏族自治州最落后、最贫困的地区之一，地茶村的基础教育工作进展相对迟缓，据四川省农田水利局选派到德格县温拖乡地茶村的驻村干部张桓铭介绍，村子里的孩子普遍面临着师资配备不齐、教学水平不高等问题，少数渴望走出大山求学的孩子也由于基础教育薄弱而升学受阻。

如何改善地区教育观念，让地茶村的孩子有书可读，拥有走出大山的希望，这不仅是张桓铭心中的课题，也成为实践团队的重要任务。

“朝阳扶智”夏令营开营仪式

结合地茶村的实际情况，团队秉承实用性和趣味性相结合的原则，为地茶村的孩子们“量身定制”课程。在充分了解当地孩子年龄和学习情况后，将近 70 名学生根据年龄被分为大小班。小班由张莹老师带领，重点开展汉语口语基础、儿歌古诗、拍拍操、10 以内加减法等教学内容；大班由段化鞠老师负责统筹，4 名老师轮流授课，开设国学、电影、地理、手工等趣味课程。为帮助孩子们防治包虫病，团队特地通过“七步洗手法”的教学帮助孩子们培养良好的卫生习惯。考虑到大多数孩子法律意识相对淡薄，团队精心设计基础法律课程，通过“模拟法庭”等趣味形式普及法律知识，帮助孩子们知法、懂法。

团队成员授课现场

此外，团队还在大班创新划分学习小组，倡导合作探索，引领孩子们走向外面的世界。

书是心灵的窗户，对地茶村的孩子们而言，一本精彩的书籍更是不可多得的向导。在了解到地茶村至今还未建立正式的图书馆时，实践团队通过多方联系，在新华文轩和成都石室联中蜀华分校的帮助下，募集图书与杂志 600 余本，成功帮助地茶村的孩子们建立“朝阳”图书角。在 8 月 3 日的开营仪式上，学院党委副书记张莹老师代表团队为“朝阳”图书角授牌，正式为孩子们搭建起阅读空间。

"朝阳"图书角

在集中授课之外，实践团队也认识到，想要真正达成扶智目标，必须想办法为孩子们创造长期、多元的学习机会和平台。在多方寻找下，实践团队充分利用川大教育资源为孩子们搭建了远程课堂平台，在 Zoom 等慕课软件的协助下，同学们与千里之外的老师"面对面"，亲身体验"阅读指导""身体健康"等趣味课程，小小的活动室也由此为孩子们开掘出不同的发展可能。

远程志愿者为孩子们讲授"身体健康"课

扶贫：追寻优秀校友的实干脚步

"孩子们爬上山头，看到山的对面还是山，觉得自己仿佛走不出去，我希望改变他们的想法。"这个简单的念头，就是驻村干部张桓铭坚守此地的一大原因。为期 11 天的考察中，实践团队也通过寻访，紧跟优秀校友的足迹，探寻这位文新人和地茶村共同写就的脱贫故事。

团队在走访中了解到，张桓铭学长本、硕均就读于四川大学文学与新闻学院，一年多前张桓铭被工作单位四川省农田水利局派往地茶村，成为一名驻村干部，从此，村子里的大小事务都少不了张桓铭的影子。兴产致富、卫生改善、垃圾分类、饮水改造……一年多的时间里，张桓铭已经习惯了穿梭在地茶村的山间地头，成为地茶脱贫路途中不可或缺的身影。

罗罗，患有先天性智力缺陷，和姐姐相依为命，两人都缺乏基本的生活自理能力，被不少人视为“怪物”，这成了张桓铭和其他驻村干部的一块“心病”。在张桓铭等村干部的带头帮助下，罗罗家完成了危墙改造，也有了稳定的食物来源。尽管如此，放心不下的张桓铭仍会不时到罗罗家看看，帮忙打扫清洁卫生，叮嘱邻里街坊照料罗罗及家人，“只要我能帮到他的，我就尽量帮”。

张桓铭前来探望罗罗

在走访中，村民们提到最多的，便是张桓铭对改善地茶村整体生活质量所做出的努力。3000 多米的海拔和低至－20℃的气温赋予了地茶村秀美的自然风光，同时使之成为绝大多数植物的生存禁地，为其脱贫兴产增加了重重阻碍。经四川省农田水利局的统一部署，村干部们找到突破口，开辟出德格县第一块“黑枸杞”试验田。而自从这群潜藏着致富希望的黑色精灵入住地茶村，作为驻村干部的张桓铭便带头在田中劳作，地荒、水贫、肥弱……在他的带领下，一个个难题迎刃而解，碧色的秧苗在原本荒凉的土地上成活生长，为以特色产业助力脱贫致富生发出一丝希望。

团队还了解到，在地茶村山清水秀的美景背后，潜藏着一个巨大的威胁——包虫病，这种被称为“虫癌”的疾病一旦发作死亡率极高。据不完全统计，村中目前已有 17 名包虫病患者。了解这一情况后，在四川省农田水利局的支持部署下，张桓铭等驻村干部开展了包括引水入户、提升水质、水源保护等内容的包虫病防治项目。在此过程中，张桓铭也通过引入净水设备、倡导修建家庭厕所等方式培养村民的卫生习惯，为村民的身体健康和地茶村的生态保护构筑更加坚实的屏障。

张桓铭在黑枸杞田中劳作

作为四川大学文学与新闻学院 2009 级本科和 2013 级硕士研究生优秀毕业校友和中共党员，在工作过程中，张桓铭始终坚守着初心实干，不畏困难，一定要真心实意地为老百姓做好事、做实事。在寻访过程中，校友的精神始终不断鼓舞着实践团队。团队成员相继克服着高原反应和艰苦的生活条件，紧跟优秀校友的脚步，在地茶村中继续书写“文新”故事。

陪同团队调研时，张桓铭时常提起自己的愿望，一如在闭营仪式上他满怀深情的一番话——“地茶村的未来在我们手中，希望经过大家的努力，地茶村能够越来越好！”

见证：讲述小村新变，礼赞脱贫进展

（视频：我和我的祖国 创意快闪）

在乡镇政府及张桓铭等驻村干部的共同努力下，地茶村的容貌正悄然改变。截至 2018 年年底，地茶村安全住房、安全饮水与居民用电已达基本标准，基础设施建设基本完成，医疗保障制度也在不断完善中。

地茶村的变化是我国脱贫攻坚工作取得阶段性进展的缩影，它映射着我国全面建成小康社会、实现共同富裕的稳健步伐和可喜进展。讲述小村新变背后的故事，献礼新中国成立 70 周年，这正是实践团队另一项重要使命。同时，团队成员也了解到，地茶村在教育扶持、产业指导与环境公益支持等方面仍需要社会的关注与帮助，大家希望通过镜头记录真实的地茶故事，帮助地茶村赢得更多的社会援助。

到达地茶村后，团队成员张扬洋、徐梦云和杨钊等多次走访村中的贫困户，用镜头记录民生民情和小村变化。与此同时，团队对全程教学展开实时录制，追踪文新扶贫足迹，记录活动中的成长和感动。

2019 年正值新中国成立 70 周年，为了用“地茶”声音献礼祖国，团队与村中 20 余名孩子合作完成“我和我的祖国”创意快闪，青山连绵，碧云长空，稚嫩的童声在一望无际的草原之上飘扬，歌声表达出对祖国母亲最真挚的感谢和祝福。

快闪录制现场

为了更全面、直观地反映我省少数民族地区脱贫攻坚的进展，团队秉承“寻觅红色记忆，发现藏家新变”的信念，并将之贯穿在实践全程。大家不仅学习了解红军长征期间的甘孜会师、朱德与格达活佛会晤等历史事件，还参观了红色文化基地，体悟到共产党人在团结统一、民族政策和群众路线中的重要精神，同时不忘记录藏家新貌背后的故事，礼赞少数民族贫苦地区近年来的腾飞发展。

团队星夜兼程，脚步不停

8 月 11 日，“朝阳扶智”暑期社会实践团队回到了学校。对团队而言，此次实践承载着厚重的意义，团队不仅为远隔千里的地茶村播种下了文新求知的种子，更以地茶村为基点，追寻着少数民族地区脱贫攻坚谱新篇、砥砺奋进奔小康的点滴足迹。大家相信，此次活动正如地茶花田上悄然升起的朝阳，见证着巨变，激励着大家前行。

【志愿者心声】

这次支教，让我对西部山村孩子的教育水平和存在的问题有了更深的理解，也让我看到乡村基础教育的必要性，促使我进一步探索少数民族地区基础教育的有效途径。当然在整个过程中我也收获了很多感动和欣喜。大山里的少数民族地区孩子们自有他们的喜怒哀乐和人生体验，也有属于他们自己的聪明和智慧。可能只是由于各种条件的限制，他们无法真正挖掘自己的潜力，所以我真诚希望有更多的人加入到少数民族乡村基础教育的建设中来。

——2017 级本科生辅导员 段化鞠

社会实践中我们一路边走边看，新式的藏式民居、宽敞整洁的道路、雄伟壮观的扶贫桥，我深切地感受到近些年深度贫困民族地区发生的显著变化。而在地茶村我们不仅看到了扶贫干部的坚守和付出，还看到了孩子们的纯真以及他们对山外世界的向往，这里的一切一切让我们坚信在中国共产党的领导下“两个一百年”奋斗目标一定会实现。作为青年党员，我在今后的学习生活中一定会加倍努力，在实现中国梦的伟大进程中谱写人生华章。

——2018 级文艺学硕士生 张佳奇

孩子们身上的天真烂漫像逆流而上的雅砻江一样清澈，在他们的琅琅书声中，我听到了对于知识的渴望；在他们的如花笑靥中，我看到了地茶村未来的希望；在他们的纯真目光中，我看到曾经努力奋进的自己。支教，一次爱心的旅程，一次心灵的滋长。

——2018 级中国现当代文学硕士生 张益智

面对如此可爱的孩子们，希望我们能在他们心中种下一颗梦想的种子，生根发芽，飞跃过这片绿水青山。

——2018 级新闻与传播硕士生 杨钊

在这次活动拍摄的过程中，我发现这边的景色真的很美，也在走访取景的时候发现民风很淳朴，被他们的善良打动，希望有更多的人来帮助这个地方，帮助这些可爱的小孩子们。

——2018 级新闻与传播硕士生 张扬洋

在地茶村的支教，对我来说是一次极有意义的历练。人的一生中会经历很多角色，感恩这次支教经历让我成长，曾给予我快乐的时光。我深刻地感受到，一定要给这些贫困地区的孩子们带去更好的教育，让他们也能接受到知识的灌溉，拥有实现自己梦想的力量。

——2018 级新闻与传播硕士生 徐梦云

孩子们的笑容给了我们很大鼓舞，我始终记得他们眼中走出大山的那种渴望和决心。我真的敬佩他们，愿高大巍峨的雀儿山不会成为他们前进的阻碍，反而化身为他们勇往直前的依靠。

——2019 级新闻学硕士生 张诗萌

【营员心声】

很感谢川大的老师们来到我们这里，我在课堂上学到很多东西，比如地理课上老师带我们认识地球，这些知识对我来说很珍贵。

——夏令营员 泽仁拉措

我非常喜欢川大的老师们，他们人很好，让我学到了很多知识和道理，我们非常感动。

——夏令营员 翁修多吉

老师们教授的知识不难，我们学得很快，很清楚，很感谢老师们。

——夏令营员 青措

三、采编札记

在赶赴地茶村之前，“扶贫”在我脑海中仍是一个高大却存在距离感的词汇，在我肤浅的认知中，“脱贫报道”似乎天生具有正式、严肃的文风，需要真实的案例、明确的数据，以及扎实的文件精神指导和宏大的背景书写。

但当我随着老师和学长学姐们启程，一路目及晴空碧野，亲眼看见极富民族特色的崭新屋舍，还有在草原上惬意觅食的牛羊，我慢慢体会到，“藏家新变”并不是驻于书本和新闻报道中的高冷词汇，反而正发生在眼前这片土地上，融入每一处风景中。

地茶村就坐落在那片碧野之中，蓝天白云，野花烂漫。进驻地茶村时，我有些忐忑，不知道在服务之余，自己能否挖掘到足够的采写素材，从而写出真正意义上的扶贫报道。日子如流水般缓逝，我渐渐发现，村庄、教室中的一幕幕深深撞击着我的心，而这些，就是属于地茶村孩子、村民朴素的成长经历，也是真实的脱贫故事。

过程中，目之所见，有心酸。开课不久，我们发现上午课程结束后，没过一会儿就有孩子来了教室，大家略微询问了几句，有些孩子支支吾吾敷衍着，但当那天课程结束后，我们在打扫教室时发现了许多空豌豆壳子，询问当地的干部后才恍然大悟，家人们忙于农务无法照料孩子们，衣袋里那一把生豆子，就成了他们暑期的午餐。

心疼之外，我们也看到了更多的暖色。寻访桓铭学长的扶贫事迹时，他带我们走进了当地的贫困户罗罗的家中。罗罗天生智力受损，和姐姐的日子一直过得艰难，学长到了罗罗家里，简单寒暄几句，便随手拿起扫把帮助罗罗姐弟打扫房间。也是这时，我们注意到，在当地村委和干部的帮助下，罗罗和妻子已经住进了翻修过的新居，屋顶上，和家家户户一样，飘扬着鲜艳的国旗，如同盛放在这一片苍绿中的红花。

课程中，孩子们从来不会迟到，有些课程知识对他们来说不太容易理解，但他们笔直的坐姿和不断举起的手，悉数印刻在了每位老师和志愿者们心里。我还曾收到特殊的作业，是两位女孩写给自己的信，她们写道："我一定要好好中考，我不想早早地就去嫁人，我想去县城，我要考大学……"

桓铭学长告诉我们，进驻地茶村这么久，最让他欣喜的便是当地老乡观念的改变，至少现在，不仅没有家长会阻拦孩子到活动室来听课，相反越来越多的家长想方设法要让孩子进学堂，读书，长见识。这一点也时刻发生在我们身边。课程进行到后半段，不时会有一些藏族大娘站在门口看孩子们上课，她们脸上带着浓厚的"高原红"，手边牵着一位小小的孩子，腼腆地笑笑，然后小声地说着藏语，当地有村民翻译了一下，说她们也想把孩子送到教室一起学习。

录制快闪的那几天，张老师、段老师还有摄制组的三位学长学姐很早就开始准备，大家一起扛着沉重的机器爬上高山，孩子们也穿上了自己的民族服饰。拍摄过程总有"突发"情况，一会儿是高原突袭的阵雨，一会儿又是不知道哪家跑出来的捣乱羔羊。虽然状况不断，但当学长按下录制键时，孩子们都举起了小红旗，手捧起了自己画的国旗和天安门。对着镜头，他们有些胆怯，但脸上的笑容映衬着脸颊两旁的"高原红"，仿佛是那高原上的日头，火红而耀眼。录制到末尾，他们围在一起，跳起了锅庄舞，每一个都神采奕奕，有孩子直接告诉老师，能参与拍摄，他们真的很开心。

夏令营的最后一天，我们举办了汇报演出，规模虽然不大，但整个院子里围满了人，歌声、笑声、相机的咔嚓声，充盈着这块小小的山头。离行时，孩子们和当地的乡亲们站在门口，手捧着洁白的哈达，大家一条一条地为我们戴在脖子上，我在心里默默给自己开着玩笑，估计这辈子都不能再看到这么多的哈达。不过哈达总是有限的，但我想有很多东西却无法计量，譬如地茶人的深情，譬如当地干部和群众为过上好日子付出的努力，再譬如我们还能为地茶村，为需要帮助的人做的事……

活动结束时，我打开电脑，一个个瞬间就这样蹦出来，组成了过往的一幕幕，也悉数化为了我敲下的一个个文字。写完最后一句话时，我突然发现，原来的顾虑已然消去，因为我们目之所见、身之所处、耳之所闻、心之所感，就是最真实的藏家村庄，亦是一个朴素而简单的脱贫故事，却又像那满山遍野的小花，灿烂绽放，无畏风雨。我也开始明白，“脱贫”就在我们身边，就发生在这片辽阔的960万平方千米土地之上。它不是想象中那般顺利、无所不能，过程中有艰辛，有坎坷，甚至未来的路上还有险阻，但这一程，写满的是奋进、温暖与感动。能参与，能记录，何其幸哉。

回程的时候，我也逐渐认识到，脱贫攻坚这样的宏伟叙事，虽然宏大，却可见可触可感，贯穿其中纵有万千，扶贫故事也有不同的书写方式，但它们或许最终都走向的是朴素和真实，真实的艰辛，真实的付出，真实的感动。或许这也是读者想要了解的，也是我们身旁这片土地上正在发生的，身边的人，正在经历的。这些喜怒哀乐，成长蜕变，就像田中的麦苗，顽强生长，傲然向上。而身为见证者和采写者，我们最能也最应该做的，或许正是如实的记录，让读者能跟随我们的文字和镜头去目睹可喜的变化，感受那份坚韧和顽强。我亦有了一些粗浅的体悟，我们需要讲好扶贫故事，因为这正是我们的故事，正是各民族、数以亿计的中国同胞在奋勇向上、向着好日子狂奔的念头指引下，自己造就、书写、呈现的故事。

感谢桓铭学长、两位带队老师和同行的学长学姐，正是大家的共同经历和感受最终融汇成了这篇小小的通讯，同时要感谢操慧教授对报道稿件的指正和修改，字字皆是教诲和深情，让我受教更受益。

稿件发出后，有朋友发来私信问我在地茶村经历的那些日夜，她说读完报道觉得很感动。我想这种感动并不会源自文字，而是扎根在那片3000多米海拔的高原上，融化于孩子们红扑扑、暖洋洋的笑容中。

这正是最直白、朴素的脱贫故事，简单平淡，却有力量。

（张诗萌）

四、案例二维码

《追觅与见证｜我院暑期实践团队赴地茶村开展扶贫扶智系列活动》

案例 2

“奋进号”主题列车启动仪式报道

一、案例简介

2020 年 10 月 17 日，在第七个“国家扶贫日”当天，2020 四川脱贫攻坚“奋进号”主题列车在成都地铁红星路停车场正式首发。四川大学文学与新闻学院副院长操慧教授应邀出席本次列车首发仪式。同时，她带领学院 10 余名同学来到活动现场，以实地采访、纪实摄影等方式开展报道实践，在“扶贫影像，奋斗中国”的现场参与中见证社会变迁，体悟脱贫攻坚决战时期新一代高校学生的时代责任和历史使命。

该主题列车由四川省扶贫开发局、成都市国资委、成都轨道集团、中铁建昆仑投资集团、今日头条等单位共同打造，是中西部首列脱贫攻坚主题列车，以脱贫攻坚工作为主线，分为教育、医疗、住房、交通/通讯/电力、产业/就业、感恩新征程六大板块，以多媒体手段集中展示了四川高原藏族聚居区、凉山彝区、秦巴山区、乌蒙山区脱贫前后的图片和视频，时间跨度长达 40 年，是四川省脱贫攻坚成果的一个移动展示平台。

面对一张张改革开放、精准扶贫、砥砺前进、民富国强的影像作品，参与活动的同学们仔细观察，认真记录，感受助力建强基层组织的使命与担当，感佩决战决胜脱贫攻坚的坚定信念与奋进智慧。学院新闻中心部分成员全程参与活动，记录车厢实景、围绕脱贫成果展开思考，同时深入市民，倾听乘客们踏上主题列车后的所见所感，采编成员郑秋、蒲可意、雷思远围绕实践过程采写主题通讯《光影之旅新闻行｜我院师生参加 2020 四川脱贫攻坚“奋进号”主题列车启动仪式》。该报道于 2020 年 10 月 20 日发布于四川大学文学与新闻学院微信公众号，被新华社客户端全文转载，阅读量达 15.3 万。

二、案例原文

光影之旅新闻行｜我院师生参加
2020四川脱贫攻坚“奋进号”主题列车启动仪式

10月17日，在第七个“国家扶贫日”到来之际，2020四川脱贫攻坚“奋进号”主题列车在成都地铁1号线正式开行。该主题列车由四川省扶贫开发局、成都市国资委、成都轨道集团、中铁建昆仑投资集团、今日头条等单位共同打造，是中西部首列脱贫攻坚主题列车。四川大学文学与新闻学院副院长操慧教授应邀出席本次列车首发仪式。同时，她带领该院10余名同学来到活动现场，以实地采访、纪实摄影等方式开展报道实践，在“扶贫影像，奋斗中国”的现场参与中见证社会变迁，体悟脱贫攻坚决战时期新一代高校学生的时代责任和历史使命。

2020四川脱贫攻坚“奋进号”主题列车首发仪式现场

“奋进号”主题列车以多媒体手段集中展示了四川高原藏族聚居区、凉山彝区、秦巴山区、乌蒙山区脱贫前后的154张图片，时间跨度长达40年，浓缩了四川省脱贫攻坚的奋斗历程与发展成效。每幅照片下均附有“脱贫攻坚报道集”和“四川扶贫商城”两个二维码，乘客扫码即可观看扶贫攻坚报道的相关内容，或进入扶贫商城选购所需，参与爱心助力。

主题列车上的珍贵影像

主要负责此车厢设计的省扶贫开发局工作人员金绍娜说，此辆主题列车以影像记录为设计理念，将胶卷放映元素贯穿整车。整车车顶为蓝天白云，地面为山路、铁路、公路的画面，整车六节车厢根据不同主题搭配了不同色彩，以中国红、绿色、深橘色、蓝色等色调营造整体氛围。列车车厢以脱贫攻坚工作为主线，分为教育、医疗、住房、交通/通讯/电力、产业/就业、感恩新征程六大板块，是四川省脱贫攻坚成果的一次集中展现。

我院师生走进专列参观与记录

启动仪式结束后，与会者一同进入“奋进号”主题列车参观。四川大学文学与新闻学院的老师和同学们漫步在博物馆般的车厢中，见证一幅幅危房改新居、山野建公路、资源通市场的精彩画卷——四川大学华西医院医疗队支援基层的义诊现场、支教团深入大凉山区乡村小学的教学瞬间、山区农民在丰收的累累果实前露出笑脸……面对一张张改革开放、精准扶贫、砥砺前进、民富国强的影像作品，同学们仔细观察，认真记录，感受助力建强基层组织的使命与担当，感佩决战决胜脱贫攻坚的坚定信念与奋进智慧。

我院 2019 级新闻学本科生张怡同学作为参观者接受新华社四川分社记者的采访时表示，车厢内的纪实图片让乘客更直观地了解贫困地区翻天覆地的变化，尤其是脱贫前后的照片给人带来很大冲击力，“看到悬崖村藤梯到钢梯的前后对比照，我真心为贫困群众生活条件的改善感到高兴”。

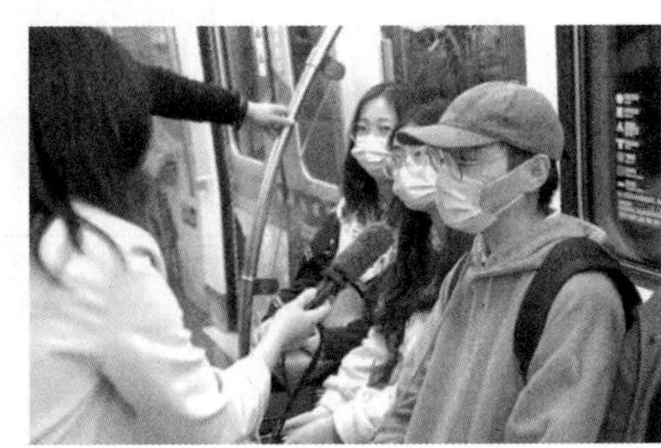

我院师生接受媒体采访

除了记录车厢实景、围绕脱贫成果展开思考，同学们也深入市民，倾听乘客们踏上主题列车后的所见所感。不少市民被车厢两侧真实动人的照片吸引，有的市民留意到照片下方的二维码后，立即扫码浏览扶贫商城中的特色农产品。

市民观赏车厢内的影像作品

市民朱先生对扶贫影像展中“幸福都是奋斗出来的”这一口号感慨不已，“我们国家在一天天变好，进入了脱贫攻坚的决胜期，即使再隐秘的角落也会迎来阳光，这一刻我们都是奋斗追梦的中国人!”

市民王女士对车厢影像的构造设计印象深刻，她在接受采访时说：“从前几列车厢一路走过，最后一节车厢呈现了一幅幅真诚笑脸，这些笑脸就是我们国家进步发展的最好印证。”听到市民的心声，参与此行的同学们深切感知到脱贫攻坚的风雨历程与辉煌成就，也被人民努力奋斗追求幸福生活的精神风貌感染，从而对本次主题列车的丰富内涵有了更深入的思考。

我院学子交流参观感受

在精准脱贫的奋进足迹中，四川大学文学与新闻学院积极投身四川大学的扶贫工作，发挥专业所长，开展了多层次的丰富活动，比如以研究生支教团为主体的文新学子扎根山区，通过“一教＋双创＋三扶”，以教育教学为中心，结合当地民族文化特点，从扶智、扶志、扶贫三方面助力贫困地区学子成长、成才。

针对我院学子参加“奋进号”启动仪式的报道实践，中共四川省委宣传部副部长、省委外宣办（省政府新闻办）主任李晓骏和新华社四川分社分党组书记、社长惠小勇与我院学子进行了亲切的交流。

高校学生应该走出象牙塔，深入扶贫一线，去感受社会发展进步的脉搏。不仅立足自己的专业学习，还要了解国家、社会发展的大方向、大政策，在社会的大学校中锻炼成长。

——中共四川省委宣传部副部长、省委外宣办（省政府新闻办）主任李晓骏

社会是个大学校，高校的新闻学子走出校园，参加社会活动，开展实战性的采访活动，比如模拟采访、体验式采访，将理论和实践结合，对于你们未来学习做新媒体报道、全媒体报道将有所启发。同时，“奋进号”主题列车上一幅幅生动的图片，能让你们感受咱们国家进步的足迹，见证广大农村地区所发生的翻天覆地的变

化。你们要把个人的成长和祖国的进步结合在一起，才能在发展的洪流中找到自己的定位。

——新华社四川分社分党组书记、社长惠小勇

知行合一，收获良多
学子的参与体悟

通过观看扶贫影像，我深刻认识到脱贫攻坚的切实行动和显著成效，从建新学校，到修道路，再到住进新房等，都是在为老百姓的根本利益考虑，这也贯彻了党为人民服务的思想。这些影像不仅记录了扶贫过程中一个又一个感人又珍贵的瞬间，更让我们明白扶贫的不易，更加坚定了彻底消灭贫困的决心。

——2018 级新闻学本科生 肖同学

“奋进号”列车承载着脱贫攻坚的精神。我跟随人群穿梭时，一张张照片仿佛构成了电影里的每一帧画面，特别是在医疗、农业领域，影像记载着四川省在贫困地区脱贫攻坚的成果。同时，我也能够感受到记者们拍摄、选取相片时的辛苦。这些照片背后的所有人的努力都让我们更加坚定脱贫攻坚的决心，也让我们更深刻地理解“幸福是奋斗出来的”真谛。

——2018 级新闻学本科生 潘同学

我认为将地铁这样一个公共交通工具作为脱贫攻坚的宣传载体，既贴合国家的宣传政策，又可以拉近脱贫工作与城市居民的距离，能够让群众更加了解四川省人民政府是如何对症下药、因地制宜，让贫困人口和贫困地区早日摘掉贫穷帽子，一起走向共同富裕的。我也希望将来有机会可以到国家需要的地方支教，为新时代中国特色社会主义事业贡献自己的力量！

——2018 级汉语言文学本科生 禹同学

这次参加“奋进号”主题列车的首发仪式，对我来说是一次特殊的体验。脱贫攻坚是注定要载入历史的重要事件，以列车内图像材料的流动展览形式，用创意去记录这段历史并把它融入生活场景中，与大众发生关联，这样独具匠心的策展，我个人认为是一场兼具创意与温情的活动策划，给我留下了深刻而有教益的印象。

——2019 级新闻学硕士生 李同学

三、采编札记

新闻人，多多少少都有一个新闻梦。作为一名新闻学子，我曾在课余实践活动中去过许多新闻现场，流淌在笔尖、镜头以及心间的始终是那份想要向世界发声的初心。在学院新闻中心，我感受到了一种独特的青年担当和青年活力，这里是为川大新闻学子提供实践机遇的温馨家园，更是一个以家国情怀和专业素养与时代共同进步的专业媒体。

参与2020四川脱贫攻坚“奋进号”主题列车首发仪式，便是学院新闻中心为我们提供的一次难得的实践契机。在操慧教授的带领下，我们登上主题列车，跟随人群穿梭在一幅幅承载着脱贫攻坚精神的扶贫影像中，用眼力、脚力、脑力去体悟感知现场，深刻体会脱贫攻坚的切实行动和显著成效。我们走在主题列车的一节节车厢中，宛若漫步在一个扶贫影像博物馆中，也仿佛在欣赏一部电影，更如同亲身来到图片上那一个个予人以震撼的瞬间现场。

首发仪式结束后，我一边翻阅着同行伙伴拍摄的新闻照片，一边回忆着活动现场的所见所闻——“奋进号”主题列车将扶贫成果展现为一幅幅充满艺术感的纪实摄影作品，置于以车厢为载体的公共空间内流动、传达。“奋进号”主题列车把脱贫攻坚历程带到了广大市民身边，把一张张笑脸、一个个好消息汇聚成的决胜全面小康的脱贫答卷呈现在广大市民眼前，更把以习近平同志为核心的党中央团结带领全党全国各族人民啃下贫困硬骨头的脱贫攻坚战成果分享给与祖国同呼吸、共命运的万千人民群众。主题列车一站又一站地停歇，却始终在稳步地向前行驶着，正如习近平总书记所说的，脱贫摘帽不是终点，而是新生活、新奋斗的起点。巩固拓展脱贫攻坚成果，接续推进乡村振兴，使乡村大地激发起蓬勃力量，亿万人民向着更加美好的生活继续奋斗。

2020年12月3日，中共中央政治局常务委员会召开会议，听取脱贫攻坚总结评估汇报。习近平总书记指出，经过8年持续奋斗，我们如期完成了新时代脱贫攻坚目标任务，现行标准下农村贫困人口全部脱贫，贫困县全部摘帽，消除了绝对贫困和区域性整体贫困，近1亿贫困人口实现脱贫，取得了令全世界刮目相看的重大胜利。在这样一个脱贫攻坚战取得完胜的新时代，我们青年新闻学子有何作为？如何作为？

记者是崇高的职业，新闻是崇高的事业。《中国青年报》曾发表文章，将深入贫困地区报道脱贫历程的记者比作“脱贫攻坚战场的战地记者”，这一比喻既生动又贴切。扶贫记者潜心采写、纪实拍摄，真听、真看、真感受，把最真实的脱贫故事讲给亿万中国人民群众，也向世界传递中国声音，以特有的方式助力脱贫攻坚，这何尝不是一种有意义的担当和作为？新闻应该是贴近人民群众的，客观真实地展现群众，记者则在实践和历练中得以沉淀，做出更有力量和温度的新闻作品。而我们作为新闻学子，不能仅仅从课堂上学习理论知识，更应该在实践中提高自己的业务水平。作为处于时代浪潮中的新闻人，我们应当准确把握社会脉搏，始终坚守新闻理想。

在写作札记的此刻，我仿佛又回到那日的车厢之中，一幅幅色彩缤纷的纪实摄影作品展现于行驶的列车两侧，甚至车厢的地面也由多彩的画卷铺就，列车之上来来往往的乘客驻足欣赏，不少乘客拿起手机扫描摄影作品下的二维码浏览扶贫商城……此情此景之下，我们新闻学子在参与中思考，在记录中感受，也在交流中共情。面对主题列车中一幅幅精彩的脱贫影像，我们也用相机记录着，仿佛隔着时空与纪实影像中的人、物、景展开了一次对话：村民安居梦圆有了盼头、孩子义务教育有了归属、农村基本医疗有了保障……世界因其无限广阔的空间而非凡热闹，这热闹从未停歇过，像一波一波上涨又退去的浪潮，拍打着时光磨砺的滩涂海岸，从容孕育着数以亿计的生命荣光。在这个热闹的世界中，我们新闻学子到底何去何从？要走多远的路，才能去到该去的地方？要回多少次头，才能遇到该遇见的光景？这沿途风景无数的生命旅程，许是长途跋涉，道似匆匆；也可驻足观赏，不是空空。如何敢肆无忌惮地往前走？我想，应是凭心中热爱。任热爱作依仗，大步向前，昂首挺胸，向前去，而后，归去来罢。

心理学家阿德勒曾提出：“你要清楚，该怎样过好这一生。”这样的主动，就好像在追逐一种自由，而这自由，不仅仅是肉体的不受拘束，更是人格的独立和灵魂的清醒。在我看来，这也是“新闻梦”的含义，即能够清醒地认知自己，让自己更好地存在于嘈杂人群中，不忘初心，坚持热爱。2020 四川脱贫攻坚“奋进号”主题列车启动仪式是我漫长新闻之旅中的一站，在这里，我感受到新时代决胜脱贫攻坚成果所带来的震撼与感动，下一站，参与时代书写的足迹仍有待心无旁骛地追寻和实践。

（郑秋）

2020 年是决胜全面建成小康社会之年，也是决战脱贫攻坚之年，在这一年的末尾，我有幸跟随操慧教授来到四川脱贫攻坚“奋进号”主题列车启动仪式活动现场观摩学习。在活动前一晚，我得知自己不仅仅是去参观，更要参与当天的采写任务，这对于采写经验并不丰富的我来说既是一次参与报道实践的新尝试，又是一次走出校门进行采访的新挑战。

与以往在学校参加的学院讲座和活动相比，这次主题列车首发仪式规模更大、流程更复杂，不免让我心生紧张，但是一路上老师的教导和写稿时学姐的帮助，又带给我全新的感悟。

此次活动主要分为两个部分，启动仪式与主题列车参观。对于启动仪式的报道，大家在现场根据各自分工，分别记录了活动流程与发言内容，并进行纪实摄影。在参观主题列车的环节中，为了对列车实景有更详细的记录，我和新闻中心的同学们分散进行观察，并围绕此次扶贫影像展主动采访地铁上的市民。

其实，参与这次采写活动对我来说具有一定的特殊意义。不久前，我决定在本校的新闻学专业继续深造，打好实务基础对我来说是当前的重要任务之一，因此跟随老师和多位研究生学姐外出参与报道实践，对我来说是一次绝佳的学习机会。从摄影到采访，再到新闻稿的写作与修改，我意识到了自己的问题，也积累了新闻报道的经验。首先，我明白了新闻摄影的不易，虽然这次没有亲身体验，但通过与学姐的交谈，我了解到一张高质量新闻图片的产出不仅需要好的设备，也需要抓准时机、抓住有利“地形”，更需要学会处理现场光线等临时变量。其次，我感受到了外出采访与校内采访的不同，通常在校内我面对的都是熟悉的老师和同学，彼此心理距离较近，采访一般都有计划，而走出学校，需要面对的随机因素更多，并且被采访对象拒绝的可能性较大，这时不断尝试的勇气就显得格外重要。最后是新闻写作，这次的新闻稿由郑秋学姐主笔，我主要参与后续的修改工作，从初稿到内容最终发布，这篇新闻稿前后经过了多重打磨，这个过程让我体悟到做新闻需要始终拥有严谨负责的态度。

回到活动本身，此次以主题列车为媒介的扶贫影像展带给我的震撼也不小。在旅游业的快速发展下，列车已成为我们所熟知的一种交通工具。然而对于贫困地区来说，狭长的车厢所承载的并非看不见的远方，而是近在眼前的发展与希望。在这趟扶贫专列之中，我们也许看不到沿途的秀美山川，但山区农民在丰收前辛劳的背影、山区孩子们迎接支教队员时露出的笑颜、山区志愿者同当地人们共同奋斗的场面等，都一览无遗地展现出来。这种以多媒体形式展现扶贫成果的方式，既具有视觉吸引力，又不乏精神内涵，对当前的融媒体报道实践具有重要借鉴意义。不论是列车上附有的“脱贫攻坚报道集”和“四川扶贫商城”二维码，还是每节车厢影像的构造设计，无不体现着策划人员的巧思和用心。

仔细观察列车上的画卷，我能够真切感受到助力建强基层组织的使命与担当，感佩决战决胜脱贫攻坚的坚定信念与奋进智慧。作为一名新闻学子，我也从这辆集合了多媒体手段的主题列车中获得了新闻报道的新启示。正如接受采访的中共四川省委宣传部副部长、省委外宣办（省政府新闻办）主任李晓骏所说：“高校学生应该走出象牙塔，深入扶贫一线，去感受社会发展进步的脉搏。不仅立足自己的专业学习，还要了解国家、社会发展的大方向、大政策，在社会的大学校中锻炼成长。”

参与此次“奋进号”主题列车首发仪式的报道实践，对我来说既是一次难得的练习实务的机会，又是一场感受脱贫攻坚历程的奇妙之旅，让我能够从实践中汲取经验，提升专业能力，同时体悟到共产党员的使命与担当。

（蒲可意）

四、案例二维码

《光影之旅新闻行｜我院师生参加 2020 四川脱贫攻坚“奋进号”主题列车启动仪式》

第七章　抗击疫情

2020年年初新型冠状病毒肺炎疫情暴发，全国齐心抗疫阻击战就此打响，四川大学文学与新闻学院遵循教育部和学校相关部署要求，主动贯彻落实防疫工作，不仅关怀师生身心健康，凝聚全院抗疫决心，而且有序开展线上教学科研工作，以全方位网络技术服务保障停课不停学，以实际行动凝心聚力，抗击疫情。

学院新闻中心依托丰富的校友资源，围绕学院抗疫实践工作，充分挖掘内容素材，采写多篇主题报道，形成包括线上讲座、文新网课进行时、校友战“疫”、疫情中的毕业季等内容的“抗击疫情”专题，创作发布“云端锦江”系列学术讲座报道，以及《文新网课进行时②｜师生共话线上一周“教”与“学”》和《校友战“疫”｜“以读攻毒”全民阅读公益行动：用知识提升免疫力》等主题报道，记录全院战“疫”中的守望相助和责任担当。多篇报道被新华社客户端全文转载，取得了良好的社会反响。

案例 1

“云端锦江”系列学术讲座

一、案例简介

新型冠状病毒肺炎疫情期间，四川大学文学与新闻学院为响应“停课不停学”的号召，特于2019—2020学年春季学期策划推出了“云端锦江”系列学术讲座，助推线上学术共享和智识传播。该系列讲座于2020年3月起正式开讲，文学与新闻学院新闻中心密切配合讲座的线上宣介，开展了大量的采写报道工作，发布于四川大学文学与新闻学院微信公众号，主要包含讲座预告、讲座报道、讲座盘点三部分内容。

讲座预告方面，学院微信公众号主要依托已具有一定知名度的校园资讯专栏“周一荐”来进行推广，发布讲座主题、主讲人、主持人、讲座时间与平台等相关信息。2020 年 3 月 9 日，学院微信公众号推送了《周一荐｜“云端锦江”系列学术讲座本周开讲》一文，发布由文学与新闻学院院长李怡教授撰写的“云端锦江”系列学术讲座开讲辞，并以海报与文字相结合的方式来预告当周的四场相关讲座。2020 年 4 月，学院与四川大学中国俗文化研究所还联合推出“2020：云端锦江・中国俗文化”系列讲座，邀请相关领域的名师大家，围绕中国民俗文化、俗文化等展开主题分享，学院新闻中心运营的四川大学文学与新闻学院微信公众号与研究所运营的中国俗文化研究微信公众号协作开展相关推广。讲座报道方面，学院新闻中心以分组协作的方式轮流对每周的线上讲座进行采写编辑，报道每场讲座的主旨内容以及同学们的心得感悟，并发表于学院微信公众号和学院网站，多平台助推学术资源共享，以实际行动践行学术公益。讲座盘点方面，学院微信公众号定期进行月度与季度讲座回顾，如《温故知新｜四月讲座一览》《温故知新｜第二季度主要学术讲座盘点》等推文，以时间轴的形式列举讲座信息与核心内容，并链接相关采写报道。

“云端锦江”系列学术讲座报道列表

讲座时间	报道标题
2020 年 3 月 10 日	“云端锦江”讲座览要｜刘海龙：布尔迪厄的新闻场理论与中国新闻实践
2020 年 3 月 10 日	“云端锦江”讲座览要｜关爱和：梁启超与近代中国
2020 年 3 月 11 日	“云端锦江”讲座览要｜胡翼青：媒介理论的崛起——从媒介环境学到媒介化理论
2020 年 3 月 12 日	“云端锦江”讲座览要｜李本乾：媒介效果理论的演变
2020 年 3 月 16 日	“云端锦江”讲座览要｜朱春阳：重新理解媒介融合的时代价值
2020 年 3 月 17 日	“云端锦江”讲座览要｜涂险峰：细节的智慧与存在的洞见——以中外文学名著为例
2020 年 3 月 18 日	“云端锦江”讲座览要｜朱国华：身体表征的现代中国发明
2020 年 3 月 19 日	“云端锦江”讲座览要｜韦路：新冠肺炎疫情期间的社会信任
2020 年 3 月 19 日	“云端锦江”讲座览要｜过常宝：谁的风景，如此神秘——以唐诗解读为例
2020 年 3 月 26 日	“云端锦江”讲座览要｜杜桂萍：清初文坛的经纪人与文学创作
2020 年 3 月 30 日	“云端锦江”讲座览要｜梁嘉仪：心理学视域下研究文化的方法与案例
2020 年 4 月 1 日	“云端锦江”讲座览要｜陈平原：现代大学与小说史学——以鲁迅为中心
2020 年 4 月 2 日	“云端锦江”讲座览要｜张志安：平台媒体与数字新闻业研究

续表

讲座时间	报道标题
2020 年 4 月 3 日	“云端锦江”讲座览要｜邱林：大数据时代社会科学研究的新方法
2020 年 4 月 7 日	“云端锦江·中国俗文化”讲座览要｜杨利慧：当代中国电子媒介中的神话主义
2020 年 4 月 9 日	“云端锦江”讲座览要｜宋明炜：异托邦与后人类未来
2020 年 4 月 10 日	“云端锦江”讲座览要｜张明新：新冠肺炎疫情中公众的媒体使用、健康威胁感知与应对行为
2020 年 4 月 10 日	“云端锦江”讲座览要｜吴俊：中国当代文学的流变与转型——从新时期文学到新世纪文学
2020 年 4 月 14 日	“云端锦江”讲座览要｜杨建刚：马克思主义视域中的俄国形式主义价值重估
2020 年 4 月 15 日	“云端锦江”讲座览要｜周星：关于中国电影现状考察与发展的思考
2020 年 4 月 16 日	“云端锦江”讲座览要｜杨向荣：图与词——重读马格利特与福柯
2020 年 4 月 17 日	“云端锦江”讲座览要｜彭玉平：从王国维《殷周制度论》到陈寅恪《王观堂先生挽词并序》
2020 年 4 月 20 日	“云端锦江”讲座览要｜陈引驰：海外汉学与中国文学研究漫谈
2020 年 4 月 22 日	“云端锦江”讲座览要｜尹鸿：瞭望者——获奥斯卡奖的新闻电影分析
2020 年 4 月 25 日	“云端锦江”讲座览要｜韩振江：新冠肺炎疫情的“五个哲学辩题”
2020 年 4 月 29 日	“云端锦江·中国俗文化”讲座览要｜高丙中：关于民俗协商的民俗学
2020 年 4 月 29 日	“云端锦江”讲座览要｜张志强：出版学的前世今生
2020 年 4 月 30 日	“云端锦江”讲座览要｜周勇：中国电视 60 年的历史演进与现实抉择
2020 年 5 月 18 日	“云端锦江·中国俗文化”讲座览要｜张士闪：民间文献与地方社会的历史构成——以清代胶东地区“双山马家”族谱编撰为例
2020 年 6 月 9 日	“云端锦江”讲座览要｜刘涛：图像思维与视觉修辞分析
2020 年 6 月 11 日	“云端锦江”讲座览要｜丁国旗：寻找公共性——文学批评意图初探
2020 年 6 月 17 日	“云端锦江”讲座览要｜许洁：面向开放科学的科技期刊出版创新
2020 年 6 月 19 日	“云端锦江·中国俗文化”讲座览要｜朱万曙：俗文学中的包公故事

二、案例原文

（一）

“云端锦江”——四川大学文学与新闻学院 2020 年学术讲座开讲辞

千年锦江，逶迤于天府大地，穿岷山，过玉垒，濯浣出锦绣般的文明；四川大学文教百年，远有石室流脉，近创锦江书院，百川归海，尽显了现代蜀学的宏大气概。时值疾疫围城，春色在外。然而思想怎会止步于“禁足”的自闭，真知又岂能迷失于早春的雾霾？

云端，在科技上指的是网络交流的信息平台，在现实中则有经历拼搏、直达人生与学术高地之意，正所谓千流归大海、高路入云端。

云端之锦江，当如大地之锦江，源头活水，长流不息；信息时代的科研不仅能够突围物理层面的阻隔，也能实现心理层面的对话，导引我们奔向思想的远方。

云端锦江，将成为四川大学信息时代线上学术交流的一种全新形式，希望它能够联通世界与我们，不断传递那来自学术云端的智慧声音。

四川大学文学与新闻学院向每一个渴求真知的同学发出邀请：让我们相约于云端，相约于云端的锦江书院，在那里，一大批名师大家等候你的到来。

× 四川大学文学与新闻学院 > ···

媒介效果理论的演变：从三阶段、累积效果到权变效果

主讲人
李本乾 教授

主持人
蒋晓丽 教授

× 四川大学文学与新闻学院 > ···

主讲人简介

李本乾，现为上海交通大学媒体与传播学院院长、教育部“长江学者奖励计划”特聘教授、国家“万人计划”哲学社会科学领军人才、国务院“政府特殊津贴”专家、中宣部文化名家暨“四个一批”人才、国家社科重大项目首席专家，我国培养的第一批传播学博士。著有《传媒经济与中国经济》、《中国大众传媒议程设置功能研究》等著作，译作和教材近10部，主要研究方向为媒介经济与管理、传媒产业与政策、传播效果等。

讲座摘要

媒介效果研究在传播学领域占据着重要位置。自媒介效果论提出以来，相关研究文献中既有经典的媒介效果理论著述，也有前沿的最新成果发现，值得我们进一步思考和讨论。立足当下的学术动态和业界变化，如何全面、客观地理解和反思媒介效果理论的发展历程？如何总结媒介效果理论的演变过程？李本乾教授通过对媒介效果理论的梳理和研判，对不断演化和变迁的的传播格局、媒介生态、传媒环境提供新的解读视角。

参与方式

本场讲座以线上形式进行，请想要参加讲座的同学根据下方提示进入讲座课堂。

1.进入Zoom官方主页下载Zoom正版软件（支持Windows、Mac电脑客户端以及手机安卓系

2020 年 3 月 9 日《周一荐｜“云端锦江”系列学术讲座本周开讲》部分截图

（二）

“云端锦江”讲座览要｜刘涛：图像思维与视觉修辞分析

2020 年 6 月 9 日 19：00，“云端锦江”系列学术讲座第 28 场通过腾讯会议平台顺利举行。暨南大学新闻与传播学院副院长、博士生导师刘涛教授应邀做题为“图式论：图像思维与视觉修辞分析”的主题讲座，我院胡易容教授任主持人，院内外近 300 名师生在线参与。

本次讲座中，刘涛教授基于视觉修辞学（visual rhetoric）的理论框架，审视图式的内涵及其运行“语言”，进而解析视觉实践中的图像思维基础及其深层的框架逻辑。图式是一种通往心理表征的“算法”体系，一种抵达事物形式与特征的“建模”结构，其功能就是为认识活动提供一种“加工”依据，它使得我们的知觉过程变得有“章”可循。刘涛教授认为，视觉认知活动的图式工作，主体上是沿着形式建构与意义建构两个维度展开，前者对应的图式类型是完形图式，后者对应的图式类型是意象图式。意象图式在“视觉形式”维度上提供了一种抵达“文化形式”及其本质的认识路径。

讲座实况

作为“修辞问题”的图式及其“语言”

讲座伊始，刘涛教授首先列举了2010年江西宜黄自焚事件、2011年甘肃正宁校车事件等为代表的各类“影响时代的图像”，并以视觉框架角度来探讨图式问题的兴起。刘涛教授指出，现代认知心理学的基本认识是，图式本质上意味着一种心理认知结构，其功能就是对我们觉察到的事物进行范畴定位、类型归类、形式捕捉，以及对事物本质特征和属性进行思维加工。视觉框架（visual frame）超越了“语言框架”，视觉框架分析（visual framing analysis）为如何开展视觉文本的框架分析提供了基础性的图式，而视觉图式则是一种重返视觉研究（visual studies）的基础形式。

针对作为“修辞问题”的图式及其语言，刘涛教授以2015年叙利亚难民危机和2019年美墨边境的难民为例，介绍图像“形式”所释放的“能量”。刘涛教授引用美国心理学者杰瑞·伯格（Jerry M. Burger）对图式的两大基本认知功能的概括：一是帮助人们感知并知觉周围的环境特征，特别是形成超越实在对象的知觉形式；二是为人们提供一种加工信息的组织原则和结构。进而，刘涛教授提出，在一个“语用”情景中，当既定的图像“形式”进入一个激活、发现、挪用、发明、再造的生产体系中，图像功能（function）和效果（effect）的发现使得修辞实践成为可能。

图式理论的哲学起源

随后，刘涛教授分别就图式的“出场”语境、图式“出场”的问题意识、图式的内涵和功能、图式是否存在、范畴应用于现象的图式原理、图式是如何产生的等方面的问题，立足于“图式问题”的发生学语境及其学术史脉络，从把握现代心理学体系中的图式内涵出发，解析了视觉修辞学意义上的图像功能与策略。

刘涛教授介绍，康德通过一系列先验性假设，积极寻找感性和知性之间的桥接方式，而图式恰恰就是康德发明的这种“中介”或“媒介”，其功能就是在先验演绎维度上实现感性和知性的结合，由此便诞生了康德的“图式说”，亦即“图型说”。

作为一种兼有知性和感性的图式究竟是否存在？对此，刘涛教授认为，由于图式兼具范畴和经验的双重性质，而范畴本质上意味着纯粹知性概念，即知性概念的先天形式，那么，寻找图式的有效方式就是发现感性的先验形式，即“感性直观的纯形式”。康德认为，时间是范畴应用于现象的基本图式，时间是感性的先天形式，它既是先天的又是可感知的；时间既包含了范畴的先验形式，又包含了现象的感觉因素，因而具有联结范畴和现象的中介功能。

基于此，刘涛教授提出，图式本质上是想象力的产物。图式虽然不等于意象，但是图式对于一个经验概念而言，意味着一种使概念产生意象的规则，而从概念到意象，离不开想象力的作用。

完形图式与“图式的结构”

刘涛教授借视觉图式研究的代表性学术流派——格式塔心理学的一系列“似动实验”，简要阐释了视觉认知的心理加工机制和心理活动中的图式加工原理。他认为格式塔心理学提出的组织法则，本质上回应的是图像完形问题，也就是通过对图像形式的提炼和抽象，形成一种相对稳定的视觉形象。同时，视觉信息加工的前提是对图像内容的抽象和提炼，并在此基础上赋予其意义。刘涛教授指出，格式塔心理学将康德的“先验范畴”加以改造，使其成为心理认知意义上的“经验的原始组织”，格式塔心理学“出场”的哲学基础则是康德的先验论思想以及胡塞尔的现象学思想。

此外，刘涛教授依据视觉形式建构的逻辑层次，将完形图式的工作“语言”概括为五种代表性的视觉加工方法，亦即视觉形式识别与抽象的五种完形法则：一是整体加工法则，二是主体识别法则，三是认知补偿法则，四是相似与联想法则，五是同构与转换法则。他强调，之所以将完形图式视为一个视觉修辞问题，根本上是因为五大完形法则不仅涉及视觉认知问题，也指向视觉文本生产的修辞策略问题。

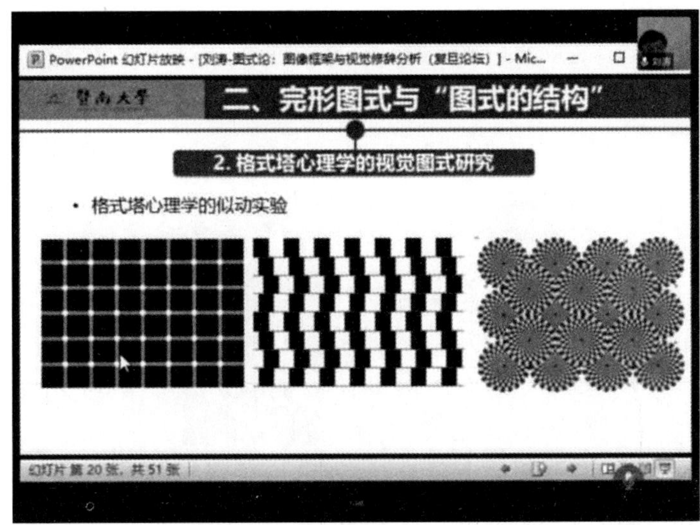

讲座实况

意象图式与“思维的框架”

讲座中，刘涛教授从意象图式作为一种思维语言、意象图式的生成与演变及其文化逻辑、视觉修辞的意象图式三个方面切入，进一步揭示了意象图式并非一种纯粹的视觉形式，而是一种具有认知能力的心理加工装置。

刘涛教授将意象图式比作一种“数字米姆”（digital memes），它流动于不同的视觉文本之间，不仅提供了一种把握文本间性（intertextuality）的修辞学方法路径，也成为我们认识图像文本语言及其社会动员（social mobilization）的图式结构。在图像话语的生产体系中，对特定视觉意象的建构、激活与再造，已经成为一种普遍的视觉修辞策略和路径。

此外，刘涛教授介绍了新中国成立以来视觉修辞意义上的国家隐喻变化：国家指称概念从早期充满伦理意味的“祖国母亲”，到当前社交媒体时代逐渐延伸为充满疯狂荷尔蒙的“阿中哥”。他指出，“祖国母亲”对应的意象图式是以“保护”“安全”为意象本质的“容器图式”，“阿中哥”则主要体现为以“追随”“信任”为意象本质的“前一后图式”。从“祖国母亲”到“阿中哥”，国家政治话语发生了微妙的变化，而话语变化的深处则存在一个可以识别的意象图式的变迁过程，即从“容器图式”到“前一后图式”的转向。可见，一个时代的“文化形式”，往往对应于一种可以识别和分析的“视觉形式”，而意象图式无疑在“视觉形式”维度上提供了一种抵达文化本质的认识路径。

讲座实况

讲座互动环节，同学们以文字的形式与刘涛教授展开交流。讲座最后，刘涛教授总结道，由于转喻和隐喻意味着人类认识活动的两种基本思维方式，视觉转喻和视觉隐喻则意味着视觉修辞的两种基本“修辞结构”（rhetorical structure）。同时，刘涛教授还从修辞学、后真相、情感结构、政治参与、知识生产、技术哲学、媒介化社会等角度，对凝缩图像及其意义生成的“图式”原理、视觉框架研究可以回应哪些深刻的传播问题或人类问题，提供了思考和研究的方向。讲座结束后，参与师生认为很有收获，深受启发。

（三）

“云端锦江”讲座览要｜周勇：中国电视60年的历史演进与现实抉择

2020年4月30日19：00，“云端锦江”系列学术讲座第27场通过Zoom平台顺利举行。中国人民大学新闻学院党委书记兼副院长、博士生导师周勇教授应邀作“中国电视60年：历史演进与现实抉择”的主题讲座，我院蒋晓丽教授任主持人。

主讲人介绍

周勇，传播学博士，教授，博士生导师。现任中国人民大学新闻学院党委书记兼副院长、视听传播研究中心主任，中国高等教育学会新闻学与传播学专业委员会理事长。主要研究方向：新闻理论与实务、视觉传播。曾任中央电视台新闻中心制片人，参与中央电视台新闻频道创办及香港回归等重大直播报道。

本次讲座，周勇教授按照时间线讲述了中国电视 60 年的历史略影，他将电视的发展分为改革开放前的“小众化”媒介、改革开放后的“大众化”媒介以及当下时代的“分众化媒介”三个阶段。通过对中国电视 60 年来发展状况的梳理与分析，周勇教授指出，传统电视业正面临着互联网媒体的剧烈冲击，电视如何保有和强化其作为主流视听平台的实力变得极为重要。

线上讲座实况

改革开放前：作为“小众化”的媒介

讲座伊始，周勇教授谈到视觉传播的重要性。19 世纪以来，照相技术和摄影技术的发展使得视觉传播得以大规模复制和广泛传播，视觉传播成为大众媒介。在电视技术发展的大背景下，中国电视的诞生却是一个“被催生的早产儿”。国内外环境的影响与工业计划对技术发展的渴求，催生中国的第一座电视台——于 1958 年试验播出的北京电视台。在此时期，中国电视以一种“小众化”媒介存在，它在政治全面主导、技术阶段性助力的背景下形成。周勇教授指出，该时期大多数国人对这种“新媒介”毫无了解，但这段漫长的培育期让中国电视逐渐酝酿出此后得以真正实现大众化传播的社会基础。

改革开放—新世纪前十年：作为“大众化”的媒介

1978 年，改革开放政策的提出让中国电视事业迎来转折，电视转向日常消费性媒介，并开始作为一种“大众化”媒介真正走向普罗大众。这一时期，作为新型视觉媒介的电视、作为“事业”的广播电视业初具规模，电视逐渐成长为中国社会的“主流媒介”。

在周勇教授看来，电视得以成长为“主流媒介”主要在于经济和文化两条社会线索的指引。在经济方面，电视业在一定程度上摆脱了事业单位的束缚，形成了“事业单位企业化管理”的管理模式，对“消费”形成了准确认识。在文化方面，电视业在这一时期迎来了“黄金时代”，由电视兴起的“客厅文化”被构建，人们的日常生活方式因为电视而改变。周勇教授将该时期总结为中国电视的“高光时刻”——这一时期，中国电视业在更稳健、更有力的政治话语指导下，伴随社会经济和社会文化的巨变形成新样貌，在文本、产业、机构和受众等维度上取得长足进步，呈现出产业化、全球化、大众化的完整媒介面貌。

线上讲座实况

新世纪的第二个十年：作为“分众化”的媒介

随着互联网和移动互联网的异军突起，作为重要社会角色的电视面临着巨大冲击。收视时长变短、观众规模缩小、电视收入缩水等问题的出现让人们不禁生出“电视是否已死”的疑惑。

周勇教授认为，应从社会文化的视角重新去理解中国电视。传统电视采用广谱式点对多的传播形式，而互联网可以实现点对点的精准传播，电视面临着从“大众化”媒介迈入“分众化”媒介的危机。而电视是社会文化语境的构成者，也是社会文化语境的一部分，“分众化”的冲击使中国电视面临“语境”失灵的困境。

中国电视的“大众化”滑落、“分众化”崛起是新旧媒体之争导致的吗？周勇教授认为，电视面临最大的“敌人”不是新媒体，而是电视自身。一方面，电视发展的技术张力在如今显得十分微弱。与互联网立足于以空间为主的呈现方式不同的是，传统电视是以时间为主的线性播出形态，这种专注于对电视时间资源不断开发的技术发展模式在当下已经失效。另一方面，中国电视业的生产力被分解。原有的为适应计划经济体制的电视业出现了僵化、造血乏力的问题，20 世纪 80 年代提出的“四级办电视”盘活地方办广电的积极性的政策在如今造成了电视业地域、层级的分割，外部环境互联网的崛起也分割了优质的视频内容。再者，原有的电视传播逻辑被解构，中国电视的传播逻辑面临从“时间”到“空间”的转向。传统电视线性传播的模式使大众养成了固定时间收看节目的习惯，而互联网以空间为特征的传播模式使观众随时点播不同节目成为可能，“黄金时段”“收视率”的说法逐渐消失，传统时代积累下的大量频道资源出现空心化。此外，网络直播的出现也分解了电视直播的优势，“即时性”不再稀缺。最后，社会互动关系亟待突破。大众对电视的依赖性越来越弱，社交媒体的崛起打破电视维系的家庭观看场景，新媒体在二次传播和话题传播上具有比电视节目更强的影响力。

重回“大众化”：“再语境化”的现实抉择

党的十八大以来，习近平总书记高度重视新闻舆论工作，曾在多个场合发表重要讲话，强调要着力打造一批新型主流媒体。周勇教授说，在新的舆论场域中，电视作为主流媒体的引领力量仍然十分重要。但与其过去在社会文化中的必然性影响不同，中国电视重归“大众化”应是“再中心化”，是在电视“大众化”影响的基础上，结合“分众化”的优势，最终实现电视价值的再确认。

在谈到如何实现中国电视的“再语境化”时，周勇教授提出了需从媒介底层逻辑、技术驱动逻辑、资源开发逻辑和社会话语构建逻辑四个方面进行革新。首先，媒介底层逻辑的革新就是要实现中国电视业结构化转型，要关注到顶层设计，而当前媒体行业对电视融媒体的建设就是其改革的具体表现。其次，技术驱动逻辑的革新要求电视走向轻量化，实现新技术的研发和创新。电视不仅是向大众输出优质视频内容的终端，更是作为一种新媒体本身而存在。如今5G+4K+AI、智能电视大屏重回客厅，周勇教授乐观地预测，在不久的将来人们将会重新回到客厅。再次，资源开发逻辑的革新即要解决电视与不同圈层大众有效衔接的问题。周勇教授认为，电视在保留自己作为社会主流价值观的塑造者的同时，要学会将社会主流价值观分解到不同圈层的群体中去。主流价值观与不同圈层大众的沟通实现后，社会话语建构逻辑才能得以革新。电视应承担起在社会重大议题上的责任担当，发挥召唤共情、有效动员和舆论监督的作用。

讲座互动环节，部分同学通过文字留言的方式就中国电视研究的相关问题与周勇教授进行了交流探讨。我院张放教授也与大家分享了自己的感受。他说，周勇教授融合了传播学、经济学、社会学、文化研究等多领域的视角，将电视发展史放在社会史中、放在理论研究的框架下进行分析，深入浅出，使大家受益匪浅。

三、采编札记

2020年年初，一场突如其来的新冠肺炎疫情牵动着千千万万的家庭，人们的学习、工作和生活秩序都被打乱了。为了让学生不因疫情耽误学业，全国上下纷纷展开线上网络学习，将“停课不停学”落到实处。在此期间，四川大学文学与新闻学院开展了“云端锦江”系列学术讲座，邀请各大高校名师于线上开展讲座交流，使我们在课堂之外的讲座学习不受疫情影响，驰而不息，卓有成效。

疫情期间，文学与新闻学院克服困难，以多种形式陪伴师生勤勉求学，充分利用线上平台，联动学界业界，邀请多位学者线上“授知”，举办了30余场“云端锦江”系列学术讲座。学院新闻中心师生全程报道讲座实况，通过讲座览要、师生感想、现场互动等主题版块呈现讲座精彩瞬间，服务学院内外师生。《“云端锦江”讲座览要｜刘涛：图像思维与视觉修辞分析》这篇推送作为“云端锦江”系列讲座回放报道之一，是我在操慧教授的指导、林丽学姐的帮助之下完成的，也是我在疫情期间以自身的新闻行知参与服务学院师生的一段珍贵实践经历。在本次讲座中，暨南大学新闻与传播学院的刘涛教授从视觉修辞学的理论框架出发，以视觉框架角度来探讨图式问题的兴起，解析了视觉修辞学意义上的图像功能与策略。由于提前接到了讲座报道任务，因此我在学习讲座内容的过程中，更加认真地记录笔记，尝试把刘涛教授的所言所述理解透彻。此外，我还在讲座之前提前学习了刘涛教授的《媒介·空间·事件：观看的“语法”与视觉修辞方法》《视觉修辞的学术起源与意义机制：一个学术史的考察》等研究成果，尽力避免在报道中出现错误阐释理论的问题。

讲座尾声，我看到同学们踊跃提出的问题在线上聊天室中一条条展开——“老师可以推荐一下意向图式和符号学的入门书籍吗?”“隐喻和图式之间的关系是什么？阐释的出发点又是什么?”……这些问题引发了我对视觉修辞学、图式理论的进一步思考。我也逐渐意识到，把本次讲座的核心内容报道出来，给予那些因时间不便而无法参与线上讲座的同学们一个学习图像思维与视觉修辞分析的契机和入口，这或许正是“云端锦江”系列学术讲座开展的意义所在，也是我作为学院新闻中心的一名成员践行新闻价值和新闻理想的信念追求。

犹记得《四川大学文学与新闻学院 2020 年学术讲座开讲辞》中的一句话，曾给我极大的冲击和震撼：“时值疾疫围城，春色在外。然而思想怎会止步于‘禁足’的自闭，真知又岂能迷失于早春的雾霾?”通过“云端锦江”学术讲座，我以一名求知者的身份聆听了不同学科和研究主题的精彩讲座，也因为在四川大学文学与新闻学院新闻中心实习，得到了以采访记录者的身份参与报道讲座的机会。

从我第一次参与四川大学文学与新闻学院新闻中心的任务至今，不过短短一年多的时间。操慧教授带领下的新闻中心，为我们新闻学子打通了课外课内“两个课堂”，让我们在实际环境中思考理论价值和现实意义。尤其是“云端锦江”系列学术讲座的报道，更是在疫情期间依托学术特色资源，为全院师生搭建起了学术对话和思想交流的平台。在未来，我们更要在广阔天地间践行马克思主义新闻观，践行新闻“四力”，吸取时代精髓，多思善谋，在实践中深化对新时代下新闻传播工作的认知。

（郑秋）

新冠肺炎疫情期间，凡遇线上讲座报道，在讲座开始前半个小时，我就会准备好做记录的纸笔与笔记本电脑。在这半个小时里，我反复不断地在电脑屏幕上输入线上讲座的会议室密码，因为此前有听过线上讲座的同学曾跟我说过：“慢了，你可就进不去了。”

受疫情影响，2020 年春季学期，四川大学全校师生未能如期相聚在校园。在此情况下，四川大学文学与新闻学院启动了“云端锦江”系列学术讲座，以线上讲座的新模式尽可能地为同学们提供优质的学术资源、创建良好的学习环境。自“云端锦江”系列学术讲座活动启动以来，我共参与了其中五场讲座的报道工作，分别为关爱和教授的“梁启超与近代中国”、韦路教授的“新冠肺炎疫情期间的社会信任”、陈平原教授的“现代大学与小说史学——以鲁迅为中心”、吴俊教授的“中国当代文学的流变与转型——从新时期文学到新世纪文学”和周勇教授的“中国电视 60 年：历史演进与现实抉择”。五名学界大咖通过线上讲座的方式分享观点、传授知识，尽管隔着屏幕，但在疫情期间这种特殊的学术交流方式却成为同学们增长见识、扩充视野最便捷的方式。

2020年4月30日晚，中国人民大学新闻学院周勇教授应邀作题为“中国电视60年：历史演进与现实抉择”的主题讲座，本次讲座足足吸引了近400名师生在线听讲。这已经是我第五次以线上采写的形式参与讲座报道工作了，但依然很紧张，因为前几次线上采写经历让我深刻明白了一个道理——挤进线上讲座的会议室是顺利完成采写工作的首要前提。虽然学院多次对线上讲座的人数容量进行扩容，但同学们的学习热情仍然相当高涨，不少外校同学也会慕名前来参与，所以想要进入线上讲座会议室的人数远超人数上限。为了更好地掌握“现场”情况，我至少提前了30分钟做准备，就是为了应对可能发生的一切紧急状况。

只有做好万全准备，才能让报道工作更趋完美。在周教授的讲座开始前，我就主动与负责该场讲座的学生助理取得了联系，并询问是否有可以作为报道参考的讲座资料，以便最后对采写内容进行信息核实和补充提炼。一场线上讲座往往会持续两个小时左右，讲座信息量很大，提前对其内容进行确认是极其必要的。此外，对讲座中的重要内容进行截图保存以及在征得主讲人同意后进行讲座录音，同样便于讲座后的资料概括与整合，这都将为我之后的稿件撰写提供便利。还记得，在周勇教授长达两个小时的讲座结束之后，我的电脑上已经保存了近20张讲座内容截图以及近千字的讲座内容记录。“时刻准备好”这句话一点都不假。可以说，不管是之前的提早入场，还是之后的资料收集，都是必要的采写准备工作，也是报道写作前的工作积累。

与聆听讲座的同学保持密切联系，有助于获得最真实的讲座效果反馈。在采写工作中，对不同视角人群观点的收集也是提升新闻稿件内容真实性与充实性的关键。虽然在线上讲座中不能面对面与同学们交流讲座心得，但以线上文字采访的方式留存下他们对讲座的感想亦是让报道更为丰满生动的方式。周教授的讲座主题虽更偏向广播电视方向，但依然有许多其他专业的同学前来聆听学习，而这些不同专业同学的讲座提问与感想也给我们的报道工作带来了新角度、新启示。

与线下讲座相比，疫情期间的线上讲座增加了包括采写报道在内的一切工作的难度，但这也让我积累了相应的报道经验，对探索特殊时期新型的学术交流方式与报道方式提供了极大的借鉴。

（曾琦）

2020年春季学期，一场始料未及的疫情让我们未能如期返校，在学院的安排下，线上教学有条不紊地进行着。同时，为给同学们提供优质的学术资源、创建良好的学习环境，学院还举办了“云端锦江”系列学术讲座。作为学院新闻中心的一员，我十分荣幸地参与了“云端锦江”讲座报道工作，共报道了六场讲座。

2020 年 3 月 10 日下午，中国人民大学新闻学院教授、博士生导师刘海龙以“布尔迪厄的新闻场理论与中国新闻实践的问题”为主题拉开了“云端锦江”系列学术讲座的序幕，而我有幸成为这场讲座的参与者与报道者。说实话，在接到这个任务时我心里是有些许忐忑的。一方面，我担心线上讲座受到网络环境等技术因素的影响，难以达到预期效果；另一方面，我也担心来参加此次讲座的同学不多，互动环节不活跃，而为后续的报道带来阻碍。讲座当天，我就发现自己多虑了，空间的距离并未带来任何影响，同学们参与学术交流的热情依然高涨，都积极主动地与主讲人交流，让我深刻地感受到同学们求知若渴的学术热情。

必须承认，线上讲座的确为我们的采写带来了一些新的困难。比如每次讲座都会吸引不少外校同学慕名前来，但线上会议室往往有人数限制，进入时间较晚或者中途掉线都可能导致无法聆听这次讲座，说是“抢”讲座也毫不夸张。而对于报道者而言，进入第一现场是至关重要的前提。为此，在之后的每一场讲座报道中，我都会仔细检查网络状况，提前一小时进入会议室，以防出现无法参与讲座的情况。

参与“云端锦江”讲座报道工作，于我而言，与其说是采写，不如说是在接受一场精神上的洗礼。在讲座开展过程中，我需要全身心地投入与参与，认真地记录主讲人和同学的交流与互动；在讲座结束后的写作阶段，我也会查阅相关论文和资料，以便更好地理解并传递主讲人的观点与思想。这一过程无形地打破了学科之间的壁垒，我不再局限于自己专业本身，而是有了更多机会去感受文学等其他学科的魅力，自身的知识面不断被拓宽。除此之外，在每一次新闻实践中，分管学院宣传工作的副院长操慧教授都会亲力亲为地进行指导，对文章的遣词造句和推文的排版布局等提出十分中肯的建议。她反复强调，作为知识传播，我们一定要做到严谨，为此她会邀请学院的老师对我们的稿件提出专业的修改意见。在反复锤炼中，我的新闻实践能力得到了强化，尤其是融媒体报道的各项技能大大提升。

（诸葛纯）

“今天的讲座没‘抢’到，看来下次得更早才有机会。”四川大学文学与新闻学院 2018 级硕士群聊中总是出现类似的话。由于腾讯会议平台的人数限制，“抢”线上讲座名额成了文新学子在 2020 年上半年里的日常。

2020 年年初，新冠肺炎疫情的暴发打乱了人们原本的生活节奏，全国各地停工停产停课。为将疫情对学校教育的影响降到最低，教育部号召“停课不停学”。学院积极响应号召，除开展线上授课外，还利用线上平台连续举办了 30 余场“云端锦江”系列学术讲座，在“无接触”的前提下为同学们提供了与多位学者对话互动的平台。

作为学院新闻中心的记者，我总共参与了四场学术讲座的采写工作，分别是胡翼青教授的“媒介理论的崛起：从媒介环境学到媒介化理论”、过常宝教授的“谁的风景，如此神秘——以唐诗解读为例”、邱林副教授的“大数据时代社会科学研究的新方法”以及张士闪教授的“民间文献与地方社会的历史构成——以清代胶东地区‘双山马家’族谱编撰为例”。起初，在获悉学院即将举办“云端锦江”线上学术讲座时，我心中其实还存有疑虑，担心线上讲座这一形式无法充分实现师生间的互动，老师也无法获得学生的即时反馈。但当我真正聆听“云端锦江”学术讲座并参与采写工作后，这种别样的讲座打消了我心头的疑虑。

2020 年 3 月 19 日这一天，我第一次全程参与此系列学术讲座的采写工作，此次经历为我之后参与采写工作提供了方法论指导。当天，主讲老师为北京师范大学文学院过常宝教授，讲座主题为“谁的风景，如此神秘——以唐诗解读为例”。采写内容包括主讲人简介、讲座内容、主持老师以及同学们的讲座心得。在讲座前一天，我便开始采写前期的准备工作。首先在百度上搜索过常宝教授的相关信息，了解到过教授有一本解读唐诗宋词的著作《依然旧时明月》，考虑到此次讲座的主题就是对唐诗的解读，于是我翻阅了该著作，同时还在中国知网上检索、浏览过教授的研究成果，提前熟知可能与讲座相关的内容。

完成采写工作，前提是要全程参与。于是，我与大多数文新学子一样，也加入“抢”名额之战中。讲座当天，当提前一个小时进入腾讯会议室时，我发现不少同学已在静候老师上线开讲。晚上七时，屏幕上放映着 PPT，讲座如期开始。除了提前进入腾讯会议室，我还准备了采写过程中常用到的笔、纸、录音工具等。事实证明，采写的前期准备工作非常奏效，过老师选取的部分唐诗以及解读的内容能够在其著作《依然旧时明月》中查阅到。讲座期间，我把每一张 PPT 都截图保存，这些图片与讲座录音一样，都是撰写稿件时的重要素材，同时也是核对讲座内容及相关信息的重要依据。虽然我全程对讲座进行了录音，但由于提前拜读了过老师的著作，因此稿件写作过程非常顺利，节省了反复回听录音的时间。

讲座结束后，我及时联系同学进行关于心得与收获的采访。除了本院学子，还有不少国内外知名高校的同学也聆听了此次讲座，因此，采访对象既包括文新学院本、硕、博不同年级不同专业的同学，也包括外校聆听讲座的同学。采访中注重采访对象的多样性与差异性，可以平衡不同学科同学的观点。采访间隙，同学们还展示了自己的笔记，我将其纳入采写素材，作为讲座成果的展示部分，以此丰富稿件内容，其中有关于讲座内容的思维导图，还有此次讲座的收获。

“虽然隔着屏幕，但仍能感受到屏幕另一端的激情洋溢。”

“足不出户就能聆听如此优质的讲座，这样的学习体验非常棒!”

从线下到线上，从面对面到在线视频，互联网在不断重塑学习的方式，但文新学子求知的热情、自主学习的习惯却未曾改变。

（黄捷）

四、案例二维码

《“云端锦江”讲座览要｜刘涛：图像思维与视觉修辞分析》

《“云端锦江”讲座览要｜周勇：中国电视 60 年的历史演进与现实抉择》

案例 2

线上教学报道

一、案例简介

2020 年 2 月 24 日一早，四川大学新学期的第一节网课正式开课。2 月 29 日，线上授课期满一周，“线上开学第一周”的效果怎样？在师生间的反响如何？这一系列问题都需要及时地报道解答。这些报道中所收集的师生反馈，不仅对后面网课的开展与设计起着参考作用，而且是全体师生在特殊时期立足岗位、教学相长，“问学抗疫”行动的重要素材。

《文新网课进行时②｜师生共话线上一周“教”与“学”》这篇报道就是四川大学文学与新闻学院网课记录系列之一，主题为“线上开学第一周的教与学”。在采访部分，报道者将访谈对象按参与网课的角色分为学生、授课老师、教务管理老师三类，在设计采访问题时也充分考虑到他们的职业及知识背景，由此收集到丰富多样的素材信息。这次的“师生共话”既包含网课之内老师作为“授课者”、学生作为“学习者”对网课的直观心得体会，还有网课管理者后台收集到的数据信息与整体网课情况的描述。各种反馈信息相互补充，正契合了主题“共话”中的互动内涵。

二、案例原文

文新网课进行时②｜师生共话线上一周“教”与“学”

受疫情影响，我院响应教育部“停课不停学”的教学要求，积极准备并开展线上教学。回望第一周的线上教学，老师们的精心准备与同学们的努力配合令教学有序、充实，充满温情。大家盼望共同克服困难，战胜疫情，能够早日在校园课堂里平安相聚！

2 月 23 日，学校组织 287 名辅导员与全校近 6 万名同学共同开启了线上“开学

第一课”。在学校的“开学第一课”中，我院王红教授分享了自己对线上教学的意义理解，并给同学们提供了在家学习的建议。

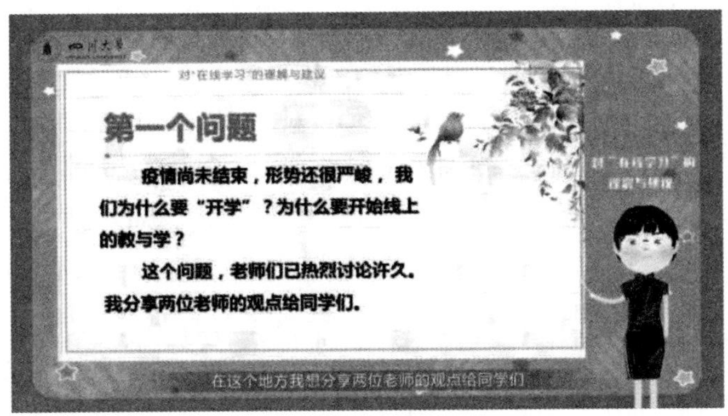

王红教授线上授课

同时，我院各年级辅导员也在线上召开年级大会。本科 2017 级专职辅导员段化鞠老师围绕学校防疫的部署和要求、学校新学期的课程安排、新学期深造和实习相关提醒这三个方面问题，及时通告重要的信息和给予有益的建议提醒。

据院研究生教务办主任周仁平老师介绍，我院在第一周共开展了 177 门线上课程，师生的总体反馈良好，到课率高且交流活跃，许多课程还有大量旁听同学加入。“如我们收集到的 2 月 28 日线上到课率的数据显示，许多课程的到课人数基本上都是选课人数的一倍以上。”周老师还表示，学院下一阶段的教务工作重点会放在线上教学的效果反馈和质量提升上。学院不仅建立了完整的课程群，还会及时了解所有线上课程动态，并针对师生建议适时调整，如开设线上书单、提交读书报告、开展线上讨论等。

线上听课实况

本学期，吴民副教授讲授的课程“中国戏剧经典赏析”，选课人数将近 250 人，另外旁听的同学还有 100 多位。面对如此庞大的听课人数，吴老师表示，“上课过程中其实大家的学习氛围很好”。在他看来，虽然线上教学有些不习惯，既不能直接看到同学们的表情，也不能和同学们面对面交流，但是直播课程也自有其乐趣。“例如加入讨论，在线发言的同学都很热情，大家回应都很积极。对于课程内容不太感兴趣的同学没有参与讨论，这样也不会影响他人的学习热情。”在课程作业方面，吴老师并未给同学们布置硬性作业，而是让大家去观看与课程有关的电影和戏剧。他说，疫情期间保持良好的心情非常重要，同学们也可以趁此时期多阅读一些有意思的书籍，看一些平时没有看的作品。广告学专业的王婉如老师谈道，尽管她始终更喜欢面对面的互动，但自己在线上教学过程中发现，网络虽然缺少了临场感却又增加了许多互动感。“‘00 后’的学生很有想法，在网上你可以感觉他们比线下更活跃。也可以实现翻转课堂和使用其他技术辅助的教学手段，及时收到课堂反馈。”

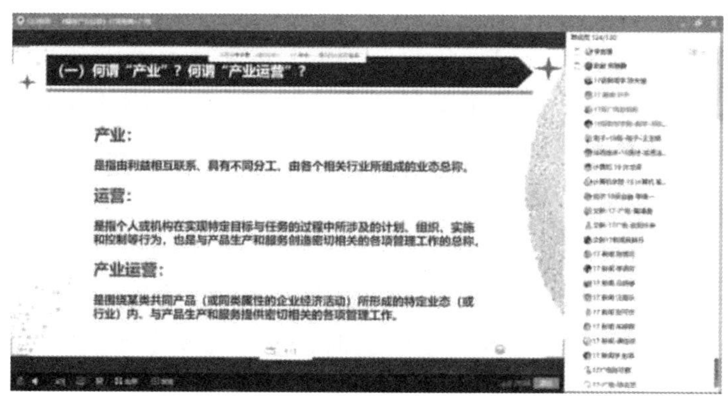

线上授课实况

老师们为网课所做的准备和努力，也广为同学所肯定和称赞。2019 级新闻传播学类的本科生袁洁荣同学说，各个课程的授课老师们尽心尽力，充分为同学们的高效学习而考虑。据他介绍：讲授“文化原典导读”的尹富老师为活跃气氛，在直播讲课中即兴唱了几句《在水一方》，同学们纷纷喝彩；“传播学概论”课程中，王炎龙老师积极为同学们解惑答疑半个多小时，在他亲和的笑声感染下，许多同学，包括自己，也对传播学有了学习的兴趣；此外，吴琳老师的“中国新闻传播史”和邱树雄老师的“新闻传播技术基础”都在授课前进行了试课，并通过对课程进行精简且生动的介绍，引起了同学们对课程的兴趣。2019 级中国语言文学本科生陈瑜晗同学说，网课的技术操作对部分老师而言有时也是一个难题，“但他们都在努力学，不断地自己上网查询、向助教和同学们请教；他们会因为担心影响同学们的听课效果而紧张，也会在熟悉后自在地通过网络为同学们传道解惑”。

在不少同学看来，线上授课的模式自有其优势所在。2019 级中国现当代文学硕士生钱粲认为，网课模式很便利，“一台电脑或者手机就可以随时学习，并且质量也不错”。2019 级编辑出版学的硕士生聂帅齐说，网课的好处在于不用走很远去上课，在家里用电脑截图、做笔记都比较方便，且便于大家随时共享资料。也有不少同学表示自己在网课中的讨论交流更为活跃，2019 级符号学硕士生肖鑫羽就表示，“在网课上更愿意主动发言”，且大家与老师的互动也很欢乐。此外，对于部分课程较少的同学而言，网上授课的方式也为他们提供了更为自由地旁听其他课程的机会。2017 级编辑出版学的本科生徐海清表示，自己本学期基本已无专业课，“因疫情居家上网课的缘故，本来开设在不同校区的课程，现在都有机会省去奔波而从线上接近”。

万事皆有两面，网课也不可避免地存在它的局限和不足。如 2017 级汉语言文学的本科生阎风雪就谈道：“我个人觉得部分课效率不是很高，因为各种学习平台都会出现不同程度的延迟和卡顿。”线上教学存在着一定的技术难题和现实挑战，这也要求同学们需更为自律自觉地投入网课学习。面对网课这样的教学新模式，同学们在实践中适应，也在体验中找寻其中的学习乐趣。如不少同学都在社交平台上晒出了有趣有益的图文分享，2019 级新闻传播学类的本科生王玉婷还以 vlog 的形式记录了自己一天的网课日常，这可以说是其独特的学习生活记录，也是其学以致用的一份实践作品。

王玉婷同学 vlog 截图

老师们的辛勤讲授，同学们的勤勉向学，大家的共同努力为“停课不停学”提供了真实可靠的保障。下面也有更多的同学提出了自己在网课第一周的所感所想。

【同学访谈】

一开始我还担心在上课的时候会不会无法及时和老师交流，会不会没有办法专心听老师讲课，从而没法较好地吸取到所要学习的知识内容。但是当网课正式开始后，我发现这样的顾虑是多余的，老师的讲授与在课堂上不会有所不同，甚至会更加放松。虽然没有办法与老师直接进行面对面的交流和沟通，但是老师都很关心学生，会预留时间让我们提出疑惑，并进行解答。课堂中的学习氛围也是十分浓烈的，并且由于家长一般都会提供一个比较安静的上课环境，会使我们在某一程度上更加专心，体验很棒。

——2017 级广播电视学本科生 成智龙

上网课实现了“老师 VS 学生→主播 VS 观众”的身份转换，课堂搬到家里，最直观的好处是起床可以晚一些了，边吃早饭边听课成了不为人知的小秘密。当然也有手忙脚乱的时候，手机、平板、电脑轮流切换还是转不过来，QQ 群消息众多，不及时查看就会错过作业、签到 DDL（截止时间）。总体来说，网课新体验有利有弊，对我们的自主学习能力和老师的组织权衡能力也是一个不小的考验，希望我们利用好丰富的学习资源，在新方式里找到自己的立足点，也希望疫情早日得到控制解决，大家再次回到熟悉的校园！

——2018 级新闻学本科生 舒伦娜

从本周一开始我们就正式上网课了，这对于老师和我们都是一次比较大的挑战。经历网课之后，我感到网课整体利大于弊，网课可以回放，使我们可以多次学习自己没有掌握的部分，而它的一个显著弊端在于对我们学习自觉性的考验。这几天的网课令我印象深刻的事情有很多，比如张朝富老师在线上为大家吟诵了一首诗，还在下课的时候直播了大家久违的江安校园，又比如张怡老师在上课前对大家的一番话。面对这次的挑战与考验，我们要真正做到“停课不停学”。

——2018 级汉语国际教育本科生 陈天麟

网上授课，对于平常习惯线下上课的我们来说是一种改变，对于部分老师来说也是一种挑战。有些老教授是第一次进行网上授课，在授课的过程中是相对不自在的。有一堂课我们使用了腾讯会议，老师开启了共享屏幕和摄像头，误以为我们不能看见他，低声说了一句“看不见也好，这样也就没那么紧张”，在后面的课堂上老师授课也显得更为自如了。

——2018 级广告学本科生 俞军军

张朝富老师的课在周一早上的1、2节，是名副其实的“开学第一课”。为了提供优良的上课环境，张老师早早地来到文科楼办公室开直播。课程开始前，老师许诺下课后带我们看看江安校园，话音刚落，大家便为驶过黄河中路的洒水车所吸引，用刷屏的方式将他们的欣喜量化，那首熟悉的《兰花草》，唤醒了一种集体情绪，一切都久违。

——2018级中国古代文学研究生 马晓敏

我们在上周裕锴老师的“唐宋文学研究”课时，周老师提议我们先默哀三分钟。是啊，当我们在这边平平安安上课的时候，或许有的人还在痛苦和焦虑，这一点我颇有感触。对于网课这一形式，我觉得效果还好，但问题是有时候一天上四节课，眼睛实在是受不了，所以我一下课就直奔药店买了眼药水。而且我觉得现在不能走动很难受，怀念平时在学校日行一万步的日子，也希望早日见到一起熬夜赶作业的室友们，没了她们我觉得自己学习效率都降低了。

——2019级中国古代文学研究生 刘芩利

线上教学作为特殊时期的有益补充，能帮助我们尽快适应新环境、新变化，很多老师都在学习新媒体技术完成课堂教学任务，也许她们不太熟练，但都很用心。我觉得这几次上课“以研带学”使我们收获很多，准备充分了，学习也就更有效了。虽然交流互动少了，但是每位同学能有一些有质量的思考时间，课堂没那么浮躁。在这个特殊时期，我们虽然彼此分隔，但想法相似、行动相同，就还等于是在同一个教室。

——2019级汉语国际教育研究生 朱嘉诚

我觉得网课效果比预想的好很多，语音和屏幕基本可以满足上课需求。而且我感觉在网上上课，同学们通过线上交流来回复老师会更加积极。

——2019级新闻学研究生 谢艾伶

此前我在网上看到打头阵上网课的小学生们状况百出，只是觉得热闹十足。轮到自己时，才真正体会到其中的意义。虽然面对屏幕、足不出户，但是井然有序的线上课堂、已然开始的课前阅读和作业讨论、QQ群里刷屏的学习交流，都让我感受到浓厚的学习氛围，甚至上课更加投入了。朱至刚老师讲完精彩的一段内容后，跟我们说“这一段还是可以点赞的”，于是大家纷纷给这位“新主播”送花；操慧老师开课前分享了熟悉的江安校区文科楼外景、一楼大厅、教室，一步步地带我们走进课堂……这些网课才有的操作，让我们得以和老师们进行这样有趣的互动。总之，我最深刻的感受是科技改变了生活，我更喜欢学习、更喜欢可爱的老师们啦！

——2019 级新闻与传播研究生 周升扬

在头三天的课程中，我印象最深的是朱至刚老师的“中外新闻史”，他是把“教师”和“主播”这两种角色融合得最好的一位老师。刚上课没多久，朱老师一句句充满哲学的“他者”与“我们”让我不禁感慨：嗯，还是熟悉的味道。但接下来，“我先开个美颜”和“大家先不要送花了”立马又让我们感受到新时代的青年教师主播的魅力。课程里熟悉的感觉没变，多的是让我们了解到文新老师们更可爱的一面。我要为文新的老师们打 call，为武汉加油！

——2019 级新闻与传播研究生 崔丽蓉

第一次上网课的体验感觉和在教室上课是很不一样的。这周我们有一节“创意文案写作”课需要讨论，虽然比较困难，但是大家都很积极。我们小组又进一步开语音讨论，然后一起分享，感觉跟老师交流的过程也很愉快。但是，我觉得网课在交流方面缺了点课堂上的互动感。不过，我们的老师都很可爱，会在课后询问我们的体会和感想。

——2019 级文艺学研究生 唐婵

在得知延后开学的时候，我心里空落落的，想念老师和同学坐在一起上课的氛围。在上网课的这几天里，我渐渐接受了这种新的方式，作为新传专业的同学，拥抱新媒体技术才能掌握行业动向。老师无一例外地都表示自己对着电脑空讲很不习惯，还是看见同学们求知若渴的眼睛才安心。他们也表达了学习新技术的困难。我感动于老师们认认真真研究电脑授课的方式，也被每位同学的“老师辛苦了”感动。

——2019 级新闻与传播研究生 王文瑾

疫情期间，无论是传授知识的老师还是学习知识的同学，大多数人都是第一次经历这样的教学方式。这也是我做助教以来第一次经历网络授课、进行线上点名，我所协助的老师通过 QQ 群文字授课，以问题为导向，带着同学们对知识点进行梳理学习。相比平时的课堂教学，同学们在网端似乎更加活跃，回答问题也非常积极认真。大家都很体恤老师们的辛苦，课程结束时总会说上一句“老师辛苦了”。希望疫情早点过去，大家可以在宽敞明亮的教室里进行学习。

——2018 级新闻学研究生 白兴平

三、采编札记

学院新闻中心策划本期报道的时间，正值学院开学第一周的周末，用完整的推送报道把师生对网课体验的心得感受收集起来，既是对疫情网课这一特殊经历的记录，又是为教学实验收集效果反馈，为后面的长期授课积累经验。

当了解到这次“文新网课进行时”报道的任务是按参与网课的学生、授课老师、教务管理老师三类人员分配时，我就希望有机会能够采访到教务管理老师，从负责学院网课管理的“幕后调度者”那里了解到更多信息。抱着这样的初衷，我有幸采访到了学院研究生教务办公室的周仁平老师。周仁平老师不仅全程参与了这次网课规划安排，还因身在湖北而不得不选择线上办公。

周仁平老师及时地回复了我的采访邀请，这次采访通过线上社交软件进行。周仁平老师主动跟我分享了学院研教办“线上开学第一周”收到的老师和同学们的反馈，既有数据，也有一些感悟。周老师坦言上网课是“特殊时期的一种应对方式”，但学院对此工作安排却不“仓促”，包括建立完整的课程群，对所有线上课程动态及时了解，并针对师生建议适时调整，比如开设书单、提交读书报告、线上讨论等都是经过反复讨论和计划的。周仁平老师把一则授课老师朋友圈里的网课感言转给了我——“特殊时期的授课，留个记忆的画面。230 多名学生在线上课，全程顺畅。学生线上提问比线下课堂更积极，这是为什么呢?”她把这些看作新尝试里的“惊喜”。被问及下一阶段长期授课的工作计划时，周仁平老师预计重点会放在提升网课质量上。她认为后面的长期网课相对整个特殊时期的教学工作依旧是创新和挑战，“因时因课制宜”是这次收获到的重要网课实践经验，也是在今后要不断经历检验的工作准则。

在采访完网课管理的教务老师与授课老师后，我们还希望能从学生那里获得网课体验的真实感受。采访前，我首先梳理出几点关于网上授课的问题，形成采访纲要。例如：你第一次上网课是哪位老师，有什么感受？你认为网课与线下上课有何区别？你的课堂感受有何变化？网上授课有何益处和短板？网课期间有没有你印象深刻的事件和老师？诸如此类，让被采访者有话可答。疫情期间，课堂转移到线上，我们的采访工作也不例外。我们分别对不同年级、不同专业的同学进行了采访。就我个人而言，我原以为网上上课的效果十分有限，但实际情况在预料之外。我在采访时，了解到同学们也跟我有同样的体会。例如，采访 2018 级广告学本科生俞军军时，他先告诉我“网上授课是一种挑战”。紧接着我询问原因，他说“有些老教授是第一次进行网上授课，在授课的过程中是相对不自在的”。我又询问他是否有具体的事例，他便讲述老师使用腾讯会议不熟练的例子。最后我问这样的情况是否改变、课堂感受是否有变化，他说老师上课更加自如了，也没那么紧张了。

作为报道者，这次在完成采写任务的过程中，我感受较深的是在采访环节上。线上采访与线下采访有所不同，被采访者有充足的时间对问题进行思考和言语组织，思路清晰、回答也相对完整，这是线上采访最直观的好处。与线下采访相同的是，我们都需要对被采访者进行问题引导，一步步地深入话题。

（潘思宇）

四、案例二维码

《文新网课进行时②｜师生共话线上一周“教”与“学”》

案例 3

校友战“疫”报道

一、案例简介

疫情期间，四川大学文学与新闻学院新闻中心密切关注抗疫行动中的文新身影，充分挖掘校友资源，积极报道全民抗疫中的文新作为。2020 年 2 月起，四川大学文学与新闻学院微信公众号前后推出多篇“校友战‘疫’”主题报道，其中，2 月 20 日的《同心战“疫”｜文新校友在行动》，报道了学院 2009 级校友刘川郁及其创办的猪八戒网通过捐款捐物等多种方式支持防疫抗疫工作；2 月 23 日的《校友战“疫”传真｜李浩文：“我只是做了一个普通人应该做的事而已”》，报道了 2016 级汉语国际教育专业硕士李浩文在湖北当地社区志愿工作中的作为，彰显了文新校友在疫情防控前线的无私精神；3 月 6 日的《校友战“疫”｜张行苏：“我就想做些力所能及的事情”》，报道了学院 2000 级校友张苏行及其担任董事长的浙江名淘集团以捐赠物资和免费提供线上课程的方式支援抗疫；3 月 6 日的《校友战“疫”｜“以读攻毒”全民阅读公益行动：用知识提升免疫力》，报道了学院 1989 级校友梁波和 1993 级校友白雁所在的南京《现代快报》推出的“以读攻毒”全民阅读公益行动和“以读攻毒・连线”栏目策划，同时也向在校的文新学子传递了“用知识提升免疫力”的有益号召。

二、案例原文

（一）

同心战“疫”｜文新校友在行动

2020 年的春天，对我们每个人来说，注定是一个不同寻常的时期。

新型冠状病毒肺炎疫情发生后，文新校友积极响应国家号召，踊跃参与抗击疫情工作。

学院 2009 级校友、猪八戒网联合创始人刘川郁及其所在的猪八戒网，发挥行业平台优势，通过多种方式支持防疫阻击战。1 月 26 日，猪八戒网便组织员工将 500 套防护服、960 个护目镜送到了武汉市第四医院。2 月 3 日，猪八戒网向重庆市慈善总会捐赠现金 100 万元，以支持新型冠状病毒肺炎疫情防控工作。猪八戒网还推出了“战疫情，百所高校万名学子在线实习”助力计划、“百城万企帮扶计划”，助力高校学生实习实训、区县企业复工复产。

猪八戒网“百城万企帮扶计划”海报

此外，2 月 5 日经四川大学文学与新闻学院校友会秘书处提议，报何世平会长审批，决定代表四川大学文学与新闻学院全国校友，向四川大学防控新冠肺炎疫情专项基金捐赠人民币 10000 元。

抗击疫情 众志成城

捐赠证书

DONATION CERTIFICATE

尊敬的 川大文新学院校友会

感谢您捐赠10000.00元人民币，用于支持“四川大学防控新型冠状病毒感染的肺炎疫情专项基金”项目，以实际行动关心和支持新型冠状病毒感染的肺炎疫情防控工作，谨向您表达最诚挚的感谢和最崇高的敬意！

我们郑重承诺，四川大学教育基金会将谨遵您的捐赠意愿，严格用于“四川大学防控新型冠状病毒感染的肺炎疫情专项基金”项目，确保您的爱心捐赠在疫情防控工作中发挥应有的作用。

四川大学教育基金会

2020年 2 月 7 日

四川大学
教育基金会

四川大学文学与新闻学院校友会捐赠证书

这些举措及时响应与践行了“一方有难、八方支援”的抗疫号召，同时也体现了为共同打赢疫情防控阻击战的文新人的担当。

（二）

校友战“疫”传真｜李浩文：“我只是做了一个普通人应该做的事情而已”

2020年的新春，对每个中国人来说，都难以忘怀。在抗击新型冠状病毒肺炎疫情的过程中，一个个普通人都在做着并不“普通”的事情。毕业于我院的川大校友李浩文就是这样的一个“普通人”。

李浩文是四川大学文学与新闻学院2016级汉语国际教育专业硕士。毕业后，他选择去广州，在华南师范大学文学院担任新生辅导员。辅导员的工作历来繁杂，尤其是新型冠状病毒肺炎疫情暴发以来，年级学生情况摸底排查、心理疏导、休学复学、开学准备等每一项工作都需要花时间和精力去一一落实。有时候碰到联系不上同学的情况，还要给学生家长逐一打电话确认。“以前是在办公室办公，现在在家里睁开眼就可以办公，还挺方便的”，李浩文说。

等学校的工作处理好后，基本上就到了下午。下午的时间，李浩文全部分配给了社区的志愿者工作。

李浩文第一天做志愿者的照片

李浩文是湖北洪湖人，目前所在的小区已经有十几例新冠肺炎确诊患者。由于前一段时间管理不完善，目前小区的防疫形式依旧很严峻，整个小区已经陆续有十几栋楼的居民被隔离。在一次与家人吃饭的间隙，李浩文听到身为老党员的父亲说起小区里正在招募志愿者。知道这个消息后，李浩文立刻表示要与父亲一起做志愿者，共同为小区的防疫工作贡献力量。

就这样，李浩文与父亲一起作为第一批仅有的两个社区志愿者，加入小区的防疫帮扶大军中。李浩文的父亲负责整理筛选物资，而李浩文则负责用拖车把生活物资配送至每一栋居民楼。

从下午一点到晚上九点，从一栋到三十二栋，连续八九个小时的搬货、配送工作让有几年健身习惯的年轻小伙李浩文都吃不消。但每每看到小区居民接到生活物资时的喜悦，听到他们由衷的感谢时，李浩文便觉得有使不完的力量，他说："自己的付出是值得的。"

谈及做社区志愿者的原因时，李浩文说："我只是做了一个普通人应该做的事情而已。我父亲是一名党龄几十年的老党员，我自己也是一名党员。当初在川大读书、入党时，我们学院的老师就教诲我们要勇于担当。现在我们小区的防疫形势依然很严峻，作为一名青年党员，我有责任、有义务冲锋在前，为小区的整个防疫救灾工作出一份力；作为一名高校辅导员，我也想通过自己的言行，引导年级同学们勇于担当，用实际行动支持防疫救灾工作。"

（三）

校友战"疫"｜张行苏："我就想做些力所能及的事情"

2020 年，面对突如其来的新冠肺炎疫情，全国人民都在行动，齐心抗"疫"。浙江名淘集团第一时间响应国家号召，组织全体员工踊跃参与抗击疫情。

我院 2000 级校友、浙江名淘集团董事长张行苏及其所在的名淘集团，在按照各级政府部署与要求做好疫情防控工作的同时，通过多种方式参与和支持了防控疫情阻击战。自 1 月 26 日起，集团领导和部分主要负责人就采取线上办公的方式，提前做好应急方案和各项准备工作。其中，"名淘云课堂"心系疫情，针对全国各大院校、农村电商示范县、电商园区企业、电商从业者等免费提供了价值 2000 万的课程资源和平台技术支持。

"名淘云课堂"海报

名淘集团旗下的职业技能培训在线平台"上课网"开放了一批关于疫情防控、心理健康、心理咨询的在线课程，供广大社会人士居家学习。2月4日，集团旗下名淘电商板块作为阿里巴巴天猫的官方认证运营服务商，与阿里巴巴平台一起为湖北省合作伙伴及相应商家提供了减免三个月运营服务费用、降低佣金提点、提供免费运营辅导、延长服务期限等实实在在的帮助。

2月底，集团给江苏省徐州市捐赠了2万个口罩和一批方便食品、消毒水。在介绍筹集口罩的过程时，张行苏表示有些无奈，前前后后努力了半月有余，作为紧缺物资的口罩运输不畅，后来还请当地政府部门开具了红头文件协助解决。此外，集团旗下的新昆仑航空也主动请战参与，为抗击疫情做贡献，成为全国通用航空抗疫救援服务保障体系成员，将共享全国抗疫救援信息，参与全国抗疫救援服务保障工作。

对于捐赠物资，张行苏说："没有什么原因，就是想为他们做点事情。在集团做出捐赠物资的决定时，大家都是非常支持的，觉得这是应该去做的事情。"有人说，时代中的一粒灰尘落到每个人身上都是一座山。"我原来也做过记者，经历过5·12大地震，发现当灾难发生并影响到每一个个案身上时，就会导致这些家庭的支离破碎，这会让我们更加珍视生命和安康。所以这么多年，我一直都坚持着在健康的时候能做多少就踏踏实实去做的想法。"

谈到接下来抗击疫情的打算，张行苏表示，集团会在保证员工自身安全的情况下有序正常开工，在抗击疫情上只要能做的，就会尽最大努力去做。他希望学弟学妹们在此期间做好防护，静心学习，并祝福学弟学妹们学有所获。

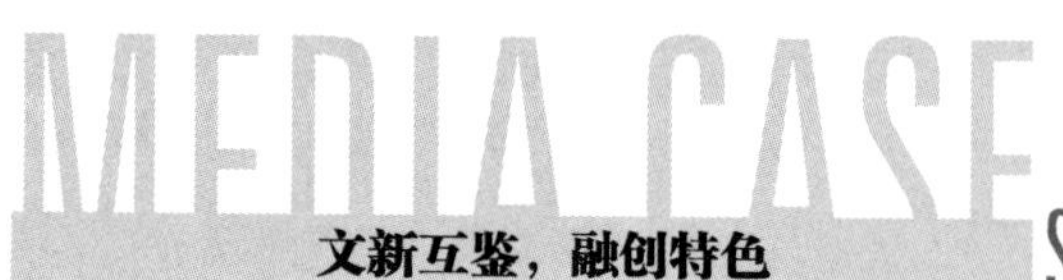

（四）

校友战“疫”｜“以读攻毒”全民阅读公益行动：用知识提升免疫力

新型冠状病毒肺炎疫情暴发以来，无数新闻工作者或投身一线，报道相关新闻；或发力于网端，策划抗疫栏目，为打赢疫情防控阻击战全力以赴。在这支重要的战“疫”队伍中，有不少文新校友的身影，他们坚守在媒体一线，用及时准确的报道筑起防疫的信息城墙，传递温暖与力量。近日，我们特别连线，专访了我院1989级新闻系校友梁波和1993级中文系校友白雁。

疫情期间，两位校友所在的《现代快报》除了做好一线报道之外，还推出了“以读攻毒”全民阅读公益行动和“以读攻毒·连线”栏目等特别策划，倡导“用知识提升免疫力”，用笔墨书香给予大家平和的心绪和直面未来的勇气。活动开展至今，在抗击疫情的文化参与中独树一帜，获得各界广泛好评。

▶ 资料卡片 ◀

现代快報

突发疫情时，确保先救治后收费

我会撑到疫情结束

《现代快报》创刊于1999年10月12日，初为新华社主管，2015年加入凤凰出版传媒集团，2016年与ZAKER联合推出地方门户“ZAKER南京”，是江苏省具有代表性的主流都市报。

《现代快报》简介

“阅读就是最好的方式”

“通过阅读，深入地认识理解和反思自我、他人与世界，方能更好地爱人、渡人和自救。”这是茅盾文学奖获得者徐则臣为“以读攻毒”全民阅读公益行动所写的寄语。

2月5日，由江苏省全民阅读促进会、凤凰出版传媒集团主办，凤凰传媒、

《现代快报》＋ZAKER 南京承办的“以读攻毒”全民阅读公益行动正式拉开帷幕，免费向读者提供千余本电子书。

“以读攻毒”活动海报

来源：“现代快报”微信公众号

谈及活动开展的缘由，川大新闻系校友、《现代快报》总编辑梁波表示，面对突如其来的疫情，或许很多人都经历了震惊—紧张—疑惑—焦虑的状态，而每天大量的信息扑面而来，信息的过载过剩也可能会加剧紧张和焦虑。“作为媒体人，我们也在思考，用什么样的方法才可以让大家静下心来？我们觉得阅读就是最好的方式。”

鉴于疫情期间不便外出的实际，潜心阅读能够在一定程度上分散公众对疫情信息的注意力，可以帮助他们从焦虑和紧张中释放出来，从迷茫当中解脱出来。基于这样的考量，梁波强调，此次免费书目的选取也更倾向人文类，“因为它们有故事性、情节性，会让大家更容易安静放松下来”。

尽管近期工作繁忙，但梁波自己还是抽空阅读了一本《推拿》，读后也很受触动。“这本书讲盲人，盲人看不到世界，但完全可以感知到世界的各种信息，我就联想到，许多人现在待在家里面，看似很封闭，但其实我们也能够感受到外面的世界。”结合自己的阅读体验，梁波说：“也许刚拿起书的时候还静不下来，但只要捧起书读下去，真的能够让我暂时忘掉没有必要的烦恼和焦虑，在短暂的时间里让心静下来，给自己一种力量，这是一种很美好的享受。”

在“以读攻毒”的相关策划中，除了此次全民阅读公益行动，《现代快报》的《读品周刊》还于2月12日起推出了“以读攻毒·连线”栏目，邀请一些知名学者、作家来分享自己在疫情期间的工作和生活、阅读与思考，以期“记录下知识分子群体在这个特殊时期的生活、阅读、心理和文化状态，为历史留存一份底稿”。川大中文系校友、《现代快报》记者白雁便参与了栏目的采访。在她看来，这种对学者、作家所思所想的同步记录，一方面是为了与读者分享，另一方面也希望能够在某种程度上促进当前各种状况向良性方向发展。“连线就是在这个时候同步做才最有意义，这是很真实的声音。”

“阅读可以让我们感同身受”

为配合“以读攻毒”全民阅读公益行动的推进，《现代快报》每天会选取三本书作为阅读的重点推荐，且每本都配以相应的推荐语，而白雁正是推荐语的撰写者之一。

关于书籍的选取和推荐语的撰写，白雁坦言，自己对部分书目也不是非常熟悉，但既然要向读者荐书，那么就得自己先读先悟。“在这个过程当中，我首先要去读那本书，并且产生自己的看法，觉得其值得推荐给大家，那就会把这些想法都写出来。这对自己来说，也是收获得满满当当。”

《使命的召唤：顾方舟传》是2月18日的重点推荐书目之一，推荐语的撰写者便是白雁。她原本对顾方舟不算特别了解，但通过阅读，不仅对这位病毒学家有了细致的认识，并由此联想到此次疫情期间忙碌的病毒学家和医护人员。她说，能够借此机会将书籍推荐给读者，对自己而言也是受益匪浅。

除了精心撰写推荐语，《现代快报》还特别邀请了26位学者、作家为活动寄语，将其关于读书的感受和思考传递给读者。如毕飞宇的“读书可以让我们感同身受”，黄蓓佳的“用读书这个行为来平息内心，部分地抵抗焦虑和恐惧”，阿来的“读书可以让我们摆脱随大流的情绪，进入真正深刻的反思”，还有曹文轩写道“书籍是我们的避风港，一旦风平浪静、海阔天空，肉体和灵魂都得以休整的我们则立即起航，破浪远方”。

从 2 月 5 日至 3 月 1 日，《现代快报》在 26 天的时间里一共向读者重点推荐了 78 本书，每期 3 本书目的选取条件也有多方考量。据白雁介绍，入选的书籍多为以下几类：一是传统优秀作品，如《论语》和《徐霞客游记选译》；二是江苏著名作家作品，如毕飞宇、范小青、黄蓓佳、周梅森、赵本夫等人的著作；三是与舆情相关的书，如《社会契约论》《呐喊》以及《政治秩序的起源》；四是与疫情相关的书，如《给孩子的预防新型冠状病毒科普漫画手册》；五是轻松休闲类书籍，如传记类的《浮生六记》和《草木人生：汪曾祺传》等。目前虽然重点推荐已告一段落，但读者仍可通过二维码进入书库，免费阅读其中的电子书。

值得一提的是，其中被特别推荐的福山所著《政治秩序的起源》原本并不在免费电子书库里。但是，鉴于此前在方舱医院捧书阅读而引起广泛关注的“清流哥”所读的正是此书，于是《现代快报》迅速与出版社联系，并最终在出品方理想国的支持下，顺利将该书纳入此次“以读攻毒”全民阅读公益行动的免费电子书目中。《现代快报》在推荐时如是说：“疫情之下，一个安静读书的画面，一个读书姿态的‘逆行者’，无声地诠释了‘以读攻毒’的意义。”

“把真实有效的信息传递出去”

疫情暴发后，《现代快报》不仅推出了“以读攻毒”这样的特别策划，更是密切关注一线抗疫防疫的动态，并派出记者前往武汉。在梁波看来，媒体在疫情报道中至少应起到五个作用：传递、解读、关怀、常识普及、追问。

就“传递”而言，“第一时间，把真实有效的信息传递出去”，这应是至关重要也毋庸赘述的一点。

谈及“解读”，梁波说，这是媒体面对当下信息过剩的环境时必须考虑的举措，“许多专业性的信息，老百姓不一定能看懂，我们有责任和义务对信息进行筛选和解读，告诉大家这些内容意味着什么”。

“关怀”是梁波非常看重的一点，在他看来，疫情当前，公众更多时候会看到的是一些数据，但这些数据背后都牵连着活生生的人和家庭，这些正是媒体的镜头应该对准的。“作为媒体，我们必须要关注到宏大叙事，同时更应该关注到个体的命运。”

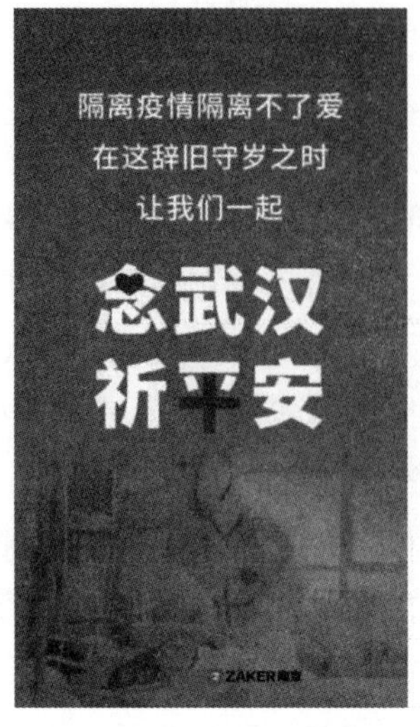

《现代快报》抗疫海报

就“常识普及”来说，因疫情当中存在未知的情况，而人们应该如何面对随之而来的不确定性，这或许也需要媒体通过有效的途径来给大家普及必要的常识，以有备于面对可能发生的变数。

关于“追问”，梁波认为，媒体不能只满足于报道“是什么”，也必须报道“为什么会这样”。“作为媒体，我们应该揭露真相，并以此给予大家信心和面对未来的勇气。”

《现代快报》疫情评论

当然，媒体若要发挥以上诸种作用，新闻工作者的实际践行便是其得以实现的基本条件。在《现代快报》此次派驻武汉的记者队伍中，就包括文字记者、摄像记者以及后期编辑。除了这部分冲在一线的记者，也有更多在家中或单位连线配合发力的新闻工作者，白雁便是其中之一。自疫情暴发后，她便一直在南京，“老老实实在家宅着”，线上联系学者作家、阅读推荐相关书籍都是她的工作日常。尽管从上一周开始可到单位值班，但如果能够在家完成工作，大家还是会尽量在线上推进。对于在一线工作的同事同行，白雁说，“他们在采访的时候首先要保护好自己”，然后再真实地反映疫情。

疫情暴发以来，无数的新闻工作者也同医护人员一样成为“逆行者”。结合此次疫情经历，作为同校学长和业界前辈的梁波也想告诉日后或将成为新闻工作者的学弟学妹们三句话：第一，千万不要忘记自己选择学习新闻的初心；第二，一定要学会观察和思考；第三，扛起自己的责任和担当。

“坚持初心，用自己的观察和思考，来履行我们新闻工作者的责任和担当。未来，通过我们的作品，哪怕是推动社会小小地往前走一步，就非常值得了。”

三、采编札记

2020 年年初，对于全国各地的人来说都是极不平静的时刻。这段时间里，放假在家的我每天醒来做的第一件事，就是打开手机查看疫情地图，确认全国新增病例数以及自己所在地区的疫情态势。但久而久之，我开始意识到，伴随着这些数字而正向增加的，是我自身的焦虑感，而反向下降的，则是每日的行事效率。

接到采访梁波学长和白雁学姐的任务是在 2020 年 2 月初，由我和学院新闻中心的另一位同学张诗萌共同完成。开始我并未意料到，这次采访竟有效地转变了我的个人状态。

在这次专访之前，新闻中心已经在学院微信公众号上前后推送了几篇有关校友战“疫”的文章，其中既有带领企业捐款捐物者，又有身体力行参与社区防疫者。而这次的采访内容，则是一个看似与抗疫防疫工作并不直接相关的全民阅读公益行动。但其实，在病毒肆虐之际，个人的心理调节和压力纾解也是尤为重要的一环，而阅读恰是一个行之有效的办法。

在正式采访前，为了更好地拟定合适的采访提纲并确保采访能够顺利推进，我和诗萌同学先行做了一些基本功课。除了了解两位校友的基本信息，我们还查阅了他们所在的《现代快报》的发展历程，并在“现代快报”微信公众号、“现代快报读品周刊”微信公众号、ZAKER 客户端等平台上阅读了有关“以读攻毒”全民阅读公益行动的内容。基于上述信息，我们分别针对两位校友拟定了相关的采访问题。考虑到两位校友一个是资深记者，一个是报社总编，我们在拟定采访提纲时各有侧重，以期从不同角度来开掘这一公益活动的新闻价值。

由于地域相隔较远，此次采访是采取线上问答的方式进行的，两位校友在采访过程中的细致回答和耐心解惑不仅让我们获得了有效信息，而且让我们感受到了新闻界前辈的风采。梁波学长在采访中谈道，作为媒体人，他们也在思考用什么样的方法才可以让大家静下心来，在他们看来，阅读就是最好的方式。随着采访的推进，我们更加深刻地意识到这一公益活动的意义所在，也意识到新闻媒体在如此巨大的灾难性事件面前，除了能够采编一线抗疫防疫新闻以满足受众急迫的获知需求，还能发挥自身的传播影响力来组织公益活动，引导社会公众情绪，这无疑彰显了一种深切的人文关怀。

而通过这次采访，我个人也真正体会到了这种公益行动的感染力。在这次“以读攻毒”全民阅读公益行动中，日裔美籍学者弗朗西斯·福山所著的《政治秩序的起源》也在免费电子书单之列，而活动方之所以将其纳入，是考虑到此前在武汉方舱医院接受隔离治疗时仍捧书阅读而走红网络的“清流哥”，在使他走红的那张照片中，他所阅读的正是福山的这本著作。该书属于“理想国”出品的“M”系列，读者一般也称之为“黑拱门”系列，这是一批质量较佳的译著，而福山的这本《政治秩序的起源》也正是我欲读而未读的书。“疫情之下，一个安静读书的画面，一个读书姿态的‘逆行者’，无声地诠释了‘以读攻毒’的意义。”这段话是“以读攻毒”全民阅读公益行动为该书所写的推荐语，而这段话也深深地触动了我，采访结束后，我还特意将这本书的电子资源保存了下来。

面对突如其来的疫情，许多人的生活节奏被打乱，焦虑情绪如无形的藤蔓肆意攀缘。疫情之下，彷徨和茫然成了一种常态，而保持阅读的习惯真的能够让人静下心来，能够让人去打破这种异常的状态。如果这次采访报道能够让更多的文新学子或社会公众意识到这点，那么我们在疫情期间也算有了一点小作为。

（林丽）

四、案例二维码

《同心战“疫”| 文新校友在行动》

《校友战“疫”传真｜李浩文：“我只是做了一个普通人应该做的事情而已》

《校友战“疫”｜张行苏：“我就想做些力所能及的事情”》

《校友战“疫”｜“以读攻毒”全民阅读公益行动：用知识提升免疫力》

第八章　可视化创意

技术是融媒及智媒时代专业生产的基石，它影响着媒体未来和人类未来。主动拥抱新兴技术，使技术与生产互动适恰，能为内容生产带来新闻价值与传播效果的增值。当下，社会逐渐步入“读图”时代，以图像和视频为核心的视觉表征成为新闻生产中的重要内容，且进一步融入传媒品牌竞争中。四川大学文学与新闻学院新闻中心顺应视觉生产趋势，综合运用多种技术手段优化视觉内容生产，定期更新微信公众号标识图像，构建特色 VI（Visual Identity）系统，优化阅读体验，增强品牌识别度；领会融媒内涵，丰富创作形式，尝试新闻海报、动画、长图、条漫等视觉作品生产，形成系列特色作品成果；同时在实训中融入数据思维，推出《五一小数据，“放假只是换了个地方学习”》等创新数据新闻作品，在主题甄选、技术运用和价值把握中探索高校融媒生产的新可能。

案例 1

头图设计

一、案例简介

头图是微信公众号每条推送的第一张图片，因而有着标志的功用，对风格定位、辨识度、美感等均有一定要求。四川大学文学与新闻学院微信公众号新版头图的设计，采用动态 GIF，以一支笔尖带有金光的毛笔从左到右划过，最终定格在一摞书卷之上，绘出四川大学文学与新闻学院 logo 以及“川大文新”四字。背景元素为尊经书院、四川大学江安校区东门（仿原国立四川大学牌坊）、四川大学望江校区北门三处建筑，郭沫若、巴金两位川大校友，以及文学与新闻学院悬挂的标语“观文化成，积学储宝；养新修德，多闻精知”。

动图总体以灰色为主基调，配合线性素描的历史建筑与人物元素，以及毛笔字体的标语，彰显出沉静稳重的气质与深厚扎实的底蕴，赋予作品历史感与设计感。笔尖的金光与 logo 的红色作为点缀色，为画面增添了亮丽与活力，打破了灰黑白色调的单调沉闷。

而跳跃前进的毛笔则为该图的“点睛之笔”，具有丰富的象征含义。毛笔的元素与背景书卷气、历史感相适恰。其从左向右，朝前迈进，是对过去的回顾，也是对未来的展望。同时，毛笔“书写”的意涵也与文学与新闻学院的特征一致，有力地绘出“川大文新”，饱含对吾辈学子奋力书写自我，延续学院辉煌的希冀。除此之外，金光的设计使人联想到“下笔如有神”“妙笔生辉”等寓意。

自 2020 年 8 月 30 日构思到 9 月 5 日完成修改，设计作品最终以第七版为定稿，首发时间为 2020 年 9 月 7 日。

二、设计图示

背景图片

动图截图

格式：GIF
尺寸比例：960×540
设计软件：Photoshop　Adobe After Effects

三、创作札记

不少微信公众号在推送正文前都会添加一张图片，其作用近似于名片、标志，把公众号的特征、品质和理念等各种要素以凝练的视觉元素传递给受众，使受众对公众号的风格及内涵有所感知。随着技术发展，使用动态头图成为大势所趋，四川大学文学与新闻学院微信公众号也不落于人后，在这次尝试中，展现了自身的特色与风采。

此前，学院微信公众号的静态头图上的主要元素是华西钟楼及“文以载道，薪火相传”八个字，虽体现了学院的历史底蕴，但符号的指示性仍不够明确，自身的特色还没有得到挖掘与呈现。2020 年秋季学期开学前期，操慧教授向我分享了“南大新传”的推文，对动态头图这一形式表示了认可，希望我们的头图也能有所突破。

对于仅有海报设计经验的我而言，制作动态头图无疑是一项有待钻研的项目。在浏览大量动态头图以及制作教程后，我意识到：简单的动画可使用 Photoshop 和 PPT 完成，若要精益求精，需采用 Adobe After Effects，而要想速成 AE，难度不小。我在包图网等知名素材网站上下载了大量 AE 模板，通过模板对软件的操作进行了摸索。当大致了解了 AE 中的图层、效果和变换后，我已能依据自己的想法调整模板。有了技术储备，我便开始着手设计。

在既有的微信公众号头图和网站模板中，看似各有千秋的设计，思路其实大同小异：圆形、方框、三角形等几何元素，轻松简约的色块搭配，文字从中浮现出来……尝试大量模板后，我仍不太满意，始终感觉缺乏川大文新的味道。我反复查阅学校及学院的相关资料，希望通过尽量少的元素，融入“川大”“底蕴”“文学”的意涵。最终，我留意到学院新挂上的标语，两排高悬的繁体隶书写着“观文化成，积学储宝；养新修德，多闻精知。”“书写”的灵感由此而来，检索模板的关键词，从“动态 logo”变成了“毛笔”“写字”等，很快我便找到了一支笔触带光、旋转跳跃的毛笔。在笔下加入了尊经书院、四川大学江安校区东门、四川大学江安校区北门、郭沫若、巴金、标语、书籍等元素。因为涉及元素较多，所以颜色较为杂乱，我利用 PS 的去色、反相等操作，将照片处理为素描图案，不但统一了素材风格，还增加了头图的历史感。PS 所制作的背景加上 AE 模板的毛笔，动态头图便大功告成了。

在结合操慧教授和新闻中心同学的建议后，改良版的动态头图通过了审核，在2020年9月7日学院秋季学期的第一期“周一荐”中推出。不少院内师生在转发推文时，都对新头图表示了赞赏，还有人戏称其为“神笔马良”。

（雷思远）

四、案例二维码

四川大学文学与新闻学院微信公众号头图设计

案例 2

“五一”创意推文

一、案例简介

2019 年 4 月 26 日，四川大学文学与新闻学院微信公众号发布了推文《五一小数据，“放假只是换了个地方学习”》。记者从 4 月 23 日起设计简要问卷，对学院同学在五一劳动节的安排开展小调查，大致了解了部分同学的假期安排、最重要计划以及各年级不同安排的占比，并对数据进行了可视化呈现。

在行文逻辑上，从官方放假时间引入，再介绍假期安排小调查的具体内容，根据同学主要安排为“学习”这一调查结果，引入到对学习 App 的推荐，最后以开放式提问结尾。以五一假期为契机，将“学习”这一关键词贯穿全文，既提供放假通告和“学习强国”简介，服务了师生，又在一定程度上营造学习氛围，发挥了引导的功效。

本案例在形式上化繁为简，将大段描述性语言以及繁杂的数据整合为简单明了的图表；以轻松活泼的行文风格，呈现了翔实有用的资讯；把网络化的语态和官方的信息结合起来，在传播硬核内容的过程中，拉近了与读者的距离。

作为一次小调查，本案例虽未进行严格科学的抽样设计，但仍是一次较为规范的尝试与训练。

二、案例原文

五一小数据，“放假只是换了个地方学习”

- **放假时间**

劳动节：5 月 1 日（第 10 周星期三）至 5 月 4 日（第 10 周星期六）放假调休，共 4 天。4 月 28 日（第 10 周星期日）、5 月 5 日（第 11 周星期日）上班、行课；课程表上 5 月 2 日（第 10 周星期四）的课程调至 4 月 28 日（第 10 周星期日），5

月 3 日（第 10 周星期五）的课程调至 5 月 5 日（第 11 周星期日）。

一	二	三	四	五	六	日
22	23	24	25	26	27	28 补星期四的课
29	30	1 放假	2 放假	3 放假	4 放假	5 补星期五的课

- **假期安排小调查**

五一节就要到了，
提前祝大家五一节快乐！
为了解文新 er 们的假期动向，
小编临时在朋友圈进行了一次小调查
样本共计 86 个，结果如下：
（样本有限，抽样随意，仅作参考）

01 **假期有什么安排**

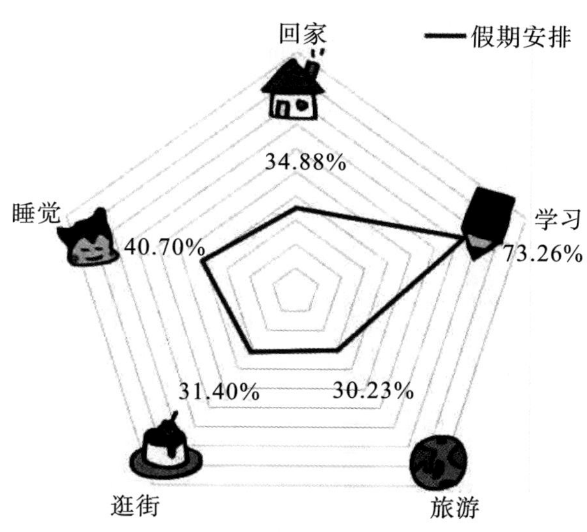

同学们用实力证明，即使是放假
学习也必须提上日程！

除了以上选项，
还有同学表示计划要：
看爱豆、做运动、赚学费……

为大家丰富多彩的假期生活点赞！

02 最重要的安排是

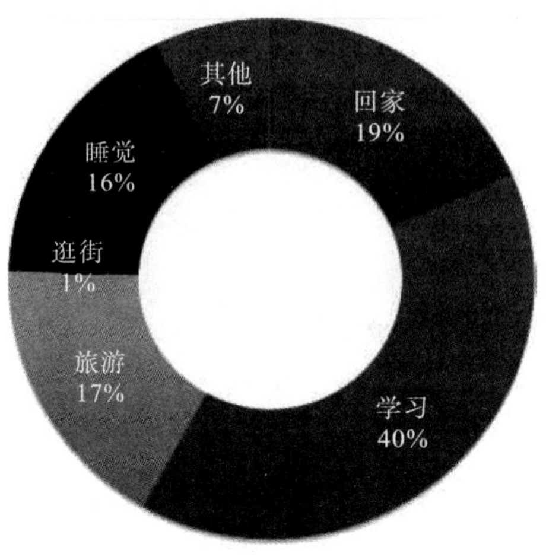

大部分同学最重要的安排
还是学习。

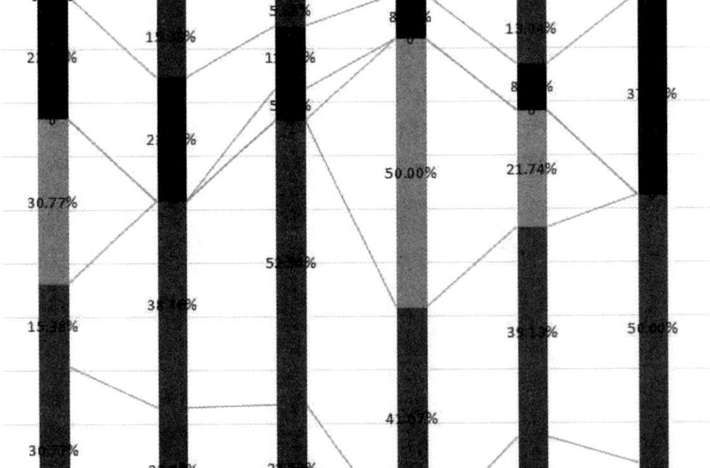

也有同学提及：

@文新学子 1：健身。

@文新学子 2：声入人心成都演唱会！我必须要抢到票！

- **学习 App 安利**

看到大家放假也在加油学习，我们忍不住向大家推荐一个功能强大、“以一当十”的 App，那就是——学习强国。前段时间微博热搜的宝藏 App 就是它！

“学习强国”学习平台是由中宣部主管，以习近平新时代中国特色社会主义思想和党的十九大精神为主要内容，立足全体党员、面向全社会的优质平台。

内含要闻、理论、十九大思想等多个频道。在“视频学习”的主题中，还可以学习慕课！

慕课

慕课有的这里都有，从社会法律、理工农医、人文史、政治经济……甚至大学生瑜伽、宠物犬鉴赏、插花艺术等课程都可供学习。

文化

文化频道下，设有文化新闻、文化广场、中华诗词、中华医药、中国建筑、中华武术、中国灯谜、中国美术、中国成语、中国楹联、中国戏曲多个板块。

让你有文化地刷手机！

快闪

中国相册、最美中国、最美中国人、美世界、故事多个板块，提供了最新的、各地的优秀摄影作品，还等什么呢？快来看看吧！

零广告的宝藏 App

更多实用板块等你发现！

- **欢迎留言**

你的五一安排是什么呢？

你有什么好用的学习 App 吗？

三、创作札记

“学习强国”是由中共中央宣传部主管，以习近平新时代中国特色社会主义思想和党的十九大精神为主要内容，立足全体党员、面向全社会的优质平台。2019年1月1日在全国上线后，引起了不小反响。四川大学文学与新闻学院微信公众号作为一个学院平台，如何做好宣传，在自己的定位下发挥功效，是一项极具技巧的工作。对此，操慧教授布置了“命题作文”——将其与五一国际劳动节相关联。如何构思其间的逻辑，体现了对平台定位和师生需求的精准判断。此篇推文采取了小调查的形式，通过问卷调查，发现文新学子在劳动节的主要安排是学习，以此为由向大家分享学习软件，既介绍了“学习强国”，又营造了劳动节的学习氛围。

开展小调查，是对新闻传播研究方法等课堂知识的实践与运用。首先，调查问卷必须要有一个明确的标题，使问卷一目了然。标题之下，正式问题之前，需有一段“开场白”，对自己的身份和调查的目的做简要交代，以取得大家的信任和配合。其次，调查问卷的“问题部分”，是整份问卷的主体，我们要凭借这个部分获取自己需要的信息，因此需认真思考，要紧紧围绕主题进行提问。最后，是作为提醒和礼貌用语的“结束语”。本次调查的核心问题便是询问四川大学文学与新闻学院学生五一假期的安排。最终问卷设计如下：

四川大学文学与新闻学院学生五一假期安排调查

同学：您好！我们是四川大学文学与新闻学院新闻中心，目前正在进行一个关于四川大学文学与新闻学院学生五一假期安排的调查。希望能够得到您的支持与配合，您的回答对我们的调查很重要。我们保证，本问卷收集的所有数据只会用于支撑推文结论，不会用作其他用途。谢谢！

1. 您的性别是？[单选题]

A. 男　B. 女

2. 您的年级是？[单选题]

A. 大一　B. 大二　C. 大三　D. 大四　E. 硕士生　F. 博士生

3. 您的大专业是？[单选题]

A. 中文　B. 新闻传播

4. 您对假期有什么安排？[多选题]

A. 回家　B. 学习　C. 旅游　D. 逛街　E. 睡觉　F. 其他

5. 您认为其中最重要的是？［单选题］

A. 回家　B. 学习　C. 旅游　D. 逛街　E. 睡觉　F. 其他

问卷结束，衷心感谢您的支持与合作！

祝：学习进步，生活幸福！

我们通过发动学院新闻中心的小编们在朋友圈传播该问卷，最终收回了 86 份问卷。聚焦大家的假期安排，我们绘制了饼状图和柱状图，为彰显“学习”在其中的地位，还设计了雷达图。

将“学习强国”与学院微信公众号关联，考验着编辑的叙事能力；如何在公众号平台上讲好带有党政属性的话题，融汇了自身对社交媒体传播规律的体悟，在此可概括为：简洁、“高浓缩”，有接近性、亲和力，与读者互动对话。

在这篇推文的成稿过程中，我从设计图的颜色与卡通贴纸入手，使画风活泼有趣；采用较为口语化的行文表达，并穿插大家较为熟悉的表情包，降低阅读难度，寻求共鸣；除抽象的数据呈现外，摘取问卷中个人化的表达，如：“声入人心成都演唱会！我必须要抢到票！”使调查更具人情味；在“学习强国”的介绍上，隐去繁杂宏大的背景资料，聚焦其有用性、易用性与趣味性，锁定“慕课”“旅游摄影”“多元文化”等大学生的关注点；最后，在结尾抛出问题，尝试与同学们互动。

时间仓促，林丽与我从策划到落实，整个工作仅花费 3 天。我们一同构思推文逻辑，设计调查问卷，在后期的制作和编辑过程中，林丽也提供了极有力的建议与帮助。这次尝试对我们而言，无疑是一次课堂的延伸与实训。

（雷思远）

四、案例二维码

《五一小数据，“放假只是换了个地方学习”》

附：问卷结果

四川大学文学与新闻学院学生五一假期安排调查

1. 您的性别是？[单选题]

选项	小计	比例
男	27	31.4%
女	59	68.6%
本题有效填写人次	86	

2. 您的年级是？[单选题]

选项	小计	比例
大一	13	15.12%
大二	13	15.12%
大三	17	19.77%
大四	12	13.95%
硕士生	23	26.74%
博士生	8	9.3%
本题有效填写人次	86	

3. 您的大专业是？[单选题]

选项	小计	比例
中文	25	29.07%
新闻传播	61	70.93%
本题有效填写人次	86	

4. 您对假期有什么安排？[多选题]

选项	小计	比例
回家	30	34.88%
学习	63	73.26%
旅游	26	30.23%
逛街	27	31.4%

选项	小计	比例
睡觉	35	40.7%
其他	13	15.12%
本题有效填写人次	86	

5. 您认为其中最重要的是？［单选题］

选项	小计	比例
回家	16	18.6%
学习	34	39.53%
旅游	15	17.44%
逛街	1	1.16%
睡觉	14	16.28%
其他	6	6.98%
本题有效填写人次	86	

案例 3

毕业季创意推文

一、案例简介

《毕业季｜川大文新毕业生成长图鉴》发布于 2020 年 6 月 30 日，在毕业同学离校之际，采取了“点击互动”与“长图滑动”的形式，对毕业生的在校光景做了象征性与提炼性的表达，受到毕业同学的广泛好评。

文章开头通过“秀米”网页的互动模板实现点击即可更换图片的功能，设置了小树苗萌芽、长高、长大、开花四个状态，以树苗的枝繁叶茂寓意同学们茁壮成长。

随后提示读者“旋转手机滑动屏幕”，以身着学士服的卡通人物为主角，读者滑动屏幕，卡通人物便向右前进，呈现“走过四季”“青春刻度”“智识交汇”“探索求知”“见字如面”五大板块。推文以长图的形式，对校园四季风景、纪念性事件、课堂风采、课外实践、毕业寄语等内容进行回顾，提升了读者的参与度与体验感。

内容上融入了“东门”“银杏”“教师开放日”“小组作业”“春天诗会”“大创”“社会实践”“毕业熊”等一系列大家所熟悉、所经历的元素和事件，以期寻求文新学子们的共鸣。

形式上以卡通、油画为主要风格，一方面，轻松活泼，使回忆蒙上欢脱浪漫的色彩；另一方面，抹去个人特征，使内容更具普适性，增强同学们的代入感。

二、设计图示

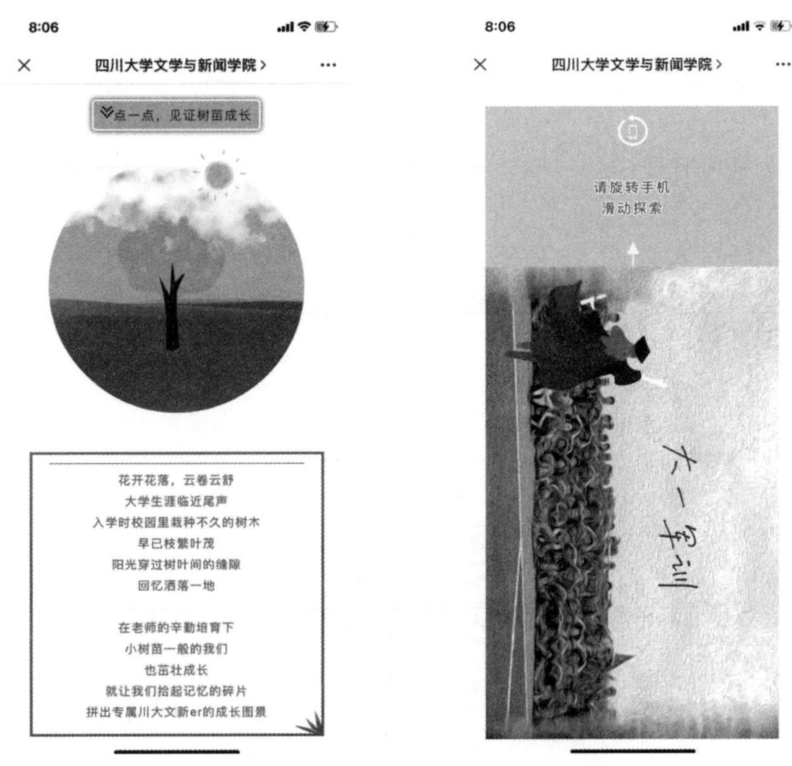

《毕业季｜川大文新毕业生成长图鉴》推文截图

三、创作机记

毕业季，是各大公众号，尤其是校园媒体每年一季的常规栏目。无论是展示校园风光、感怀时光流逝，还是收集风格各异的毕业照，均是对校园时光与青春记忆的镌刻与致敬。在大体不变的框架下，借助新的技术与受众互动，做出差异和特色，是这篇推文的意义所在。

操慧教授最先打开思路，建议做一棵“毕业树”，并提出如果能加入“人民日报”微信公众号发布的《今天，发条微信一起点亮武汉》中相类似的技术，使得树上可点亮同学和老师们的名字更好。我在浏览秀米网站的已有模板后，结合美观性与可操作性，最终确定利用秀米“点亮”与“滑动”模板，做出“树苗茁壮成长”“同学走过岁月”的效果，勾勒毕业生的成长图景，寓意学生如树木般茁壮成长。

我利用 Photoshop 手绘毕业树，将绘制好的“树苗”“小树”“大树”“开花”四张图片置入秀米中“点亮”的模板，“树苗茁壮成长”的构思即实现。然后，我通过回顾学院微信公众号关于重大事件与师生日常的报道，如新生报到、精彩课堂、春天诗会、社会实践等，撷取川大文新学子的记忆碎片。再结合补充采访，将其分为校园四季风景、纪念性事件、课堂风采、课外实践、毕业寄语五大主题。最后，我又通过 Photoshop 进行油画处理，使图片与卡通人物风格保持一致。

此篇推文是耗时较多的一项工作，林丽和我从 6 月 6 日开始构思，一直做到 6 月 30 日。其中操慧教授提供了前期的策划，林丽主要负责收集图片，我进行汇总和设计落实。过程虽不易，但最终还是取得了不错的效果。我作为当年本科毕业生中的一员，也一直将其视作学院新闻中心赠予我的毕业礼物。

（雷思远）

四、案例二维码

《毕业季｜川大文新毕业生成长图鉴》

案例 4

海报设计

一、案例简介

海报作为平面设计形式与视觉传达工具，最早伴随商业活动而产生，发展至今已成为一种社会化的大众传播工具。海报通过其形象化的表现语言与艺术化的美感形式作用于受众，从而为内容生产带来新闻价值与传播效果的增值。因其所具备的开放的创作空间、强烈的视觉冲击力、有力的艺术感染力等特点，海报在各类新媒体平台上被广泛应用。

四川大学文学与新闻学院微信公众号于 2019 年 2 月 4 日以“贺新年”为主题的海报推文将海报引入日常推送。随后，学院公众号一直积极利用海报这一视觉传播形式扩展传播广度，强化宣传效果，优化阅读体验。

在摸索和实践的过程中，逐渐发展形成节日类、讲座类、盘点类三大类主题海报。多类别主题海报的推送，一方面实现了信息公开形式的多元化，实现文字内容、数据统计的可视化呈现；另一方面配合内容生产，拉近学院宣传平台与全院师生、广大受众的心理距离，顺应视觉生产趋势，助力高校融媒生产发展。

二、分类海报

（一）节日类海报

节日类海报是每逢节日为向全院师生传达节日祝福或节日精神而设计的相关主题海报。

1. 2021 元旦海报

2021 年元旦海报的设计，为迎合新年祥和喜庆的节日氛围和对未来一年的祝福期许这一主题，整体以红色为主色调，配以金色的文字、金牛、粉色的梅花以及红色的学院标识，整体色调偏暖，一方面衬托节日的气氛，另一方面希望在凛冽寒冬中，通过这样一幅海报带给大家一丝暖意。

设计元素包括以红色为主色调的背景、门状散射光效及边框金边、金色“元旦”主题文字、金色节日祝福语、金色框体公历日期、金牛标识、金色“元”字形中式牌坊、粉色梅花花枝与飘落的花瓣。其中，门状散射光效的设计是这张海报的主体部分，通过类似于双开门的简化设计，将金色的“元旦”二字与形似四川大学校门的“元”字形牌坊置于两门中间，辅以金色光效，寓意学院师生挥别 2020 年，并走向崭新的、充满阳光与希望的 2021 年的美好祝愿。梅花是岁寒三友之一，寓意高洁，海报左上角的粉色梅花花枝与飘落的梅花花瓣营造出既浪漫又坚毅的意境，表现了在新冠肺炎疫情期间学院师生艰苦抗疫、积极乐观的精神与态度。

在结构布局方面，重视对称的美学设计，避免在视觉呈现上出现一边留白过多、一边元素堆砌而视觉失衡的问题。在海报的视觉中心位置表现元旦的节日主题，在边缘四角处配以不同的设计元素来丰富与填充整体画面，使其满而不溢、效果均衡。

2021 年元旦海报

编者按：新年伊始，岁序更替。犹记明远湖畔绿草如茵，双荷池塘菡萏轻盈，一教门前银杏灿烂，长桥光影星星点点，不知来处梅香扑鼻。转眼，万物的年轮又转过一圈。

此前一年，或许有伤感与遗憾，但更多的是历练、积淀与成长。文新师生面对疫情，团结齐心，求知问学，支教扶贫，服务社会，奋勇争先……伴随这些磨砺与求索，过往的点滴回荡心间，它们带着珍惜寻常的温度被收入记忆之匣，其间的美好与难忘铭刻心上。2020 年悄然离场，时光引领我们走向新的篇章。

2021 年，我们有更多期待与动能：这是“十四五”的开局之年，也是中国共产党建党 100 周年。站在“两个一百年”的历史交汇点，全面建设社会主义现代化国家新征程即将开启，愿文新儿们以时不我待的担当，更加坚定地迈步向前，不辱使命，践诺有为。

祝全院师生牛年万福，学有所获，吉祥安康！

2. 2020 五四青年节海报

本期海报采用了概念设计，在主体上仿制了《新青年》杂志的封面设计，将时代背景、五四精神与历史意义相结合。《新青年》作为中国近代尤为重要的期刊之一，在“新文化”运动、五四运动中发挥了重要的舆论引导和启迪民众的作用，它不仅直接促使了新文学的诞生，而且深刻地影响了五四运动的进程，擂响了思想解放运动的战鼓。无论是“文新青年”主标题字体、画面的整体色调，还是中心图案的画框，都与《新青年》杂志呼应。牛皮纸黄色的褪色处理，衬托出书卷气与悠久历史。

在设计元素方面，通过“文新青年”的标题将“文新”与“新青年”结合，鼓舞和激励全院青年，既要有《新青年》创刊之际的五四精神，又要与时俱进，做时代的新青年。而标题下方的杂志期号“二〇二〇年五月四日”，则为海报发布当日，第 101 期的含义是五四运动 101 周年。图中佩戴口罩的主持人，喻示了 2020 年的特殊经历，彰显出新冠肺炎疫情下新时代青年在抗击疫情期间的责任担当。后方背景中的簇簇樱花，既象征武汉在新冠肺炎疫情中重新振作，又渲染了青年们如繁花般美好的年华。

“青年有担当，青春更闪亮”的主题，呼吁当代广大青年积极担起民族复兴的重任，实现更大的人生价值，追求无悔青春。

2020 年五四青年节海报

3. 2020年妇女节海报

2020年妇女节，我们分别为女性教职工和女同学制作了两张主题海报，以不同的风格和设计元素为大家送出节日祝福。

为女教职工设计的这张海报，以红色作为主色调，不仅有一种节日的喜庆，同时象征着端庄大气。以米白色与大红色相互映衬，将热情、充满力量的大红色做适当地柔化，形成视觉上的和谐美感，也烘托出典雅的氛围。

海报的中心部分设计了代表东方女性典雅柔美特征的旗袍，整体凸显典雅气质。旗袍下方的“3·8”字样，代表了3月8日妇女节的节日主题，其中以花钿式图案作为“3”与“8”之间的间隔，既对数字做了区隔，又是对旗袍的点缀以及对典雅气质的回应。旗袍下辅以巍峨重山的背景，衬托出傲然屹立于天地之间的磅礴气势，尽显优雅自信。标题以中英文相结合，使得中国风的海报带有几分国际范，从而更加大气、有格局。

2020年妇女节女性教职工海报

为女同学设计的海报，则以紫色为主。不同于大多数海报普遍以粉色标签化少女的设计，学院新闻中心的这张海报采取了紫色。一方面，在颜色文化中，紫色与红色类似，带有高贵典雅的气质，同时，紫色也是一种较为神秘、浪漫、有个性、有内涵的颜色。

在元素的设计方面，海报与颜色的气质保持了一致性。在一个女孩的侧面剪影中，映出各种各样的女孩，有长发的、短发的、时髦的、古风的、俏皮的、贤淑的……这个精彩的侧面，与旁边的标语相呼应。同时，旁边的标语设置了不同的字体颜色，既有“文新女孩，不止一面”的意涵，又有“新女孩，不止一面”的含义，一语双关，使整个海报呈现出古灵精怪、耐人寻味的风格。

2020 年妇女节女同学海报

（二）讲座类海报

讲座类海报是针对文学与新闻学院举办的诸多学术交流讲座，在学院官网与微信公众平台进行讲座预告以及报道总结时，根据讲座主题和内容而设计制作的宣传海报。

“纪念恩格斯诞辰 200 周年读书会”的讲座海报设计，首先契合学术讲座这一主题，整体设计上简洁、大气、沉稳，因此在颜色的选择上要避免颜色的冲突，以免造成视觉疲劳。在色彩风格方面，整体以暖色调为主，相比冷色调，暖色调能够拉近海报与读者之间的心理距离，海报所呈现的内容和主题能够得到更清晰的解读。

海报在设计上分为上、中、下三个部分。上面部分以学校和学院标识、讲座主题文字呈现为主要内容。学校和学院标识，明确交代了该学术讲座的主办单位。金色的文字一方面交代了本次讲座的主题，另一方面金色有经典与伟大的象征意义，也突出了我们对恩格斯的尊敬和对本次讲座的重视程度。中间部分，在白色的背景上，分别排布了黑白素描恩格斯半身像和翻开的书本。下面部分包括牛皮纸质感的梯形、陈力丹教授照片及讲座时间、地点等信息。

相比前述节日类海报，讲座类海报的设计空间小很多，既要追求海报的艺术性表达，要美观，又要注重海报作为信息传达载体的功能，要详尽完善地传达讲座的必要信息。因此，设计讲座类海报，需要持更加严谨的态度。

“纪念恩格斯诞辰 200 周年读书会”海报

（三）盘点类海报——《回眸 2020｜我们这一年》系列

盘点类海报是起总结作用的海报，在期末或年终等重要时间节点，总结一定时段内学院所主办的讲座及其他重要活动等。通过海报这一形式，我们可以更加形象生动地对过去一段时间内的各类成果做可视化的呈现。

编者按：回眸 2020，那些特别的瞬间，在课堂、在社区，在你我的身边，它们见证着我们携手走过的不平凡，接续着新的期望与新征程的启航。

回眸 2020，那些文新的步履和身影的定格，有汗水，有热泪，它们是我们文新故事的暖色和精气神。守望相助、求知问学、助力扶贫、永葆初心，这是我们不负韶华、坚韧向前的践诺。

2020 年的文新图鉴，是我们好学力行的光影记忆，也是我们共进的心志凝聚。

站在新一年的大门口，我们透过海报，回望与感怀成长的步履，铭记薪火相传的使命；站在新一年的大门口，我们凝望海报，触摸与珍视团结齐心的文新人文。

这里是家园，我们是家人。

你好，2021，我们携手奋进再出发；你好，2021，我们时刻准备着！

1．讲座盘点海报

在设计上，该海报整体风格较为活泼明亮。色彩的选取较为鲜明，选取了在学生视角下的真实讲座场景作为海报的主体部分。顶部7盏聚光灯同时聚焦“记录求知问学　呈览思想盛宴”，对海报主题做强调与提示。讲台幕布上以四等分的方式陈列讲座实拍照片。海报中部的文字部分“2020年师生共享77场讲座，中文57场，新闻16场，面向导师的传薪讲座4场”，一方面通过数字的呈现对2020年学院讲座做了系统的统计盘点，另一方面对讲座的种类也做了明晰的分类，文字简洁、清晰、不拖沓。在底部空白处放置学院标识，表明出处。

讲座盘点海报

2．抗疫盘点海报

抗击新冠肺炎疫情是2020年的重要话题之一，对全院师生和广大校友的抗疫实践进行盘点总结具有重要意义。这一盘点海报整体色调以白色为主，表现了疫情之下的整体社会环境。以颜色丰富的照片作为海报主体，在白色的背景上显得更加明艳，寓意学院师生校友积极行动，在抗击疫情的实践中描绘出属于文新人的绚丽色彩。画面整体覆盖了阳光与树荫的效果，以表现文新师生校友的抗疫实践如同阳光般明媚温暖。

抗疫盘点海报

3. 脱贫攻坚盘点海报

这张海报整体颜色以红色为主，以红色的丝带围绕串联学院“文化‘智’助脱贫攻坚”过程的照片，照片构成一个心形。从远处开来的“奋斗号”列车，寓意着搭乘奋斗的列车开往美好的未来。作为海报主体的心形照片集，囊括了从领导层面的洽谈合作到学生层面的基层实践，全方位地展现了学院师生在脱贫攻坚上的各项实践。

脱贫攻坚盘点海报

三、创作札记

年末，国内各大媒体开始了新一轮的盘点报道，关键词梳理、榜单类盘点、热点事件总结等均为经典思路。四川大学文学与新闻学院新闻中心推出的《回眸2020｜我们这一年》，以海报集做盘点，在“读图时代”凭借图片的先天优势抓住受众的眼球，回味了四川大学文学与新闻学院的贡献与感动。

在与操慧教授讨论后，我们将回顾主题确定为“师生实践”“讲座盘点”“脱贫攻坚”三大板块。为使三张海报风格协调一致，我们决定着重突出纪实性的特点，通过整理和裁剪往期推文中的各类实拍照片，将其插入相应主题的海报设计中，以求更加真实的呈现。在海报整体设计的色调方面，我们统一选取了偏暖的色调，突出学院在近一年的各类工作与活动中所体现出的人文关怀，同时在冬日里以暖色给予大家一份温暖。我们以 Photoshop CC 作为设计工具，从学院微信公众号以往推文，以及在包图网、千图网等素材网站中挖掘和搭配素材，最终形成三张海报的雏形。讲座盘点海报以学生视角下的教师授课场景作为海报主体，嵌入讲座实拍照片，再以文字形式呈现统计数据。抗疫盘点海报以照片墙的风格来做主体设计，将过去这一年学院师生和校友在抗疫实践中的纪实照片粘贴在背景上，以素色的背景衬托多彩的照片，形成视觉上的冲击。脱贫攻坚盘点海报选取红色作为主色调，用以配合脱贫攻坚的主旋律，再以照片堆叠的方式构成心形的图案置于中心位置。

我们在图案、元素、色彩上进行了不断讨论和打磨，但在文字的润色和把握中存在很多不足。操慧教授对此提出了细致的指导意见，如在脱贫攻坚盘点海报的语言表达上，要立足学院新闻中心的本位，在动词的选用上应谨慎留意，明确我们并非参与脱贫攻坚，更多的是报道和记录；而讲座盘点海报的文案仅为简单的“温故知新”四字加上数据统计，建议我们将其调整为“记录求知问学，呈览思想盛宴”，这样不仅更有文采，而且对内容的概括力和准确度都大有提升。

此次的海报设计由我和雷思远协力完成，经过这一次的海报设计与制作，我们均在设计技巧上有所收获，同时也意识到切不可轻视文字在海报设计中的作用。

（张宏伟）

四、案例二维码

《回眸 2020｜我们这一年》

走向与展望：以内容科技熔铸思想人文新高地[①]

10 月 29 日，中国共产党第十九届中央委员会第五次全体会议通过《中共中央关于制定国民经济和社会发展第十四个五年规划和二〇三五年远景目标的建议》，在“繁荣发展文化事业和文化产业，提高国家文化软实力”的具体描述中，指出“推进媒体深度融合，实施全媒体传播工程，做强新型主流媒体，建强用好县级融媒体中心”，这是关于媒体融合发展由国家战略层面部署及发挥社会效能的进阶要求，也是推进媒体融合深度发展的宏观导向与实施目标。

高质量发展

自 2014 年 8 月 18 日中央全面深化改革领导小组第四次会议审议通过《关于推动传统媒体和新兴媒体融合发展的指导意见》至 2020 年 9 月 26 日中共中央办公厅、国务院办公厅印发《关于加快推进媒体深度融合发展的意见》以来，六年间，我国媒体在技术、内容、体制机制、人才等方面大力推进融合建设，成效显著：一批形态多样、手段先进、具有竞争力的新型主流媒体渐现雏形；大量充满创意的新媒体产品不断涌现，它们为满足人民群众对美好生活的向往与服务社会提供了强大助力和精神动力；同时，它们自身也在此过程中逐步更新理念、再造流程、升级业态、创造产能，在重构媒介、技术与人文的文化实践中转入“高质量发展”新阶段。

何谓高质量？从静态界定，就是品质优，提供高层次需求的满足；从动态界定，就是科学配置资源，能够内外均衡和谐相生，即实现普惠而健康可持续发展。对于媒体的高质量发展而言，它意味着一是自身能够提供优质内容和有效的信息服务，二是受众和社会能够从中受益，无论是物质层受惠还是精神层获益。在此传受

---

① 参见操慧：《以内容科技熔铸思想人文新高地》，《成都日报》，2020 年 11 月 25 日第 7 版。

互动意义上看，深度融合作为技术、平台、渠道、机制、人才等互动发展的变量，就是推进媒体转向高质量进阶的巨大动力和时代必然。它既是动因，亦是动向和趋势。它不仅要把相关要素连接在一起，还要优化配置，实现最大化的利益回报和构建最大共意的价值认同。与浅表形式上的“包容”“结合”不同，“深度融合”强调的是由外入内、由表及里的无缝对接，是各连接要素互动互构的一体化有机体，它旨在构建由“容”入“融”的“合”“和”境界及创新自觉——这是现代传播体系与新型主流媒体竞争力的内涵，也是我们探索数字信息社会化服务，以内容科技熔铸思想人文新高地的高质量发展策略选择。这是“十四五”期间着力建设的重点，也是置身全球化、信息化、网络化发展生态中的媒体社会责任因应。

回望六年间我国媒体进行的各类融合实践，无论是主动迎击还是被动应对，我们在体验和享用媒体融合的成果中均深刻感受到了“互联网＋媒体”带来的社会结构性变迁；我们也在工作与生活应用中见证与验证了媒体依托“内容＋技术”的双轮驱动的多重效能变现。沿着当今全球网络社会的步履，传统媒体与新型媒体在网络化和新媒体化的转型中日益全面、深度地参与社会建设的各领域、各层级、各环节中，也因之，重视媒体、善用媒体、育化媒体素养也逐步构建起了社会共识。这是从理念到实务，从专业到通识，媒体由数量上的“增容”到品质建设上的“合”“和”的“融轨迹”，这本身就是融合走向深度、因应深度、创新深度的人类智慧拓展的表征。在此进程中，“合”与“和”的互动及互构，会催化发展的科学配置，也会成就其多维满足社群共意的功能萃化，进而形塑为一种可以引发人类思想人文对话和认同的文化生产力和文化竞争力，这是推进媒体深度融合发展的文化责任与时代使命，由此也就扩展与延伸了我们对其高质量发展的重要载体——以内容为基的视界与着力点。

内容为王

提及内容为王，似乎是对传统主流媒体参与融合发展的比较优势的概括，在新型媒体兴起及社交化传播异军突起后，内容被移动化、可视化、碎片化分解，以事实和公信力制胜的传统主流媒体面临商业化平台媒体与自媒体参与竞争的挑战。新闻反转、舆情倒逼、娱乐互动、公益众筹、云直播、网络带货……传统媒体的边界被打破，媒体传播的内容与形态被突破，比之以往的思维条框，新兴媒体在传播什么和如何传播层面双驱动，它们依靠新技术有效激发了大众的参与能动，将内容从报道资源变为强大的利益诉求的关系连接，逐步实现社会广泛的沟通与对话，进而确立自身的品牌价值与社会认同。

可以说，媒体与技术融合催生的新媒体，以及在社会传播与认知中构建的“没有什么不可能”的变局，也开辟了“小而美”“活而鲜”的新局。这是媒体深度融合转入高质量发展的紧迫使然。

审思当下媒体融合中的壁垒与喧哗，我们不难发现，在快速、及时、便捷的信息获取与通俗、轻松、感性的娱乐消费的背后，仍无法掩盖人们对优质内容的渴求和对过于追求感官体验的同质化表达形态的质疑。若用信息过载、社交过度、观点过剩等来描绘当下的“融合之困”，那么细究其中的原理，我们则可从媒介文化的角度将之归结为在精神归属上缺乏某种文化自信和文化自觉的“游离”，表现为形式重于内容，数据/工具重于人文。

换言之，即我们的媒介融合亟待回归价值理性，我们的媒体融合亟须深入生活，做实内容，善用科技，人文引领，具化“三向”——坚持正确的政治方向、舆论导向和价值取向，如此，我们方能走出唯技术化、形式化或内容“三俗化”、观点历史虚无化、表达空泛化等媒体融合之误区，消减流量至上、商业逐利第一等媒体融合之困惑，从而熔铸思想人文新高地，以中国故事分享奋斗精彩、人生感悟，以中国文化与世界对话，共构全球命运共同体。

内容科技

对此，我们欣喜地看到，关于媒体融合深度发展的智识已经汇聚。前述的政策倡议和规导，为目前的融合实践转向高质量指明了方向、做好了部署；深耕一线的业界也在与社会公众的沟通互动中追踪科技前沿、研判用户需求、担当文化导航的重责。

今年 3 月 27 日，人民网组织编写的《2019，内容科技（ConTech）元年》白皮书正式发布。该报告首次提出和界定了“内容科技”的含义，即“以人工智能、大数据等信息技术为内核，对内容产品的生产与消费链条、内容产业的组织与分工模式产生重大影响，包括区块链、物联网等在内的一系列数据与信息采集、存储、加工、传输的新技术，这些技术催生了内容产业领域的新应用、新服务”。从中可见，“内容科技”本身就是媒体深度融合的结晶，它既是一种新闻生产的路径，又是对“内容为王”的重构，其关键还是要以人类的科技向善的智识作为价值坚守，无论内容输出的形态如何，我们始终都能从中感知真善美的人文思想，这是最大的共情、同理的文明融合，也是达致“合和相生”的融合利他。

正如该报告所言，“媒体发展的驱动力从以内容为主转变为以内容和技术双轮驱动，技术和内容越发紧密地结合在一起，技术在媒体发展中的作用变得空前重要。科技作为生产力，与内容深度融合，正在推动内容生产关系变革。内容科技在为社会提供大规模个性化信息服务的同时，正成为传播社会主流意识形态，凝聚社会共识、推动进步发展的支撑力量”。

反观当下，当传统主流媒体的融合产品遭遇“叫好不叫座”的尴尬时，当商业平台寻求更广泛的社会认同而需要责任传播的协同创新时，都印证出我们须从自身和社会关联中去探问融而不合、合而不强、合而不和（和谐）的因由。简言之，就是从内容与科技的互动形态、互构趋向，去检视关于我们对传播规律、媒介规律、融合导向的守正与创新是否适谐。这也意味着媒体参与社会建设、服务人民群众，让其获得感、幸福感得以实现与提升的一种文化生产关系的多维调适。

由此推知，面向未来的媒体融合，其根本的底座与底气并非单纯的技术价值的赋能，而是来自对人类文明成果的传承和对民族自强责任担当的文化自觉。因此，媒体深度融合不仅是关于媒体行业的工作与使命，而且还是一场我们全体迈向以人为中心的智联实践的深刻变革，其价值归属，将以内容科技熔铸人类思想人文的新高地，即以源自生活实践的原创内容的智慧分享来促成其高质量发展的进阶，进而实现人类与自然、社会的融创适谐以及与自身达成心智和谐。

（作者：四川大学文学与新闻学院教授、博士生导师，副院长；四川省新闻教育学会会长、四川省网络文化协会副会长）

附录　微信公众号传播相关条规

互联网信息服务管理办法[①]

（2000 年 9 月 25 日中华人民共和国国务院令第 292 号公布，
根据 2011 年 1 月 8 日《国务院关于废止和修改部分行政法规的决定》修订）

第一条　为了规范互联网信息服务活动，促进互联网信息服务健康有序发展，制定本办法。

第二条　在中华人民共和国境内从事互联网信息服务活动，必须遵守本办法。

本办法所称互联网信息服务，是指通过互联网向上网用户提供信息的服务活动。

第三条　互联网信息服务分为经营性和非经营性两类。

经营性互联网信息服务，是指通过互联网向上网用户有偿提供信息或者网页制作等服务活动。

非经营性互联网信息服务，是指通过互联网向上网用户无偿提供具有公开性、共享性信息的服务活动。

第四条　国家对经营性互联网信息服务实行许可制度；对非经营性互联网信息服务实行备案制度。

未取得许可或者未履行备案手续的，不得从事互联网信息服务。

第五条　从事新闻、出版、教育、医疗保健、药品和医疗器械等互联网信息服务，依照法律、行政法规以及国家有关规定须经有关主管部门审核同意的，在申请经营许可或者履行备案手续前，应当依法经有关主管部门审核同意。

第六条　从事经营性互联网信息服务，除应当符合《中华人民共和国电信条

① 《互联网信息服务管理办法》，中国政府网（www. gov. cn），http://www. gov. cn/zhengce/2020－12/26/content _ 5574367. htm，2021 年 2 月 1 日访问。

例》规定的要求外，还应当具备下列条件：

（一）有业务发展计划及相关技术方案；

（二）有健全的网络与信息安全保障措施，包括网站安全保障措施、信息安全保密管理制度、用户信息安全管理制度；

（三）服务项目属于本办法第五条规定范围的，已取得有关主管部门同意的文件。

第七条　从事经营性互联网信息服务，应当向省、自治区、直辖市电信管理机构或者国务院信息产业主管部门申请办理互联网信息服务增值电信业务经营许可证（以下简称经营许可证）。

省、自治区、直辖市电信管理机构或者国务院信息产业主管部门应当自收到申请之日起 60 日内审查完毕，作出批准或者不予批准的决定。予以批准的，颁发经营许可证；不予批准的，应当书面通知申请人并说明理由。

申请人取得经营许可证后，应当持经营许可证向企业登记机关办理登记手续。

第八条　从事非经营性互联网信息服务，应当向省、自治区、直辖市电信管理机构或者国务院信息产业主管部门办理备案手续。办理备案时，应当提交下列材料：

（一）主办单位和网站负责人的基本情况；

（二）网站网址和服务项目；

（三）服务项目属于本办法第五条规定范围的，已取得有关主管部门的同意文件。

省、自治区、直辖市电信管理机构对备案材料齐全的，应当予以备案并编号。

第九条　从事互联网信息服务，拟开办电子公告服务的，应当在申请经营性互联网信息服务许可或者办理非经营性互联网信息服务备案时，按照国家有关规定提出专项申请或者专项备案。

第十条　省、自治区、直辖市电信管理机构和国务院信息产业主管部门应当公布取得经营许可证或者已履行备案手续的互联网信息服务提供者名单。

第十一条　互联网信息服务提供者应当按照经许可或者备案的项目提供服务，不得超出经许可或者备案的项目提供服务。

非经营性互联网信息服务提供者不得从事有偿服务。

互联网信息服务提供者变更服务项目、网站网址等事项的，应当提前 30 日向原审核、发证或者备案机关办理变更手续。

第十二条　互联网信息服务提供者应当在其网站主页的显著位置标明其经营许可证编号或者备案编号。

第十三条 互联网信息服务提供者应当向上网用户提供良好的服务，并保证所提供的信息内容合法。

第十四条 从事新闻、出版以及电子公告等服务项目的互联网信息服务提供者，应当记录提供的信息内容及其发布时间、互联网地址或者域名；互联网接入服务提供者应当记录上网用户的上网时间、用户账号、互联网地址或者域名、主叫电话号码等信息。

互联网信息服务提供者和互联网接入服务提供者的记录备份应当保存 60 日，并在国家有关机关依法查询时，予以提供。

第十五条 互联网信息服务提供者不得制作、复制、发布、传播含有下列内容的信息：

（一）反对宪法所确定的基本原则的；

（二）危害国家安全，泄露国家秘密，颠覆国家政权，破坏国家统一的；

（三）损害国家荣誉和利益的；

（四）煽动民族仇恨、民族歧视，破坏民族团结的；

（五）破坏国家宗教政策，宣扬邪教和封建迷信的；

（六）散布谣言，扰乱社会秩序，破坏社会稳定的；

（七）散布淫秽、色情、赌博、暴力、凶杀、恐怖或者教唆犯罪的；

（八）侮辱或者诽谤他人，侵害他人合法权益的；

（九）含有法律、行政法规禁止的其他内容的。

第十六条 互联网信息服务提供者发现其网站传输的信息明显属于本办法第十五条所列内容之一的，应当立即停止传输，保存有关记录，并向国家有关机关报告。

第十七条 经营性互联网信息服务提供者申请在境内境外上市或者同外商合资、合作，应当事先经国务院信息产业主管部门审查同意；其中，外商投资的比例应当符合有关法律、行政法规的规定。

第十八条 国务院信息产业主管部门和省、自治区、直辖市电信管理机构，依法对互联网信息服务实施监督管理。

新闻、出版、教育、卫生、药品监督管理、工商行政管理和公安、国家安全等有关主管部门，在各自职责范围内依法对互联网信息内容实施监督管理。

第十九条 违反本办法的规定，未取得经营许可证，擅自从事经营性互联网信息服务，或者超出许可的项目提供服务的，由省、自治区、直辖市电信管理机构责令限期改正，有违法所得的，没收违法所得，处违法所得 3 倍以上 5 倍以下的罚款；没有违法所得或者违法所得不足 5 万元的，处 10 万元以上 100 万元以下的罚款；情节严重的，责令关闭网站。

违反本办法的规定，未履行备案手续，擅自从事非经营性互联网信息服务，或者超出备案的项目提供服务的，由省、自治区、直辖市电信管理机构责令限期改正；拒不改正的，责令关闭网站。

第二十条 制作、复制、发布、传播本办法第十五条所列内容之一的信息，构成犯罪的，依法追究刑事责任；尚不构成犯罪的，由公安机关、国家安全机关依照《中华人民共和国治安管理处罚法》《计算机信息网络国际联网安全保护管理办法》等有关法律、行政法规的规定予以处罚；对经营性互联网信息服务提供者，并由发证机关责令停业整顿直至吊销经营许可证，通知企业登记机关；对非经营性互联网信息服务提供者，并由备案机关责令暂时关闭网站直至关闭网站。

第二十一条 未履行本办法第十四条规定的义务的，由省、自治区、直辖市电信管理机构责令改正；情节严重的，责令停业整顿或者暂时关闭网站。

第二十二条 违反本办法的规定，未在其网站主页上标明其经营许可证编号或者备案编号的，由省、自治区、直辖市电信管理机构责令改正，处 5000 元以上 5 万元以下的罚款。

第二十三条 违反本办法第十六条规定的义务的，由省、自治区、直辖市电信管理机构责令改正；情节严重的，对经营性互联网信息服务提供者，并由发证机关吊销经营许可证，对非经营性互联网信息服务提供者，并由备案机关责令关闭网站。

第二十四条 互联网信息服务提供者在其业务活动中，违反其他法律、法规的，由新闻、出版、教育、卫生、药品监督管理和工商行政管理等有关主管部门依照有关法律、法规的规定处罚。

第二十五条 电信管理机构和其他有关主管部门及其工作人员，玩忽职守、滥用职权、徇私舞弊，疏于对互联网信息服务的监督管理，造成严重后果，构成犯罪的，依法追究刑事责任；尚不构成犯罪的，对直接负责的主管人员和其他直接责任人员依法给予降级、撤职直至开除的行政处分。

第二十六条 在本办法公布前从事互联网信息服务的，应当自本办法公布之日起 60 日内依照本办法的有关规定补办有关手续。

第二十七条 本办法自公布之日起施行。

互联网站从事登载新闻业务管理暂行规定[①]

（2000 年 11 月 6 日国务院新闻办公室、信息产业部公布施行）

第一条 为了促进我国互联网新闻传播事业的发展，规范互联网站登载新闻的业务，维护互联网新闻的真实性、准确性、合法性，制定本规定。

第二条 本规定适用于在中华人民共和国境内从事登载新闻业务的互联网站。

本规定所称登载新闻，是指通过互联网发布和转载新闻。

第三条 互联网站从事登载新闻业务，必须遵守宪法和法律、法规。

国家保护互联网站从事登载新闻业务的合法权益。

第四条 国务院新闻办公室负责全国互联网站从事登载新闻业务的管理工作。

省、自治区、直辖市人民政府新闻办公室依照本规定负责本行政区域内互联网站从事登载新闻业务的管理工作。

第五条 中央新闻单位、中央国家机关各部门新闻单位以及省、自治区、直辖市和省、自治区人民政府所在地的市直属新闻单位依法建立的互联网站（以下简称新闻网站），经批准可以从事登载新闻业务。其他新闻单位不单独建立新闻网站，经批准可以在中央新闻单位或者省、自治区、直辖市直属新闻单位建立的新闻网站建立新闻网页从事登载新闻业务。

第六条 新闻单位建立新闻网站（页）从事登载新闻业务，应当依照下列规定报国务院新闻办公室或者省、自治区、直辖市人民政府新闻办公室审核批准：

（一）中央新闻单位建立新闻网站从事登载新闻业务，报国务院新闻办公室审核批准。

（二）中央国家机关各部门新闻单位建立新闻网站从事登载新闻业务，经主管部门审核同意，报国务院新闻办公室批准。

（三）省、自治区、直辖市和省、自治区人民政府所在地的市直属新闻单位建立新闻网站从事登载新闻业务，经所在地省、自治区、直辖市人民政府新闻办公室审核同意，报国务院新闻办公室批准。

（四）省、自治区、直辖市以下新闻单位在中央新闻单位或者省、自治区、直辖市直属新闻单位的新闻网站建立新闻网页从事登载新闻业务，报所在地省、自治

---

① 《互联网站从事登载新闻业务管理暂行规定》，中国政府网（www. gov. cn），http://www. gov. cn/gongbao/content/2001/content _ 132314. htm，2021 年 2 月 1 日访问。

区、直辖市人民政府新闻办公室审核批准，并报国务院新闻办公室备案。

第七条 非新闻单位依法建立的综合性互联网站（以下简称综合性非新闻单位网站），具备本规定第九条所列条件的，经批准可以从事登载中央新闻单位、中央国家机关各部门新闻单位以及省、自治区、直辖市直属新闻单位发布的新闻的业务，但不得登载自行采写的新闻和其他来源的新闻。非新闻单位依法建立的其他互联网站，不得从事登载新闻业务。

第八条 综合性非新闻单位网站依照本规定第七条从事登载新闻业务，应当经主办单位所在地省、自治区、直辖市人民政府新闻办公室审核同意，报国务院新闻办公室批准。

第九条 综合性非新闻单位网站从事登载新闻业务，应当具备下列条件：

（一）有符合法律、法规规定的从事登载新闻业务的宗旨及规章制度；

（二）有必要的新闻编辑机构、资金、设备及场所；

（三）有具有相关新闻工作经验和中级以上新闻专业技术职务资格的专职新闻编辑负责人，并有相应数量的具有中级以上新闻专业技术职务资格的专职新闻编辑人员；

（四）有符合本规定第十一条规定的新闻信息来源。

第十条 互联网站申请从事登载新闻业务，应当填写并提交国务院新闻办公室统一制发的《互联网站从事登载新闻业务申请表》。

第十一条 综合性非新闻单位网站从事登载中央新闻单位、中央国家机关各部门新闻单位以及省、自治区、直辖市直属新闻单位发布的新闻的业务，应当同上述有关新闻单位签订协议，并将协议副本报主办单位所在地省、自治区、直辖市人民政府新闻办公室备案。

第十二条 综合性非新闻单位网站登载中央新闻单位、中央国家机关各部门新闻单位以及省、自治区、直辖市直属新闻单位发布的新闻，应当注明新闻来源和日期。

第十三条 互联网站登载的新闻不得含有下列内容：

（一）违反宪法所确定的基本原则；

（二）危害国家安全，泄露国家秘密，煽动颠覆国家政权，破坏国家统一；

（三）损害国家的荣誉和利益；

（四）煽动民族仇恨、民族歧视，破坏民族团结；

（五）破坏国家宗教政策，宣扬邪教，宣扬封建迷信；

（六）散布谣言，编造和传播假新闻，扰乱社会秩序，破坏社会稳定；

（七）散布淫秽、色情、赌博、暴力、恐怖或者教唆犯罪；

（八）侮辱或者诽谤他人，侵害他人合法权益；

（九）法律、法规禁止的其他内容。

第十四条 互联网站链接境外新闻网站，登载境外新闻媒体和互联网站发布的新闻，必须另行报国务院新闻办公室批准。

第十五条 违反本规定，有下列情形之一的，由国务院新闻办公室或者省、自治区、直辖市人民政府新闻办公室给予警告，责令限期改正；已取得从事登载新闻业务资格的，情节严重的，撤销其从事登载新闻业务的资格：

（一）未取得从事登载新闻业务资格，擅自登载新闻的；

（二）综合性非新闻单位网站登载自行采写的新闻或者登载不符合本规定第七条规定来源的新闻的，或者未注明新闻来源的；

（三）综合性非新闻单位网站未与中央新闻单位、中央国家机关各部门新闻单位以及省、自治区、直辖市直属新闻单位签订协议擅自登载其发布的新闻，或者签订的协议未履行备案手续的；

（四）未经批准，擅自链接境外新闻网站，登载境外新闻媒体和互联网站发布的新闻的。

第十六条 互联网站登载的新闻含有本规定第十三条所列内容之一，构成犯罪的，依法追究刑事责任；尚不构成犯罪的，由公安机关或者国家安全机关依照有关法律、行政法规的规定给予行政处罚。

第十七条 互联网站登载新闻含有本规定第十三条所列内容之一或者有本规定第十五条所列情形之一的，国务院信息产业主管部门或者省、自治区、直辖市电信管理机构依照有关法律、行政法规的规定，可以责令关闭网站，并吊销其电信业务经营许可证。

第十八条 在本规定施行前已经从事登载新闻业务的互联网站，应当自本规定施行之日起 60 日内依照本规定办理相应的手续。

第十九条 本规定自发布之日起施行。

信息网络传播权保护条例①

（2006 年 5 月 18 日中华人民共和国国务院令第 468 号公布，
根据 2013 年 1 月 30 日《国务院关于修改〈信息网络传播权保护条例〉的决定》修订）

第一条 为保护著作权人、表演者、录音录像制作者（以下统称权利人）的信息网络传播权，鼓励有益于社会主义精神文明、物质文明建设的作品的创作和传播，根据《中华人民共和国著作权法》（以下简称著作权法），制定本条例。

第二条 权利人享有的信息网络传播权受著作权法和本条例保护。除法律、行政法规另有规定的外，任何组织或者个人将他人的作品、表演、录音录像制品通过信息网络向公众提供，应当取得权利人许可，并支付报酬。

第三条 依法禁止提供的作品、表演、录音录像制品，不受本条例保护。

权利人行使信息网络传播权，不得违反宪法和法律、行政法规，不得损害公共利益。

第四条 为了保护信息网络传播权，权利人可以采取技术措施。

任何组织或者个人不得故意避开或者破坏技术措施，不得故意制造、进口或者向公众提供主要用于避开或者破坏技术措施的装置或者部件，不得故意为他人避开或者破坏技术措施提供技术服务。但是，法律、行政法规规定可以避开的除外。

第五条 未经权利人许可，任何组织或者个人不得进行下列行为：

（一）故意删除或者改变通过信息网络向公众提供的作品、表演、录音录像制品的权利管理电子信息，但由于技术上的原因无法避免删除或者改变的除外；

（二）通过信息网络向公众提供明知或者应知未经权利人许可被删除或者改变权利管理电子信息的作品、表演、录音录像制品。

第六条 通过信息网络提供他人作品，属于下列情形的，可以不经著作权人许可，不向其支付报酬：

（一）为介绍、评论某一作品或者说明某一问题，在向公众提供的作品中适当引用已经发表的作品；

（二）为报道时事新闻，在向公众提供的作品中不可避免地再现或者引用已经发表的作品；

---

① 《信息网络传播权保护条例》，中国政府网（www.gov.cn），http://www.gov.cn/zhengce/2020-12/27/content_5573516.htm，2021 年 2 月 1 日访问。

（三）为学校课堂教学或者科学研究，向少数教学、科研人员提供少量已经发表的作品；

（四）国家机关为执行公务，在合理范围内向公众提供已经发表的作品；

（五）将中国公民、法人或者其他组织已经发表的、以汉语言文字创作的作品翻译成的少数民族语言文字作品，向中国境内少数民族提供；

（六）不以营利为目的，以盲人能够感知的独特方式向盲人提供已经发表的文字作品；

（七）向公众提供在信息网络上已经发表的关于政治、经济问题的时事性文章；

（八）向公众提供在公众集会上发表的讲话。

第七条 图书馆、档案馆、纪念馆、博物馆、美术馆等可以不经著作权人许可，通过信息网络向本馆馆舍内服务对象提供本馆收藏的合法出版的数字作品和依法为陈列或者保存版本的需要以数字化形式复制的作品，不向其支付报酬，但不得直接或者间接获得经济利益。当事人另有约定的除外。

前款规定的为陈列或者保存版本需要以数字化形式复制的作品，应当是已经损毁或者濒临损毁、丢失或者失窃，或者其存储格式已经过时，并且在市场上无法购买或者只能以明显高于标定的价格购买的作品。

第八条 为通过信息网络实施九年制义务教育或者国家教育规划，可以不经著作权人许可，使用其已经发表作品的片断或者短小的文字作品、音乐作品或者单幅的美术作品、摄影作品制作课件，由制作课件或者依法取得课件的远程教育机构通过信息网络向注册学生提供，但应当向著作权人支付报酬。

第九条 为扶助贫困，通过信息网络向农村地区的公众免费提供中国公民、法人或者其他组织已经发表的种植养殖、防病治病、防灾减灾等与扶助贫困有关的作品和适应基本文化需求的作品，网络服务提供者应当在提供前公告拟提供的作品及其作者、拟支付报酬的标准。自公告之日起 30 日内，著作权人不同意提供的，网络服务提供者不得提供其作品；自公告之日起满 30 日，著作权人没有异议的，网络服务提供者可以提供其作品，并按照公告的标准向著作权人支付报酬。网络服务提供者提供著作权人的作品后，著作权人不同意提供的，网络服务提供者应当立即删除著作权人的作品，并按照公告的标准向著作权人支付提供作品期间的报酬。

依照前款规定提供作品的，不得直接或者间接获得经济利益。

第十条 依照本条例规定不经著作权人许可、通过信息网络向公众提供其作品的，还应当遵守下列规定：

（一）除本条例第六条第一项至第六项、第七条规定的情形外，不得提供作者事先声明不许提供的作品；

（二）指明作品的名称和作者的姓名（名称）；

（三）依照本条例规定支付报酬；

（四）采取技术措施，防止本条例第七条、第八条、第九条规定的服务对象以外的其他人获得著作权人的作品，并防止本条例第七条规定的服务对象的复制行为对著作权人利益造成实质性损害；

（五）不得侵犯著作权人依法享有的其他权利。

第十一条 通过信息网络提供他人表演、录音录像制品的，应当遵守本条例第六条至第十条的规定。

第十二条 属于下列情形的，可以避开技术措施，但不得向他人提供避开技术措施的技术、装置或者部件，不得侵犯权利人依法享有的其他权利：

（一）为学校课堂教学或者科学研究，通过信息网络向少数教学、科研人员提供已经发表的作品、表演、录音录像制品，而该作品、表演、录音录像制品只能通过信息网络获取；

（二）不以营利为目的，通过信息网络以盲人能够感知的独特方式向盲人提供已经发表的文字作品，而该作品只能通过信息网络获取；

（三）国家机关依照行政、司法程序执行公务；

（四）在信息网络上对计算机及其系统或者网络的安全性能进行测试。

第十三条 著作权行政管理部门为了查处侵犯信息网络传播权的行为，可以要求网络服务提供者提供涉嫌侵权的服务对象的姓名（名称）、联系方式、网络地址等资料。

第十四条 对提供信息存储空间或者提供搜索、链接服务的网络服务提供者，权利人认为其服务所涉及的作品、表演、录音录像制品，侵犯自己的信息网络传播权或者被删除、改变了自己的权利管理电子信息的，可以向该网络服务提供者提交书面通知，要求网络服务提供者删除该作品、表演、录音录像制品，或者断开与该作品、表演、录音录像制品的链接。通知书应当包含下列内容：

（一）权利人的姓名（名称）、联系方式和地址；

（二）要求删除或者断开链接的侵权作品、表演、录音录像制品的名称和网络地址；

（三）构成侵权的初步证明材料。

权利人应当对通知书的真实性负责。

第十五条 网络服务提供者接到权利人的通知书后，应当立即删除涉嫌侵权的作品、表演、录音录像制品，或者断开与涉嫌侵权的作品、表演、录音录像制品的链接，并同时将通知书转送提供作品、表演、录音录像制品的服务对象；服务对象网络地址不明、无法转送的，应当将通知书的内容同时在信息网络上公告。

第十六条 服务对象接到网络服务提供者转送的通知书后，认为其提供的作品、表演、录音录像制品未侵犯他人权利的，可以向网络服务提供者提交书面说明，要求恢复被删除的作品、表演、录音录像制品，或者恢复与被断开的作品、表演、录音录像制品的链接。书面说明应当包含下列内容：

（一）服务对象的姓名（名称）、联系方式和地址；

（二）要求恢复的作品、表演、录音录像制品的名称和网络地址；

（三）不构成侵权的初步证明材料。

服务对象应当对书面说明的真实性负责。

第十七条 网络服务提供者接到服务对象的书面说明后，应当立即恢复被删除的作品、表演、录音录像制品，或者可以恢复与被断开的作品、表演、录音录像制品的链接，同时将服务对象的书面说明转送权利人。权利人不得再通知网络服务提供者删除该作品、表演、录音录像制品，或者断开与该作品、表演、录音录像制品的链接。

第十八条 违反本条例规定，有下列侵权行为之一的，根据情况承担停止侵害、消除影响、赔礼道歉、赔偿损失等民事责任；同时损害公共利益的，可以由著作权行政管理部门责令停止侵权行为，没收违法所得，非法经营额 5 万元以上的，可处非法经营额 1 倍以上 5 倍以下的罚款；没有非法经营额或者非法经营额 5 万元以下的，根据情节轻重，可处 25 万元以下的罚款；情节严重的，著作权行政管理部门可以没收主要用于提供网络服务的计算机等设备；构成犯罪的，依法追究刑事责任：

（一）通过信息网络擅自向公众提供他人的作品、表演、录音录像制品的；

（二）故意避开或者破坏技术措施的；

（三）故意删除或者改变通过信息网络向公众提供的作品、表演、录音录像制品的权利管理电子信息，或者通过信息网络向公众提供明知或者应知未经权利人许可而被删除或者改变权利管理电子信息的作品、表演、录音录像制品的；

（四）为扶助贫困通过信息网络向农村地区提供作品、表演、录音录像制品超过规定范围，或者未按照公告的标准支付报酬，或者在权利人不同意提供其作品、表演、录音录像制品后未立即删除的；

（五）通过信息网络提供他人的作品、表演、录音录像制品，未指明作品、表演、录音录像制品的名称或者作者、表演者、录音录像制作者的姓名（名称），或者未支付报酬，或者未依照本条例规定采取技术措施防止服务对象以外的其他人获得他人的作品、表演、录音录像制品，或者未防止服务对象的复制行为对权利人利益造成实质性损害的。

第十九条 违反本条例规定，有下列行为之一的，由著作权行政管理部门予以警告，没收违法所得，没收主要用于避开、破坏技术措施的装置或者部件；情节严重的，可以没收主要用于提供网络服务的计算机等设备；非法经营额 5 万元以上的，可处非法经营额 1 倍以上 5 倍以下的罚款；没有非法经营额或者非法经营额 5 万元以下的，根据情节轻重，可处 25 万元以下的罚款；构成犯罪的，依法追究刑事责任：

（一）故意制造、进口或者向他人提供主要用于避开、破坏技术措施的装置或者部件，或者故意为他人避开或者破坏技术措施提供技术服务的；

（二）通过信息网络提供他人的作品、表演、录音录像制品，获得经济利益的；

（三）为扶助贫困通过信息网络向农村地区提供作品、表演、录音录像制品，未在提供前公告作品、表演、录音录像制品的名称和作者、表演者、录音录像制作者的姓名（名称）以及报酬标准的。

第二十条 网络服务提供者根据服务对象的指令提供网络自动接入服务，或者对服务对象提供的作品、表演、录音录像制品提供自动传输服务，并具备下列条件的，不承担赔偿责任：

（一）未选择并且未改变所传输的作品、表演、录音录像制品；

（二）向指定的服务对象提供该作品、表演、录音录像制品，并防止指定的服务对象以外的其他人获得。

第二十一条 网络服务提供者为提高网络传输效率，自动存储从其他网络服务提供者获得的作品、表演、录音录像制品，根据技术安排自动向服务对象提供，并具备下列条件的，不承担赔偿责任：

（一）未改变自动存储的作品、表演、录音录像制品；

（二）不影响提供作品、表演、录音录像制品的原网络服务提供者掌握服务对象获取该作品、表演、录音录像制品的情况；

（三）在原网络服务提供者修改、删除或者屏蔽该作品、表演、录音录像制品时，根据技术安排自动予以修改、删除或者屏蔽。

第二十二条 网络服务提供者为服务对象提供信息存储空间，供服务对象通过信息网络向公众提供作品、表演、录音录像制品，并具备下列条件的，不承担赔偿责任：

（一）明确标示该信息存储空间是为服务对象所提供，并公开网络服务提供者的名称、联系人、网络地址；

（二）未改变服务对象所提供的作品、表演、录音录像制品；

（三）不知道也没有合理的理由应当知道服务对象提供的作品、表演、录音录像制品侵权；

（四）未从服务对象提供作品、表演、录音录像制品中直接获得经济利益；

（五）在接到权利人的通知书后，根据本条例规定删除权利人认为侵权的作品、表演、录音录像制品。

第二十三条 网络服务提供者为服务对象提供搜索或者链接服务，在接到权利人的通知书后，根据本条例规定断开与侵权的作品、表演、录音录像制品的链接的，不承担赔偿责任；但是，明知或者应知所链接的作品、表演、录音录像制品侵权的，应当承担共同侵权责任。

第二十四条 因权利人的通知导致网络服务提供者错误删除作品、表演、录音录像制品，或者错误断开与作品、表演、录音录像制品的链接，给服务对象造成损失的，权利人应当承担赔偿责任。

第二十五条 网络服务提供者无正当理由拒绝提供或者拖延提供涉嫌侵权的服务对象的姓名（名称）、联系方式、网络地址等资料的，由著作权行政管理部门予以警告；情节严重的，没收主要用于提供网络服务的计算机等设备。

第二十六条 本条例下列用语的含义：

信息网络传播权，是指以有线或者无线方式向公众提供作品、表演或者录音录像制品，使公众可以在其个人选定的时间和地点获得作品、表演或者录音录像制品的权利。

技术措施，是指用于防止、限制未经权利人许可浏览、欣赏作品、表演、录音录像制品的或者通过信息网络向公众提供作品、表演、录音录像制品的有效技术、装置或者部件。

权利管理电子信息，是指说明作品及其作者、表演及其表演者、录音录像制品及其制作者的信息，作品、表演、录音录像制品权利人的信息和使用条件的信息，以及表示上述信息的数字或者代码。

第二十七条 本条例自 2006 年 7 月 1 日起施行。

即时通信工具公众信息服务发展管理暂行规定①

（2014年8月7日国家互联网信息办公室公布施行）

第一条 为进一步推动即时通信工具公众信息服务健康有序发展，保护公民、法人和其他组织的合法权益，维护国家安全和公共利益，根据《全国人民代表大会常务委员会关于维护互联网安全的决定》《全国人民代表大会常务委员会关于加强网络信息保护的决定》《最高人民法院最高人民检察院关于办理利用信息网络实施诽谤等刑事案件适用法律若干问题的解释》《互联网信息服务管理办法》《互联网新闻信息服务管理规定》等法律法规，制定本规定。

第二条 在中华人民共和国境内从事即时通信工具公众信息服务，适用本规定。

本规定所称即时通信工具，是指基于互联网面向终端使用者提供即时信息交流服务的应用。本规定所称公众信息服务，是指通过即时通信工具的公众账号及其他形式向公众发布信息的活动。

第三条 国家互联网信息办公室负责统筹协调指导即时通信工具公众信息服务发展管理工作，省级互联网信息内容主管部门负责本行政区域的相关工作。

互联网行业组织应当积极发挥作用，加强行业自律，推动行业信用评价体系建设，促进行业健康有序发展。

第四条 即时通信工具服务提供者应当取得法律法规规定的相关资质。即时通信工具服务提供者从事公众信息服务活动，应当取得互联网新闻信息服务资质。

第五条 即时通信工具服务提供者应当落实安全管理责任，建立健全各项制度，配备与服务规模相适应的专业人员，保护用户信息及公民个人隐私，自觉接受社会监督，及时处理公众举报的违法和不良信息。

第六条 即时通信工具服务提供者应当按照“后台实名、前台自愿”的原则，要求即时通信工具服务使用者通过真实身份信息认证后注册账号。

即时通信工具服务使用者注册账号时，应当与即时通信工具服务提供者签订协议，承诺遵守法律法规、社会主义制度、国家利益、公民合法权益、公共秩序、社会道德风尚和信息真实性等“七条底线”。

---

① 《即时通信工具公众信息服务发展管理暂行规定》，中共中央网络安全和信息化委员会办公室（www.cac.gov.cn），http://www.cac.gov.cn/2014-08/07/c_1111983456.htm，2021年2月1日访问。

第七条 即时通信工具服务使用者为从事公众信息服务活动开设公众账号，应当经即时通信工具服务提供者审核，由即时通信工具服务提供者向互联网信息内容主管部门分类备案。

新闻单位、新闻网站开设的公众账号可以发布、转载时政类新闻，取得互联网新闻信息服务资质的非新闻单位开设的公众账号可以转载时政类新闻。其他公众账号未经批准不得发布、转载时政类新闻。

即时通信工具服务提供者应当对可以发布或转载时政类新闻的公众账号加注标识。

鼓励各级党政机关、企事业单位和各人民团体开设公众账号，服务经济社会发展，满足公众需求。

第八条 即时通信工具服务使用者从事公众信息服务活动，应当遵守相关法律法规。

对违反协议约定的即时通信工具服务使用者，即时通信工具服务提供者应当视情节采取警示、限制发布、暂停更新直至关闭账号等措施，并保存有关记录，履行向有关主管部门报告义务。

第九条 对违反本规定的行为，由有关部门依照相关法律法规处理。

第十条 本规定自公布之日起施行。

网络信息内容生态治理规定①

（2019年12月15日国家互联网信息办公室发布，自2020年3月1日起施行）

第一章　总则

第一条　为了营造良好网络生态，保障公民、法人和其他组织的合法权益，维护国家安全和公共利益，根据《中华人民共和国国家安全法》《中华人民共和国网络安全法》《互联网信息服务管理办法》等法律、行政法规，制定本规定。

第二条　中华人民共和国境内的网络信息内容生态治理活动，适用本规定。

本规定所称网络信息内容生态治理，是指政府、企业、社会、网民等主体，以培育和践行社会主义核心价值观为根本，以网络信息内容为主要治理对象，以建立健全网络综合治理体系、营造清朗的网络空间、建设良好的网络生态为目标，开展的弘扬正能量、处置违法和不良信息等相关活动。

第三条　国家网信部门负责统筹协调全国网络信息内容生态治理和相关监督管理工作，各有关主管部门依据各自职责做好网络信息内容生态治理工作。

地方网信部门负责统筹协调本行政区域内网络信息内容生态治理和相关监督管理工作，地方各有关主管部门依据各自职责做好本行政区域内网络信息内容生态治理工作。

第二章　网络信息内容生产者

第四条　网络信息内容生产者应当遵守法律法规，遵循公序良俗，不得损害国家利益、公共利益和他人合法权益。

第五条　鼓励网络信息内容生产者制作、复制、发布含有下列内容的信息：

（一）宣传习近平新时代中国特色社会主义思想，全面准确生动解读中国特色社会主义道路、理论、制度、文化的；

（二）宣传党的理论路线方针政策和中央重大决策部署的；

（三）展示经济社会发展亮点，反映人民群众伟大奋斗和火热生活的；

（四）弘扬社会主义核心价值观，宣传优秀道德文化和时代精神，充分展现中

① 《网络信息内容生态治理规定》，中国政府网（www. gov. cn），http://www. gov. cn/gongbao/content/2020/content _ 5492511. htm，2021年2月1日访问。

华民族昂扬向上精神风貌的；

（五）有效回应社会关切，解疑释惑，析事明理，有助于引导群众形成共识的；

（六）有助于提高中华文化国际影响力，向世界展现真实立体全面的中国的；

（七）其他讲品味讲格调讲责任、讴歌真善美、促进团结稳定等的内容。

第六条 网络信息内容生产者不得制作、复制、发布含有下列内容的违法信息：

（一）反对宪法所确定的基本原则的；

（二）危害国家安全，泄露国家秘密，颠覆国家政权，破坏国家统一的；

（三）损害国家荣誉和利益的；

（四）歪曲、丑化、亵渎、否定英雄烈士事迹和精神，以侮辱、诽谤或者其他方式侵害英雄烈士的姓名、肖像、名誉、荣誉的；

（五）宣扬恐怖主义、极端主义或者煽动实施恐怖活动、极端主义活动的；

（六）煽动民族仇恨、民族歧视，破坏民族团结的；

（七）破坏国家宗教政策，宣扬邪教和封建迷信的；

（八）散布谣言，扰乱经济秩序和社会秩序的；

（九）散布淫秽、色情、赌博、暴力、凶杀、恐怖或者教唆犯罪的；

（十）侮辱或者诽谤他人，侵害他人名誉、隐私和其他合法权益的；

（十一）法律、行政法规禁止的其他内容。

第七条 网络信息内容生产者应当采取措施，防范和抵制制作、复制、发布含有下列内容的不良信息：

（一）使用夸张标题，内容与标题严重不符的；

（二）炒作绯闻、丑闻、劣迹等的；

（三）不当评述自然灾害、重大事故等灾难的；

（四）带有性暗示、性挑逗等易使人产生性联想的；

（五）展现血腥、惊悚、残忍等致人身心不适的；

（六）煽动人群歧视、地域歧视等的；

（七）宣扬低俗、庸俗、媚俗内容的；

（八）可能引发未成年人模仿不安全行为和违反社会公德行为、诱导未成年人不良嗜好等的；

（九）其他对网络生态造成不良影响的内容。

第三章 网络信息内容服务平台

第八条 网络信息内容服务平台应当履行信息内容管理主体责任，加强本平台

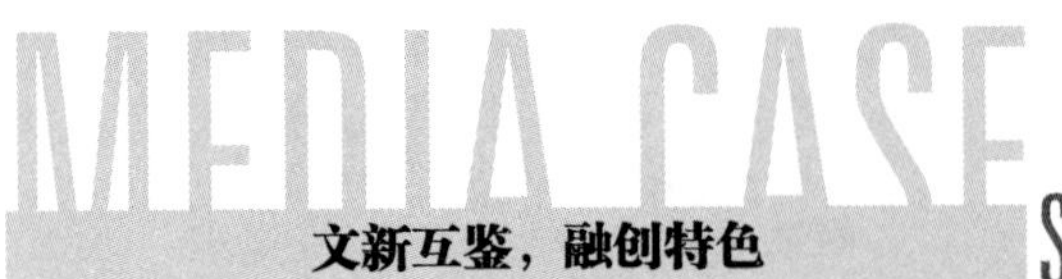

网络信息内容生态治理，培育积极健康、向上向善的网络文化。

第九条 网络信息内容服务平台应当建立网络信息内容生态治理机制，制定本平台网络信息内容生态治理细则，健全用户注册、账号管理、信息发布审核、跟帖评论审核、版面页面生态管理、实时巡查、应急处置和网络谣言、黑色产业链信息处置等制度。

网络信息内容服务平台应当设立网络信息内容生态治理负责人，配备与业务范围和服务规模相适应的专业人员，加强培训考核，提升从业人员素质。

第十条 网络信息内容服务平台不得传播本规定第六条规定的信息，应当防范和抵制传播本规定第七条规定的信息。

网络信息内容服务平台应当加强信息内容的管理，发现本规定第六条、第七条规定的信息的，应当依法立即采取处置措施，保存有关记录，并向有关主管部门报告。

第十一条 鼓励网络信息内容服务平台坚持主流价值导向，优化信息推荐机制，加强版面页面生态管理，在下列重点环节（包括服务类型、位置版块等）积极呈现本规定第五条规定的信息：

（一）互联网新闻信息服务首页首屏、弹窗和重要新闻信息内容页面等；

（二）互联网用户公众账号信息服务精选、热搜等；

（三）博客、微博客信息服务热门推荐、榜单类、弹窗及基于地理位置的信息服务版块等；

（四）互联网信息搜索服务热搜词、热搜图及默认搜索等；

（五）互联网论坛社区服务首页首屏、榜单类、弹窗等；

（六）互联网音视频服务首页首屏、发现、精选、榜单类、弹窗等；

（七）互联网网址导航服务、浏览器服务、输入法服务首页首屏、榜单类、皮肤、联想词、弹窗等；

（八）数字阅读、网络游戏、网络动漫服务首页首屏、精选、榜单类、弹窗等；

（九）生活服务、知识服务平台首页首屏、热门推荐、弹窗等；

（十）电子商务平台首页首屏、推荐区等；

（十一）移动应用商店、移动智能终端预置应用软件和内置信息内容服务首屏、推荐区等；

（十二）专门以未成年人为服务对象的网络信息内容专栏、专区和产品等；

（十三）其他处于产品或者服务醒目位置、易引起网络信息内容服务使用者关注的重点环节。

网络信息内容服务平台不得在以上重点环节呈现本规定第七条规定的信息。

第十二条 网络信息内容服务平台采用个性化算法推荐技术推送信息的，应当设置符合本规定第十条、第十一条规定要求的推荐模型，建立健全人工干预和用户自主选择机制。

第十三条 鼓励网络信息内容服务平台开发适合未成年人使用的模式，提供适合未成年人使用的网络产品和服务，便利未成年人获取有益身心健康的信息。

第十四条 网络信息内容服务平台应当加强对本平台设置的广告位和在本平台展示的广告内容的审核巡查，对发布违法广告的，应当依法予以处理。

第十五条 网络信息内容服务平台应当制定并公开管理规则和平台公约，完善用户协议，明确用户相关权利义务，并依法依约履行相应管理职责。

网络信息内容服务平台应当建立用户账号信用管理制度，根据用户账号的信用情况提供相应服务。

第十六条 网络信息内容服务平台应当在显著位置设置便捷的投诉举报入口，公布投诉举报方式，及时受理处置公众投诉举报并反馈处理结果。

第十七条 网络信息内容服务平台应当编制网络信息内容生态治理工作年度报告，年度报告应当包括网络信息内容生态治理工作情况、网络信息内容生态治理负责人履职情况、社会评价情况等内容。

第四章 网络信息内容服务使用者

第十八条 网络信息内容服务使用者应当文明健康使用网络，按照法律法规的要求和用户协议约定，切实履行相应义务，在以发帖、回复、留言、弹幕等形式参与网络活动时，文明互动，理性表达，不得发布本规定第六条规定的信息，防范和抵制本规定第七条规定的信息。

第十九条 网络群组、论坛社区版块建立者和管理者应当履行群组、版块管理责任，依据法律法规、用户协议和平台公约等，规范群组、版块内信息发布等行为。

第二十条 鼓励网络信息内容服务使用者积极参与网络信息内容生态治理，通过投诉、举报等方式对网上违法和不良信息进行监督，共同维护良好网络生态。

第二十一条 网络信息内容服务使用者和网络信息内容生产者、网络信息内容服务平台不得利用网络和相关信息技术实施侮辱、诽谤、威胁、散布谣言以及侵犯他人隐私等违法行为，损害他人合法权益。

第二十二条 网络信息内容服务使用者和网络信息内容生产者、网络信息内容服务平台不得通过发布、删除信息以及其他干预信息呈现的手段侵害他人合法权益或者谋取非法利益。

第二十三条　网络信息内容服务使用者和网络信息内容生产者、网络信息内容服务平台不得利用深度学习、虚拟现实等新技术新应用从事法律、行政法规禁止的活动。

第二十四条　网络信息内容服务使用者和网络信息内容生产者、网络信息内容服务平台不得通过人工方式或者技术手段实施流量造假、流量劫持以及虚假注册账号、非法交易账号、操纵用户账号等行为，破坏网络生态秩序。

第二十五条　网络信息内容服务使用者和网络信息内容生产者、网络信息内容服务平台不得利用党旗、党徽、国旗、国徽、国歌等代表党和国家形象的标识及内容，或者借国家重大活动、重大纪念日和国家机关及其工作人员名义等，违法违规开展网络商业营销活动。

第五章　网络行业组织

第二十六条　鼓励行业组织发挥服务指导和桥梁纽带作用，引导会员单位增强社会责任感，唱响主旋律，弘扬正能量，反对违法信息，防范和抵制不良信息。

第二十七条　鼓励行业组织建立完善行业自律机制，制定网络信息内容生态治理行业规范和自律公约，建立内容审核标准细则，指导会员单位建立健全服务规范、依法提供网络信息内容服务、接受社会监督。

第二十八条　鼓励行业组织开展网络信息内容生态治理教育培训和宣传引导工作，提升会员单位、从业人员治理能力，增强全社会共同参与网络信息内容生态治理意识。

第二十九条　鼓励行业组织推动行业信用评价体系建设，依据章程建立行业评议等评价奖惩机制，加大对会员单位的激励和惩戒力度，强化会员单位的守信意识。

第六章　监督管理

第三十条　各级网信部门会同有关主管部门，建立健全信息共享、会商通报、联合执法、案件督办、信息公开等工作机制，协同开展网络信息内容生态治理工作。

第三十一条　各级网信部门对网络信息内容服务平台履行信息内容管理主体责任情况开展监督检查，对存在问题的平台开展专项督查。

网络信息内容服务平台对网信部门和有关主管部门依法实施的监督检查，应当予以配合。

第三十二条　各级网信部门建立网络信息内容服务平台违法违规行为台账管理

制度，并依法依规进行相应处理。

第三十三条 各级网信部门建立政府、企业、社会、网民等主体共同参与的监督评价机制，定期对本行政区域内网络信息内容服务平台生态治理情况进行评估。

第七章 法律责任

第三十四条 网络信息内容生产者违反本规定第六条规定的，网络信息内容服务平台应当依法依约采取警示整改、限制功能、暂停更新、关闭账号等处置措施，及时消除违法信息内容，保存记录并向有关主管部门报告。

第三十五条 网络信息内容服务平台违反本规定第十条、第三十一条第二款规定的，由网信等有关主管部门依据职责，按照《中华人民共和国网络安全法》《互联网信息服务管理办法》等法律、行政法规的规定予以处理。

第三十六条 网络信息内容服务平台违反本规定第十一条第二款规定的，由设区的市级以上网信部门依据职责进行约谈，给予警告，责令限期改正；拒不改正或者情节严重的，责令暂停信息更新，按照有关法律、行政法规的规定予以处理。

第三十七条 网络信息内容服务平台违反本规定第九条、第十二条、第十五条、第十六条、第十七条规定的，由设区的市级以上网信部门依据职责进行约谈，给予警告，责令限期改正；拒不改正或者情节严重的，责令暂停信息更新，按照有关法律、行政法规的规定予以处理。

第三十八条 违反本规定第十四条、第十八条、第十九条、第二十一条、第二十二条、第二十三条、第二十四条、第二十五条规定的，由网信等有关主管部门依据职责，按照有关法律、行政法规的规定予以处理。

第三十九条 网信部门根据法律、行政法规和国家有关规定，会同有关主管部门建立健全网络信息内容服务严重失信联合惩戒机制，对严重违反本规定的网络信息内容服务平台、网络信息内容生产者和网络信息内容使用者依法依规实施限制从事网络信息服务、网上行为限制、行业禁入等惩戒措施。

第四十条 违反本规定，给他人造成损害的，依法承担民事责任；构成犯罪的，依法追究刑事责任；尚不构成犯罪的，由有关主管部门依照有关法律、行政法规的规定予以处罚。

第八章 附 则

第四十一条 本规定所称网络信息内容生产者，是指制作、复制、发布网络信息内容的组织或者个人。

本规定所称网络信息内容服务平台，是指提供网络信息内容传播服务的网络信息服务提供者。

本规定所称网络信息内容服务使用者，是指使用网络信息内容服务的组织或者个人。

第四十二条 本规定自 2020 年 3 月 1 日起施行。

互联网用户公众账号信息服务管理规定[①]

（2021年1月22日国家互联网信息办公室发布，自2021年2月22日起施行）

第一章 总 则

第一条 为了规范互联网用户公众账号信息服务，维护国家安全和公共利益，保护公民、法人和其他组织的合法权益，根据《中华人民共和国网络安全法》《互联网信息服务管理办法》《网络信息内容生态治理规定》等法律法规和国家有关规定，制定本规定。

第二条 在中华人民共和国境内提供、从事互联网用户公众账号信息服务，应当遵守本规定。

第三条 国家网信部门负责全国互联网用户公众账号信息服务的监督管理执法工作。地方网信部门依据职责负责本行政区域内互联网用户公众账号信息服务的监督管理执法工作。

第四条 公众账号信息服务平台和公众账号生产运营者应当遵守法律法规，遵循公序良俗，履行社会责任，坚持正确舆论导向、价值取向，弘扬社会主义核心价值观，生产发布向上向善的优质信息内容，发展积极健康的网络文化，维护清朗网络空间。

鼓励各级党政机关、企事业单位和人民团体注册运营公众账号，生产发布高质量政务信息或者公共服务信息，满足公众信息需求，推动经济社会发展。

鼓励公众账号信息服务平台积极为党政机关、企事业单位和人民团体提升政务信息发布、公共服务和社会治理水平，提供充分必要的技术支持和安全保障。

第五条 公众账号信息服务平台提供互联网用户公众账号信息服务，应当取得国家法律、行政法规规定的相关资质。

公众账号信息服务平台和公众账号生产运营者向社会公众提供互联网新闻信息服务，应当取得互联网新闻信息服务许可。

① 《互联网用户公众账号信息服务管理规定》，中共中央网络安全和信息化委员会办公室（www.cac.gov.cn），http://www.cac.gov.cn/2021－01/22/c_1612887880656609.htm，2021年2月1日访问。

第二章 公众账号信息服务平台

第六条 公众账号信息服务平台应当履行信息内容和公众账号管理主体责任，配备与业务规模相适应的管理人员和技术能力，设置内容安全负责人岗位，建立健全并严格落实账号注册、信息内容安全、生态治理、应急处置、网络安全、数据安全、个人信息保护、知识产权保护、信用评价等管理制度。

公众账号信息服务平台应当依据法律法规和国家有关规定，制定并公开信息内容生产、公众账号运营等管理规则、平台公约，与公众账号生产运营者签订服务协议，明确双方内容发布权限、账号管理责任等权利义务。

第七条 公众账号信息服务平台应当按照国家有关标准和规范，建立公众账号分类注册和分类生产制度，实施分类管理。

公众账号信息服务平台应当依据公众账号信息内容生产质量、信息传播能力、账号主体信用评价等指标，建立分级管理制度，实施分级管理。

公众账号信息服务平台应当将公众账号和内容生产与账号运营管理规则、平台公约、服务协议等向所在地省、自治区、直辖市网信部门备案；上线具有舆论属性或者社会动员能力的新技术新应用新功能，应当按照有关规定进行安全评估。

第八条 公众账号信息服务平台应当采取复合验证等措施，对申请注册公众账号的互联网用户进行基于移动电话号码、居民身份证号码或者统一社会信用代码等方式的真实身份信息认证，提高认证准确率。用户不提供真实身份信息的，或者冒用组织机构、他人真实身份信息进行虚假注册的，不得为其提供相关服务。

公众账号信息服务平台应当对互联网用户注册的公众账号名称、头像和简介等进行合法合规性核验，发现账号名称、头像和简介与注册主体真实身份信息不相符的，特别是擅自使用或者关联党政机关、企事业单位等组织机构或者社会知名人士名义的，应当暂停提供服务并通知用户限期改正，拒不改正的，应当终止提供服务；发现相关注册信息含有违法和不良信息的，应当依法及时处置。

公众账号信息服务平台应当禁止被依法依约关闭的公众账号以相同账号名称重新注册；对注册与其关联度高的账号名称，还应当对账号主体真实身份信息、服务资质等进行必要核验。

第九条 公众账号信息服务平台对申请注册从事经济、教育、医疗卫生、司法等领域信息内容生产的公众账号，应当要求用户在注册时提供其专业背景，以及依照法律、行政法规获得的职业资格或者服务资质等相关材料，并进行必要核验。

公众账号信息服务平台应当对核验通过后的公众账号加注专门标识，并根据用户的不同主体性质，公示内容生产类别、运营主体名称、注册运营地址、统一社会信用代码、联系方式等注册信息，方便社会监督查询。

公众账号信息服务平台应当建立动态核验巡查制度，适时核验生产运营者注册信息的真实性、有效性。

第十条　公众账号信息服务平台应当对同一主体在本平台注册公众账号的数量合理设定上限。对申请注册多个公众账号的用户，还应当对其主体性质、服务资质、业务范围、信用评价等进行必要核验。

公众账号信息服务平台对互联网用户注册后超过六个月不登录、不使用的公众账号，可以根据服务协议暂停或者终止提供服务。

公众账号信息服务平台应当健全技术手段，防范和处置互联网用户超限量注册、恶意注册、虚假注册等违规注册行为。

第十一条　公众账号信息服务平台应当依法依约禁止公众账号生产运营者违规转让公众账号。

公众账号生产运营者向其他用户转让公众账号使用权的，应当向平台提出申请。平台应当依据前款规定对受让方用户进行认证核验，并公示主体变更信息。平台发现生产运营者未经审核擅自转让公众账号的，应当及时暂停或者终止提供服务。

公众账号生产运营者自行停止账号运营，可以向平台申请暂停或者终止使用。平台应当按照服务协议暂停或者终止提供服务。

第十二条　公众账号信息服务平台应当建立公众账号监测评估机制，防范账号订阅数、用户关注度、内容点击率、转发评论量等数据造假行为。

公众账号信息服务平台应当规范公众账号推荐订阅关注机制，健全技术手段，及时发现、处置公众账号订阅关注数量的异常变动情况。未经互联网用户知情同意，不得以任何方式强制或者变相强制订阅关注其他用户公众账号。

第十三条　公众账号信息服务平台应当建立生产运营者信用等级管理体系，根据信用等级提供相应服务。

公众账号信息服务平台应当建立健全网络谣言等虚假信息预警、发现、溯源、甄别、辟谣、消除等处置机制，对制作发布虚假信息的公众账号生产运营者降低信用等级或者列入黑名单。

第十四条　公众账号信息服务平台与生产运营者开展内容供给与账号推广合作，应当规范管理电商销售、广告发布、知识付费、用户打赏等经营行为，不得发布虚假广告、进行夸大宣传、实施商业欺诈及商业诋毁等，防止违法违规运营。

公众账号信息服务平台应当加强对原创信息内容的著作权保护，防范盗版侵权行为。

平台不得利用优势地位干扰生产运营者合法合规运营、侵犯用户合法权益。

第三章　公众账号生产运营者

第十五条　公众账号生产运营者应当按照平台分类管理规则，在注册公众账号时如实填写用户主体性质、注册地、运营地、内容生产类别、联系方式等基本信息，组织机构用户还应当注明主要经营或者业务范围。

公众账号生产运营者应当遵守平台内容生产和账号运营管理规则、平台公约和服务协议，按照公众账号登记的内容生产类别，从事相关行业领域的信息内容生产发布。

第十六条　公众账号生产运营者应当履行信息内容生产和公众账号运营管理主体责任，依法依规从事信息内容生产和公众账号运营活动。

公众账号生产运营者应当建立健全选题策划、编辑制作、发布推广、互动评论等全过程信息内容安全审核机制，加强信息内容导向性、真实性、合法性审核，维护网络传播良好秩序。

公众账号生产运营者应当建立健全公众账号注册使用、运营推广等全过程安全管理机制，依法、文明、规范运营公众账号，以优质信息内容吸引公众关注订阅和互动分享，维护公众账号良好社会形象。

公众账号生产运营者与第三方机构开展公众账号运营、内容供给等合作，应与第三方机构签订书面协议，明确第三方机构信息安全管理义务并督促履行。

第十七条　公众账号生产运营者转载信息内容的，应当遵守著作权保护相关法律法规，依法标注著作权人和可追溯信息来源，尊重和保护著作权人的合法权益。

公众账号生产运营者应当对公众账号留言、跟帖、评论等互动环节进行管理。平台可以根据公众账号的主体性质、信用等级等，合理设置管理权限，提供相关技术支持。

第十八条　公众账号生产运营者不得有下列违法违规行为：

（一）不以真实身份信息注册，或者注册与自身真实身份信息不相符的公众账号名称、头像、简介等；

（二）恶意假冒、仿冒或者盗用组织机构及他人公众账号生产发布信息内容；

（三）未经许可或者超越许可范围提供互联网新闻信息采编发布等服务；

（四）操纵利用多个平台账号，批量发布雷同低质信息内容，生成虚假流量数据，制造虚假舆论热点；

（五）利用突发事件煽动极端情绪，或者实施网络暴力损害他人和组织机构名誉，干扰组织机构正常运营，影响社会和谐稳定；

（六）编造虚假信息，伪造原创属性，标注不实信息来源，歪曲事实真相，误导社会公众；

（七）以有偿发布、删除信息等手段，实施非法网络监督、营销诈骗、敲诈勒索，谋取非法利益；

（八）违规批量注册、囤积或者非法交易买卖公众账号；

（九）制作、复制、发布违法信息，或者未采取措施防范和抵制制作、复制、发布不良信息；

（十）法律、行政法规禁止的其他行为。

第四章 监督管理

第十九条 公众账号信息服务平台应当加强对本平台公众账号信息服务活动的监督管理，及时发现和处置违法违规信息或者行为。

公众账号信息服务平台应当对违反本规定及相关法律法规的公众账号，依法依约采取警示提醒、限制账号功能、暂停信息更新、停止广告发布、关闭注销账号、列入黑名单、禁止重新注册等处置措施，保存有关记录，并及时向网信等有关主管部门报告。

第二十条 公众账号信息服务平台和生产运营者应当自觉接受社会监督。

公众账号信息服务平台应当在显著位置设置便捷的投诉举报入口和申诉渠道，公布投诉举报和申诉方式，健全受理、甄别、处置、反馈等机制，明确处理流程和反馈时限，及时处理公众投诉举报和生产运营者申诉。

鼓励互联网行业组织开展公众评议，推动公众账号信息服务平台和生产运营者严格自律，建立多方参与的权威调解机制，公平合理解决行业纠纷，依法维护用户合法权益。

第二十一条 各级网信部门会同有关主管部门建立健全协作监管等工作机制，监督指导公众账号信息服务平台和生产运营者依法依规从事相关信息服务活动。

公众账号信息服务平台和生产运营者应当配合有关主管部门依法实施监督检查，并提供必要的技术支持和协助。

公众账号信息服务平台和生产运营者违反本规定的，由网信部门和有关主管部门在职责范围内依照相关法律法规处理。

第五章 附 则

第二十二条 本规定所称互联网用户公众账号，是指互联网用户在互联网站、应用程序等网络平台注册运营，面向社会公众生产发布文字、图片、音视频等信息内容的网络账号。

本规定所称公众账号信息服务平台，是指为互联网用户提供公众账号注册运营、信息内容发布与技术保障服务的网络信息服务提供者。

本规定所称公众账号生产运营者，是指注册运营公众账号从事内容生产发布的自然人、法人或者非法人组织。

第二十三条　本规定自 2021 年 2 月 22 日起施行。本规定施行之前颁布的有关规定与本规定不一致的，按照本规定执行。

参考文献

一、微信公众号运营相关书目

付振乾．粉丝日破百万的秘诀：微信公众号吸粉方法、技巧与案例［M］．北京：人民邮电出版社，2016.

郭春光．微信公众号运营与推广一册通［M］．北京：人民邮电出版社，2015.

蒋书平．微信公众平台企业号开发揭秘［M］．北京：清华大学出版社，2018.

刘珂．玩转公众号 微信公众平台的商业运营之道［M］．北京：中华工商联合出版社，2016.

刘炜．微信公众号、小程序、朋友圈运营完全操作手册［M］．北京：清华大学出版社，2019.

庐七．微信公众号运营：实战方法、案例与技巧［M］．北京：电子工业出版社，2017.

谭静．微信公众号运营实战 108 招：小营销大效果［M］．北京：人民邮电出版社，2019.

谭静．新媒体营销运营实战 208 招：微信公众号运营［M］．北京：人民邮电出版社，2017.

谭贤．微信公众号营销：赚钱技巧＋人气打造＋运营方案＋成功案例（第 2 版）［M］．北京：人民邮电出版社，2017.

谭贤．微信公众号运营：数据精准营销＋内容运营＋商业变现［M］．北京：人民邮电出版社，2017.

肖睿．微信公众号运营解析［M］．北京：中国水利水电出版社，2017.

闫河．微信公众号后台操作与运营全攻略［M］．北京：人民邮电出版社，2017.

叶龙．微信公众号运营［M］．北京：清华大学出版社，2019.

朱虹．玩的就是公众号：大招拉升微信营销战斗力［M］．北京：人民邮电出版社，2015.

二、高校媒体运营相关书目

戴娟．高校校园文化建设与新媒体实践［M］．长春：吉林大学出版社，2018.

刘国云．高校媒体研究［M］．南昌：江西人民出版社，2014.

欧阳雄姣．青听新语　润物无声：广西大学学生新媒体文化建设实践与探索［M］．北京：北京理工大学出版社，2019.

铁铮．大学微信［M］．北京：中国文史出版社，2016.

王顺洪．高校新媒体发展案例选编［M］．成都：西南交通大学出版社，2017.

吴昊．重大青年做前锋：我们这样玩转校园微信公众号［M］．北京：光明日报出版社，2019.

张树辉．微观大学：北京高校官方微信案例选编［M］．北京：光明日报出版社，2016.

赵宁，彭晶．高校新媒体工作理论与实务［M］．北京：群言出版社，2017.

后　　记

又是一年春至，万物复苏，生机蓬勃。2018年年末，我作为学院新闻宣传工作的主要负责人，进入学院新闻中心，开始了新媒体教学与研究的实训探索，这既是工作，更是对全媒体人才培养的一种多路径拓展；对于我个人而言，也是新闻传播业务教学转型新媒体化的切实带动和深度促进，我把它视作一段与学生们共进互学的专业成长契机。

这是一段“奇妙的学习变现”之旅。作为一线新闻业务教学的老师，亲身全方位投入微信公众号运营，令我既感到新鲜，又有些许忐忑。与之相对的传统教育的接收方——学院新闻传播专业和中文专业的学生们，面对新媒体，他们却是技术运用的“熟手”和内容创意方面的“高手”。作为网络时代的原住民，他们是可以带动、启发我学习新媒体的“老师”。这是一个有趣的组合，也是一个“去代际鸿沟”的互鉴熔炉，它激发着我们的学习兴趣和对专业深入探研的期待。果然，在两年的实际运作中，我和学生们互动良多，收获满满，我们不仅圆满完成了新闻宣传的既定工作，还以此为平台，把我们对融媒体的传播理解转化为有效的新媒体产品，展示了学生们的专业创造力，构建了与社会的交流对话渠道，提升了社会对四川大学文学与新闻学院及新闻传播学科的认知度、美誉度。实践证明，“勤勉力学，知行贯通”是新闻职业素养培育和专业教育高质量发展的理念和行动指南，我们正是立足全球化、信息化、网络化的媒介生态与社会结构新格局，以此为参照与目标，力求在新闻传播的理论教学和实践创新中探索出符合时代需要的人才培养的特色之路。区别于专业媒体的定位和要求，我们所搭建的实训机制，能够让学生围绕新闻价值、社会关切展开充分的专业实习，没有绩效考核的压力，也没有教条式的局限。在坚持正确的舆论导向和以人为本的人文立场的共识下，老师和学生在微信公众号的运营中更多时候是合作者、协作者，其形式是可以平等对话和讨论的学习小组、专业工作坊。应该说，这样的运作理念和实训机制不仅符合互联网时代“去中心化”的信息传播实态，还延伸了课堂教学，突破了媒体实习中的某些局限，让学生的构想通过边学边干的尝试变现为具有时代气息、贴近青年人、洋溢着校园活力的内容产品，从而在社会反馈中进一步得到检验和延展。因之，这是打通线下学习和线上实践产出的有效机制，它让教学、自学、互学融为一体，让“海纳百川”的融动变为触摸专业规律、顺应社会发展需求的桥梁。从这里，我们不仅呈现了一件件作品或内容产品，更是展示了关于专业素养提升的“奇思妙想”，让新闻传播教育的自建案例库发挥自我带动、专业联动与社会连接的综合效益。

在此过程中，特色得以构筑，特色也得到认同。那一篇篇被新华社及地方主流媒体转载的推文的背后，不仅是获得“10 万＋”甚至破百万浏览量的令学生们惊喜的鼓舞，也是作为老师的我们学以致用获得的激励。正如已故人民日报社原总编辑范敬宜先生所言——“唯有特色是永恒”，“特色”是创新的结晶，也是前进的驱动和文化自觉。对于新闻传播教育而言，它有自身的时度效，也需要符合其教育规律的“四力”行（脚力、眼力、脑力、笔力）。着眼于现实针对性，开发青年学子的学习领悟力，有助于我们找寻到教育的结合点、对话的共情点，从而走向价值认同的落脚点。这是我在参与、学习、思考微信公众号内容运营中的点滴感悟，也是我对新闻传播教育工作育人创新的深切感知。我以为，四川大学文学与新闻学院微信公众号的运营实例不仅诠释了“微信，是一个生活方式”，而且还勾画出了新媒体学习和育化创新力的实践轨迹。当读者阅读完这本有料、有趣、有品的特色“案例解析集”时，会与我一样，通过作者的“采编（或创作）札记”自述，从中体验含英咀华的学习快乐，也会通过不同板块的内容拼图，反思信息生产的规律与媒介素养提升之间的复杂关联……这些正是开启新的学习的导引。我作为本书的主编和策划，衷心希望有更多的学子加入到这样的实训中来，也真诚期待有更多的各界友朋为我们的新闻传播教育融智助力。

基于案例库“自建共享”的特色构筑之初心，我策划了“媒体融合案例丛书”，这是继第一本《县级融媒体优秀传播案例评析——以四川省为例》出版后的第二本案例著作。在第一次院媒合作的案例库建设基础上，我精选了四川大学文学与新闻学院微信公众号运营的代表性实例，侧重还原和解析作品的制作过程及专业特点，让身为作者的学生们总结沉淀参与其中的经验与感悟，由此展现融媒体教学的具体流程、实训成果；同时，也作为案例教学的特色数据库提供给后来者研读探讨。相对于学生的媒体实践及其作品，来自学院和学生的融媒体实践离学生更近，离教学的初心更近，更能体现“我媒体”的温度与知识转化为能力的过程感。

2021 年，恰逢四川大学新闻传播教育四十年。我本人在四川大学新闻学专业学习工作近 27 年，作为该专业的受教者和传承者，我深感幸运，因为接续前辈师长给予我们的示范，面对时代给予我们的机遇，我辈汲取了勇于拓新的能量，增强了努力精进的使命感。它化作重要的内驱力，让每一次教学相长的成果能够汇聚师生的智慧并以案例分享的形式向社会汇报。在此，我要对参加本书编著的所有同学致谢，他们涵盖学院新闻传播和中文专业不同年级的本科生、硕士研究生、博士研究生，是学院新闻中心的团队成员；他们认真的采写及高效的总结体现了对专业的热爱、对实践的敬业以及积极参与案例编写的令我感动的公益心。尤其感谢学院新闻中心近期两任召集人——2020 级新闻学博士生林丽，2021 级新闻学博士生张诗萌，她们作为本书的副主编，踏实细致，承担了本书的大部分编务工作，协作有序，体现了全面的组织能力和未来可期的专业潜力；感谢 2020 级新闻学硕士生郑秋，她不仅参加了附录的整理工作，还对绪论部分的文献、综述等进行了核查与完善。主编操慧负责全书的编撰框架、体例和文风，以及负责全书的统筹、修改与审稿。本书各章分工如下：绪论，操慧、**林丽**、**张诗萌**、**王薇**、**郑秋**；第一章，**陈悦月**（汇总）、**雷思远**、**梁昊晨**、**杜相益**、张诗萌、**姚尚远**、**冷思言**、**龙薪羽**；第二章，**王北辰**（汇总）、陈悦月、**田方圆**、**李彪**、**粟麟**；第三章，李彪（汇总）、林丽、王北辰、陈悦月；第四章，张诗萌（汇总）、**姚雪梅**、**蔡亚纯**、王薇、林丽、陈悦月、龙薪羽、**张昕妍**；第五章，**李丹阳**（汇总）、**何雯青**、梁昊晨、王北辰；第六章，郑秋（汇总）、张诗萌、**蒲可意**；第七章，林丽（汇总）、**曾琦**、**诸葛纯**、**黄捷**、李彪、**潘思宇**；第八章，雷思远（汇总）、**张宏伟**；走向与展望，操慧；附录，郑秋、**吴永翠**；校对，**魏梓慧**、**董源**、**周于七**、吴永翠。① 感谢一路走来鼓舞和感召我们的四川大学“海纳百川，有容乃大”的校训；感谢一路走来支持与指导我们的四川大学文学与新闻学院党委书记古立峰教授、院长李怡教授，他们一直以实际行动将文学与新闻的学科融合、互鉴共进贯穿于全媒体人才的培养并引向深度；感谢原四川大学新闻学院院长、文学与新闻学院博士生导师邱沛篁教授，四川大学文学与新闻学院新闻学科带头人蒋晓丽教授的关注、关心和关爱，他们作为四川大学新闻传播教育发展中先后担任教育部新闻与传播教学指导委员会的副主任委员，鼓励多元化的案例库建设及教学创新，他们提出的建设性意见让我们对案例库的特色打造更添信心；感谢全国新闻传播院系的领导及同行，研究借鉴你们各具特色的微信公众号运营经验给予我们诸多灵感；感谢四川大学文学与新闻学院的全体师生，你们的实干和才智既是我们新媒体运营及人才培养的“源头”“活水”，更是我们“文以载道，薪火相传”的特色之魂，做“有人文的新闻”，始终是学院品牌构建的内容之基和精神底色。对此，感谢多年来协助我们将此探索转化为交流研讨素材的四川大学出版社徐燕主任，感谢精心工作、暖心服务的本书编辑罗永平院

---

① 参与编写本书的学生共计 30 人，未标黑表示名字已在前面出现，均为四川大学文学与新闻学院新闻中心实习生。

友，你们的协助让我们的案例成果可以作为对四川大学新闻传播教育四十年致敬的特殊献礼。

恰四十年风华正茂，扬鞭奋蹄再出发。中国新闻传播教育的与时俱进为四川大学新闻传播教育的发展导航，置身其间的媒体融合案例库建设和全媒体人才培养也将走向深度自觉。愿以四川大学文学与新闻学院微信公众号为桥，深耕案例，连接你我，融创精彩。是为后记，更为自励。

操慧

2021 年 3 月 3 日